橋川文三　野戦攻城の思想

宮嶋繁明
Miyajima Shigeaki

弦書房

装丁＝毛利一枝

〔カバー表・写真〕
一九五一～五四年にかけて、結核で入院して長い療養生活中のめずらしい和服姿。橋川が、二九～三二歳の頃で、この間に日本浪曼派批判の構想を練ったとされる。
（慶應義塾福澤研究センター所蔵）

〔カバー裏・写真〕
一九六七年八月「対馬幻想行」の取材で生地対馬を訪れ、幼い頃の「幻想の中の風景を求めて」探索し、ようやく、海底に紫色の藻が自生する幻想的で美しい紫瀬戸にたどりついた。（筆者も、約四〇年後の二〇〇八年夏、「対馬追想行」を試み、美しい入江の紫瀬戸と、「水中に突き出した」幻想の海神の宮である住吉神社に拝礼することができた）
（慶應義塾福澤研究センター所蔵）

目次

終章　総論・野戦攻城の思想………253

橋川文三　野戦攻城の思想

野戦攻城の志を失わない、という自戒を橋川文三からきいたのは、彼が最初の著書をあらわす前だった。／そのころ敗戦後の日本の復興はすすみ、すでに城内にあるように自分たちを感じはじめていたので、この時の彼の言葉は心にのこった。／太平の時代にあって、彼が乃木希典に心をひかれたのは、乃木が野戦攻城の志を明治の太平の時代に保ちつづけたことによる。／討つべき城とは何か？　それを語るには、彼は詩人でありすぎた。彼には、まちがって政治学者になったというところがあった。／詩人であるが故に、彼は自分の体験をそのまま文章にしなかった。少年時代から青年時代にかけて彼の直面した一家離散は、彼の文章に、論理によってははかりがたい表現力をあたえている。／彼は明晰をことさらに軽んじたのではない。体験を重く見る故に、体験をあからさまに語ることのむなしさを知っていた。／日本の社会科学者の間にあってめずらしい文章家であるのは、彼がこのむなしさをいつも感じているからだろう。

（鶴見俊輔「思想の科学・橋川文三研究・編集後記」）

橋川文三は、第二次大戦のわたしたちの体験が特異だったのと、ちょうどおなじ意味で、特異な政治思想史の学徒だった。／人々が平等に生活できる社会を実現したい理想が本気であればあるほど、ほんとはまったく相容れないはずの、民族に固有な国家の情念となぜ結合してしまったのか。この尽きない謎を解明しようと、明治・大正・昭和の三代にわたる歴史的な事件と人物を求めて、橋川文三は歩みつづけた。社会の平等を求める正義と、国家や社稷の理想を求める情念の矛盾を、融和させようとして身を傾け、家を傾け、国家を傾けた歴史的な事件や人物で、橋川文三のあたたかい愛惜の歴史感情と、冷静で鋭利な歴史解釈の執刀を受けないものはなかった。／太平洋戦争と、その敗戦の一瞬の裂け目に、歴史理性と歴史感情の奈落をみてしまった橋川文三にとって、この課題はいわば宿命的であった。かれはこの宿命の課題に没入し、この宿命から脱出する日の、身軽い愉しさを夢に描きながら、私たち同世代のうち、いちばん遠くまで野戦攻城の歩みをすすめた。もっともっと前方に攻略すべき目標はあった。だのにたくさんの才能と夢を抱いたまま急逝した。かれの戦いの跡はすべての心ある人たちによって、検討せらるべきだとおもう。

（吉本隆明「野戦攻城の思想」）

まえがき

この著は、前著『橋川文三　日本浪曼派の精神』（二〇一四年刊）の後篇（続篇）である。前篇は、橋川の生誕（一九二二年）から、結婚し、『日本浪曼派批判序説』を発表する一九六〇年までの前半生を、そして後篇は、橋川が『序説』を書き始める一九五八年から、没する一九八三年までを対象としている。前著の終わり頃といくらか時期的に重なるところもあるが、後篇は、橋川の後半生、それも主に著述家・研究者としての側面にスポットを当てている。

橋川の生涯を貫く基本的スタンスを「野戦攻城」と見なしタイトルとした。

この間、実に五年半以上もの歳月が流れ去ってしまった。遅々とした歩みではあったが、何とかゴールにたどり着くことができたように思える。

前著の刊行後、ありがたいことに、いくつもの媒体で書評として採りあげていただいた。主なものとしては、『東京新聞』（富岡幸一郎氏）、『新潮45』（平山周吉氏）、『熊本日日新聞』（竹内洋氏）、『図書新聞』（澤村修治氏）、『映画芸術』（尾原宏之氏）などである。中でも平山氏には二頁にわたって書いていただいた（同氏は、文芸誌『文学界』の編集長を歴任、定年後、「雑文家」と謙遜して自称され活躍していたが、二〇一九年、『江藤淳は甦る』を発表し、第18回小林秀雄賞を受賞されるなど、文芸評論家として健筆を揮っている）。

橋川文三の著書は、没後にも、何冊も文庫化されたが、『ナショナリズム』（ちくま学芸文庫）『幕末明治人物誌』（中公文庫）の二著では、渡辺京二氏が「解説」を担当、両方で拙著を紹介してもらい、過褒とも思える好意的な評価をしていただいた。

拙著『三島由紀夫と橋川文三』を上梓した二〇〇五年当時、「橋川文三」がタイトルに入る著書は皆無だった。二〇一四年、前著『橋川文三　日本浪曼派の精神』の広告が朝日新聞の一面最下段に載った同日の同欄に、平野敬和氏著『丸山眞男と橋川文三』の広告を見つけたときには驚いた。

相前後して、単独の橋川論の著書ではないが、田中純氏の研究『過去に触れる――歴史経験・写真・サスペンス』「半存在という種族――橋川文三と「歴史」」が提出された。

二〇一九年六月号から始まった、杉田俊介氏の月刊文芸誌『すばる』（集英社）の連載「橋川文三とその浪曼」は、本格的な個別橋川文三研究の初登場であると同時に最も深く論じている。

彼は、そこで、『日本浪曼派批判序説』は、「半世紀以上が過ぎた今読んでも、何か鬼気迫るものがある。のみならず、依然として何かを全身全霊で批評するとはこういう命懸けの行為なのだ、むしろ、今、かつての批評が潜在的に持ちえた射程がはるかに切り詰められている。そのことを恥ずかしいと感じさえもする」と記している。ロスジェネ世代といわれる一九七〇年代生まれの若い世代からの橋川文三研究の登場は、新鮮で新たな活路を開くものと期待でき、頼もしい限りである。

二〇二二年には、橋川文三生誕百周年を迎える。これを機に、さらなる橋川文三研究の活性化を願ってやまない。

第一章　処女作『日本浪曼派批判序説』を上梓

――カール・シュミット『政治的ロマン主義』を援用

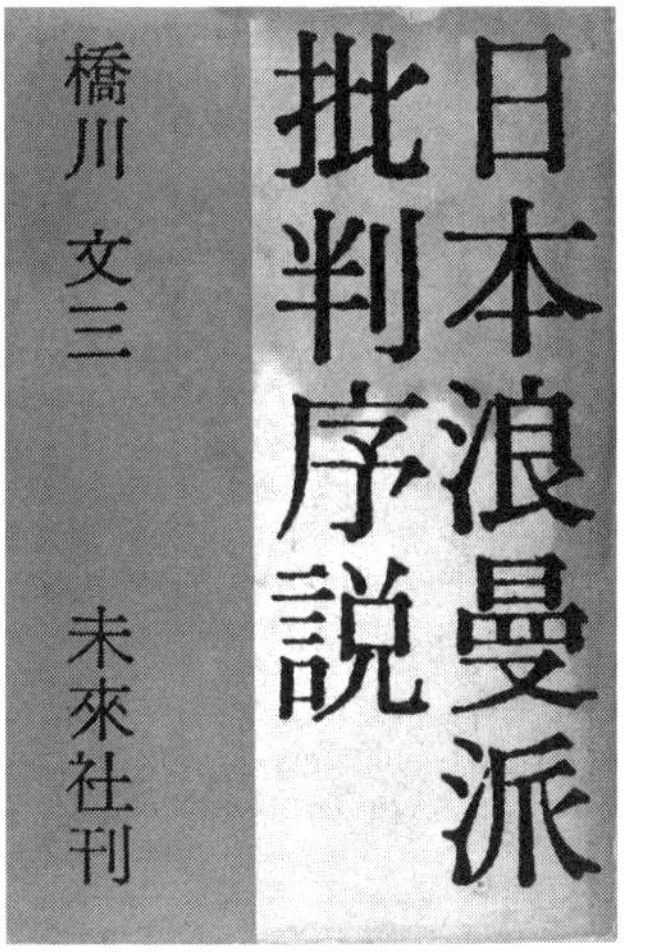

『日本浪曼派批判序説』1960年刊

同人誌「同時代」に「日本浪曼派批判序説」の連載開始

橋川文三は、『日本浪曼派批判序説』のエピグラフに以下の小文を引用している。

「ギリシヤの神々は、すでに一度、アイスキュロスの捕われのプロメテゥスにおいて、悲劇的な死をとげたが、さらにもう一度、ルキアノスの対話編において、喜劇的な死をとげなければならなかった。歴史がかく歩む所以は如何？　人類をしてその過去より朗かに離別せしめるためである。　――マルクス『ヘーゲル法哲学批判』」（傍点原文）

これは、マルクスの『独仏年誌』からの訳文で、翻訳者は橋川の一高時代からの友人・小松茂夫である。同著が猪木正道との共訳とされたのは、小松が猪木の名を借りたかったからのようだ。刊行は橋川の結核療養中のことだった（小松は、一高時代、文甲（英語クラス）でクラスは違ったが、小松と同じ朝鮮出身の共通の友人たちが、橋川のいた文乙（ドイツ語クラス）にいたので親しくなった）。

何故に、それを本の扉に選んだかについて、「今はどうにも思い出せないが、ただそれが私の日本浪曼派に対する最後の言葉であったのでそれで私はあえて処女作の巻頭にかかげた」（「小松茂夫を偲ぶ」）と述べている。しかし、「最後の言葉」の意味するところは必ずしも明確ではない。また、「ギリシヤの神々」が誰の比喩で何を暗示しているかも不明瞭である。これに対し、磯田光一は、明快な解説をしている。

「「ギリシヤの神々」のうしろには、昭和十年代に魔力をふるった日本の神々がある。そして神々に「悲劇的な死」を強制したのは、「捕われのプロメテゥス」すなわち戦後の占領であった。日本浪曼派を倒したのは日本人ではなく占領軍であったという自省の想いは、中野重治や竹内好のうちにもみられたが、橋川文三氏は中野、竹内という先行者の自省の想いを継承しながら、自身の世代の体験に即して「ルキアノスの対話編」の役割を演じようとしたのである。ここにいう「ルキアノスの対話編」とは『悲劇役者ゼウス』をさし、そのなかでティーモクレースは不信心者ダーミスにつぎのようにいう。／（原文は一行アキ）／それではすべての人間が、またすべての民族が神を信じて祭礼をおこなっているのはだまされているというのか。（高津春繁訳）／（原文は一行アキ）／ここには橋川文三氏を含む戦中派世代の直面した問題の性質が、期せずして巧みに語られている。神々の虚構性が戦後にいたって露わにされたとき、最初にあらわれたのは杉浦明平氏の『暗い夜の記念に』にみられるように、かつての時代の神話への厳しい断罪の鞭であり、また軍国政府にだまされたという俗論であった。この動向にたいして、青年期をとらえた神話の痕跡を引きずりながら、それを体験に即して内在的にとらえようとしたのが、吉本隆明氏の『高村光太郎』であり、井上光晴氏の『ガダルカナル戦詩集』であったろう。(1)」（傍点磯田「橋川文三の位置」、／は原文改行、以下同）

磯田の洞察は鋭く行き届いていて、橋川が意図したことが明確に伝わってくる。吉本や井上の如く、日本ロマン派の「体験に即して内在的にとらえようとした」[2]人が、ほかならぬ『日本浪曼派批判序説』（以下『序説』と略、雑誌掲載分は「序説」と略）における橋川だった。

磯田はさらに「橋川氏はルキアノスの喜劇のようなかたちで、昭和戦前の思想に離別したかったにちがいない」[3]と推測するが、現実には必ずしもそのようにはいかなかった。

鮎川信夫は、橋川のエピグラフを受けて、こう述べている。

「はたして喜劇的に死ななければならないのは日本浪曼派だけであろうか。（略）朗らかにであろうと、いやいやであろうと、私たちが過去から訣別しえないのは、死すべきものが死んでいないためではなかろうか。[4]」

戦後十二年めの一九五七年三月、橋川は、「日本浪曼派批判序説――耽美的パトリオティズムの系譜」と題した論考を、「同時代」（黒の会刊）四号に執筆した。この一回めは、後の単行本では、「一　問題の提起」と題され、以後、「二　日本浪曼派の問題点」「三　日本浪曼派の背景」「四　イロニイと文体」は五号、「五　イロニイと政治」は六、七号、「六　日本浪曼派と農本主義」は八、九号に、それぞれ掲載された。

最終章の「七　美意識と政治」は、「同時代」発行前だったので、連載を中断して書き下ろし、以上をまとめたものが、処女作『序説』で、刊行は連載開始から約三年後のことになる。

「序説」の連載は、橋川が療養中に日本ロマン派関係の資料を蒐集・調査、厖大な参考文献を読破し、深く思索を重ね、着想を得て構想を練り、コツコツと書き進めていたものである。

注意すべきは、「序説」が、敗戦直後、あるいは間もなくに書かれたものではないこと。実際に筆をとったのは、おそらく戦後十年めの一九五五年前後のことだが、その構想・準備は、結核の療養で入院中の一九五二、三年頃には始まっていたようだ。橋川が、「私はひそかに日本ロマン派に関するすべての発言に耳をかたむけようとした[5]」というのを準備と考えれば、戦後間もなくから、「耳をかたむけ」、注視し、発言を目にすれば読むよう心がけたものだろう。

けれども、一度、膝を屈したものが回生し立ち上がることは決して容易なことではなく、その後、十年以上にも及ぶ苦節の歳月を要したのである。

この間の事情について、友人の赤坂長義の証言がある。

「昭和二十三年ごろ彼は下谷の病院に入っていた。ぼくが軍隊から帰って初めて見舞にいったのがあそこだから。そのころやつは何かこつこつ書いていた。『日本浪曼派批判序説』のもとになるものなんだ。あとになって時々話して聞かせられたんだが、保田さんのものをあいう読み方ができるということを知って、ただただ驚異でしたね。これは当然、歴史に残る文献になると思った。あの論文の序説のもっとイントロダクションみたいなのを『中央公論』へ出そうとしたんですよ。ところが中公で、文章が晦渋であるということで没になってしまった。『中央公論』というのはくだらん雑誌だなあと思ったよ。[6]」

「中央公論」へ出そうとしたものと、後に公刊されたものとの違いは不明だが、出版された『序説』が晦渋でなくなったかといえば、必ずしもそうとはいえない。

下谷の病院とは上野桜木町の浜野病院のこと。ただし、「昭和二十三年ごろ」は赤坂の記憶違いで、同病院へ入院中の昭和二十八、九年頃に「こつこつ書いていた」ものである。

橋川の『序説』の「初版あとがき」に、「同人雑誌に気ままなスタイルで独白的に書きつづけていた」とあるように、一高時代の先輩たち（安川定男、宗左近ら。安川は橋川より二年先輩）がやっていた同人雑誌「同時代」に書き継いだもの。同人に誘ってくれたのは、一高時代からの友人で、文芸部でも一緒だった詩人の宗左近。

「同時代」の中心的役割を担った安川定男によると、「第一次『同時代』は同人内部の意見の不一致が原因で一九五四年八月発行の第七号をもって解散[7]」した。第一次は「矢内原伊作や宇佐見英治が始め[8]」（窪田般弥）、後の作家・小島信夫らも参加していたが袂を分かったため、残った安川・宗ら七名が編集委員となって、翌五五年十二月から不定期ながら「黒の会編集・復刊第一号」として第二次「同時代」が再出発した。

橋川が加わったのは、この第二次の「同時代」である。橋川と同じ頃から参加した詩人・仏文学者で早大教授をした窪田般弥によると、橋川は数年先輩だったが、「中学時代に硬式野球で鍛えたという風貌は若々しく、私などから見れば、やさしい兄貴分といった感じであった[9]」という。ところが、「同人会などで、ひとたび議論ともなれば、このやさしい兄貴の舌鋒はするどく、一歩も後にひかなかった[10]」と振り返っている。同人には橋川の友人で、講談社で『保田與重郎選集』の編集を担当した詩人の知念栄喜や、一高時代からの友人赤坂長義もいた。

『序説』の「初版あとがき」によると、知念栄喜と樫原雅春（一高時代の友人で文藝春秋常務）の二人には資料の点でお世話になり、「コギト」「日本浪曼派」「祖国」などの入手困難な「多数の貴重な資料」を拝借したのは杉浦明平である。

さて、橋川が、日本ロマン派に本格的に取り組むに至ったのは、二重の構造をもつ次のような「関心」からだった。

「一つは、いうまでもなく、日本ロマン派という精神史的異常現象の対象的考察への関心であり、もう一つは、その体験の究明を通して、自己の精神史的位置づけを求めたいという衝動である。この後者の関心は、いわば私の世代的関心ともいえるものである。」（『同』「問題の提起」）

このうち後者は、戦後、確固とした自らの精神的拠り所がなく、逍遥とした思想的彷徨を繰り返していた橋川にとって、より激しく切迫した衝動であった。

桶谷秀昭は、《橋川文三の主題は日本浪曼派の名誉回復でも復権でもなくまさに「批判」であるが、それはこの言葉のカントが用ひたやうな意味での「批判」、つまり「分析」といふにふさわしいものである》[11]と確かな考察をしている。

橋川の政治学関係の著作には厳しい言辞を投げかけた丸山眞男も、『序説』については、同著の《「批判」という言葉は、ただの枕言葉じゃない。本当に批判なんだ。日本浪曼派をかいくぐっているから、単に超越的な非難じゃない「批判」が可能だった》[12]と高く評価している。

吉本隆明は、「すべての思想体験の経路は、どんなつまらぬものでも、捨てるものでも秘匿すべきでもない。それは包括され、止揚されるべきものとして存在する」[13]と述べているが、橋川にとっての思想（戦争）体験といえる日本ロマン派体験は、「捨てるものでも秘匿すべきでもない」、まさに、「止揚されるべき」ものとして存在したのである。

「私の戦後の貧しい精神形成史をふりかえるとき、その基本的構造を決定したものがマルキシズムの方法であったことは否定できないが、同時に、その有効性と統一性のテスト・ケースとして、私がつねに日本ロマン派の問題をいだいていたことも否定できない。したがって、私はひそかに日本ロマン派に関するすべての発言に耳をかたむけようとした。たんなる罵詈と軽蔑と嘲弄でなしに、竹内のいう「相手の発生根拠に立ち入った」批判を望んでいた。しかし、その点では、私はほとんど満足させられたことがなかった。その批判の多くが「極端にいえば、ザマ見やがれの調子である。これでは相手を否定することはできない」と思われるものであった。[5]」（橋川）

このような当時の日本ロマン派を取り巻く状況を考慮すれば、「まず隗より始めよ」と橋川自身が始めなければならなかったのである。実際、橋川が戦後、この問題を採りあげざるを得なかったのは、「浪曼派の問題は否定的にのみ把えられてすむものであろうか[14]」という強い思念に動かされたからである。

その際、背中を押してくれた、今では著名な二つの論考があった。ひとつは、戦後六年めの一九五一年九月「文学」に掲載された竹内好の「近代主義と民族の問題」である。

「マルクス主義を含めての近代主義者たちは、血ぬられた民族主義をよけて通った。自分を被害者と規定し、ナショナリズムのウルトラ化を自己の責任外の出来事とした。「日本ロマン派」を黙殺することが正しいとされた。しかし、「日本ロマン派」を倒したものは、かれらではなくて外の力なのである。外の力によって倒されたものを、自分が倒したように、自分の力を過信したことはなかっただろうか。それによって、悪夢は忘れられたかもしれないが、血は洗い清められなかったのではないか。[15]」

この竹内発言は、戦後になって、日本ロマン派を論じる際には、その足がかりとして必ずといっていいほど登場する著名な論考である。

橋川によると、この竹内論文の登場は、戦後になって民族の問題が新たな照明をあびるようになった時期にあたり、日本ロマン派の問題が、そのものとして提起されたのは、この竹内発言をきっかけとしている（『序説』「問題の提起」）、という。

竹内は、また、《戦後にあらわれた文学評論の類が、少数の例外を除いて、ほとんどすべて「日本ロマン派」を不問に付しているさまは、ことに多少でも「日本ロマン派」に関係のあった人までがアリバイ提出にいそがしいさまは、ちょっと奇妙である[16]》と述べる。さらに、左翼からの攻撃というのは、「相手の発生根拠に立ち入って、内在批評を試みたものではない[17]」と厳しく批判している。竹内は、同論で、「日本ロマン派」そのものが近代主義のアンチ・テーゼとして最初は提出されたという歴史的事実を忘れてはならない、との鋭い指摘もしている[18]。

背中を押してくれたもうひとつは、中野重治が一九五二年三月に発表した「第二『文学界』・『日本浪漫派《ママ》』などについて」で、橋川自身、『序説』の中で、以下の箇所を引用している。

「大体からいうと、第二『文学界』や『日本浪漫派《ママ》』などが何だつたかということはこんにちまだ明らかになつていない。これは私がそう考える。私の知るかぎりでは、第二『文学界』や『日本浪漫派《ママ》』グループについて、それらが何をしたかということは一おう明らかにされているが、どうして、なぜ、それをすることになつたかということは明らかにされていない。（これはしかし、かれらが「何をしたか」が明らかにされていないということでもある。）[19]」（『近代日本文学講座』）

このパラグラフは、前掲の竹内論文と双璧といえるほど、戦後の日本ロマン派論のイントロダクションとなったものだが、橋川は、これを読んだ後の印象を次のように書いている。

「私はこの中野の率直な言葉によって、ふと小さな安堵感をいだいたのを覚えている。かつて私たちの見たあの明かな体験像は、たんなる幻影にすぎなかったのかという疑念にとらえられたとき、竹内や中野の発言は私を安心させ、鼓舞した。それほど私にとって、日本ロマン派の問題は重要であった。それはたんに昭和の精神史の到達したある極端な様相として、そこに日本帝国主義イデオロギーの構造的秘密がこもっていると思われるばかりではなく、また、私自身の精神的体験を究明する有力な手がかりもあると思われたからであった。[5]」（『序説』）

橋川における日本ロマン派は、日本の昭和精神史についての様相を知りたいからという学問的な理由だけでなく、橋川自身の「精神的体験を究明する」という重要な課題が包含されていたのである。だからこそ、竹内・中野の論文は、「『序説』をかくのに常に念頭においたもの」（『同』「日本浪曼派の問題点」）だったのだ。

「おそらく中野重治と竹内好の問題提起がなかつたら、あの時期に橋川文三の『日本浪曼派批判序説』が書かれることもなかつたのではないかとさへ云へるやうに思はれる[11]」と、桶谷秀昭は推察している。両者が「安心させ、鼓舞し」、背中を押してくれたことは疑いえない。が、しかし、反面、橋川には書かれてしかるべき必然性があった。橋川は同著を書くことにより、戦後の回生という不可避でかつ死にものぐるいの深い意味があったのである。

背中を押してくれるのとは反対に、批判的対象になったのは、「新日本文学」（一九五四年十一月号）に掲載された西田勝の「日本浪曼派の問題」である。

橋川によると西田の論文[20]は、「非常に集約された形で『日本浪曼派』（つまり雑誌としてのそれを主として）を分析しており、私などには論理的にもっとも鮮かなもの」と思われたと「ある立場からする」成果を一応は認める。しかし、肝心なところでは、「自分の問題意識を明かにするために、この西田論文に対する疑念から始めようと思う」（『序説』「日本浪曼派の問題点」）と強い疑義を提示した（西田への反論については後述）。

「序説」の第一回めが、「同時代」四号に掲載されると、限られた発行部数の同人誌にもかかわらず、すぐさま大きな反響が起きた。橋川によると、初めに採りあげてくれたのは「東京タイムズ」の「日本浪曼派」の仲間だった林富士馬が「ちょっとおもしろそうな文章を書いているやつがいる」と、短いコラム欄で紹介してくれた。それから、平野謙、小田切秀雄、大岡信など、年齢も傾向も違う人たちが、「おもしろいといって注目してくれ[21]」た。その後の連載分も注目を集めたが、その間の事情をこう述べている。

「早くから多くの人々の評価と批判を与えられた。同人雑誌に気ままなスタイルで独白的に書きつづけていた私にとってそれらは多く「まさか」と思われる当惑を与えた。とりわけ「連載の力作」などといわれると、率直にいって答えるすべを知らなかった。「力作」とか「研究」

とかをものするような人間だったら俺はこんな風じゃなかったろうになあ、などと感じた。ただ、初めの頃、丸山邦男、藤田省三、久野収などの友人・先輩が、それぞれ独特のことばで言ってくれた評語はぼくを喜ばせた。それと、ぼくが内心ひやひやしながら気にしていた丸山真男先生が、じかにはひとことも批評されなかったのもぼくには嬉しかった。」（傍点原文『序説』「あとがき」）

橋川の『序説』の「初版あとがき」には、同人雑誌掲載時、新聞・雑誌などで批評を受けた中で記憶にとどめている人として、前掲以外に、佐々木基一、鶴見俊輔、竹内好、江藤淳の名を挙げている。流通経路が限られた同人誌にもかかわらず、反響は大きかった。橋川が、ここに挙げていない中には、「東京新聞」が「大波小波」欄で、「これまでの批評家たちの、昭和文学史に対して、一つの書きかえを要求しようとするものだ」として高く評価。「図書新聞」でも松原栄一が、「論壇展望」欄で好意的に紹介している。

丸川哲史は、橋川の『序説』登場の時代背景を、《戦後革命（の挫折）から「民族」への注目という、五〇年前後における批判的知識人の問題意識の移動が潜在していたように思われる。時代背景としては、日本共産党の「占領軍＝解放者」規定の撤回と、コミンフォルムによる新たな指導、新中国の成立などによって加速された「民族解放・反帝国主義」路線への傾斜が挙げられる[22]》としている。

確かに、時代背景としては、その通りであろう。が、その一方で、橋川には、より強く切実な内発的衝動という私的な背景があった。そもそも、橋川が『序説』を書こうとしたライト・モチーフの根底にあったものは何か。彼が単刀直入に語った講演会での発言がある。

「昭和十年前後から敗戦までのあの期間の非常にわけのわからない体験の意義というのは、きれいに切り捨てられてしまう。それでは自分自身の生き方というもの、二十数年の自分自身の生活が全面否定されて生きていけないという気持が実感としてあったわけです。[21]」（傍点引用者）

この箇所にこそ、日本ロマン派問題に取り組む際の、根源的なライト・モチーフが伏在していた。すなわち日本ロマン派の問題を等閑にしたままでは、橋川の過去が全面否定されたままになり、戦後の人生を「生きていけない」というほど、切羽詰まった課題であったことがしれる。つまり、「自分自身の生き方」という重要な課題として、日本ロマン派問題があったのだ。橋川は、さらに次のように述べている。

「その時に、竹内さんとか中野さんの発言が、一種の勇気を与えてくれた。勇気というか、発言してもいいんだというふうな感じを心理的に与えてくれた。それまでは、一種のタブーだったわけですね。それで病院での療養時代に、いろいろなものを友だちに借り集めたりして読みなおしたわけです。（略）一年に二、三回出ていればいいような雑誌で、不定期にいつまでも連載で書けそうな雑誌だから、のんびりとはじめたわけですよ。（略）ただ自分なりに納得のいかなかったテーマを、むしろ黙殺されながら一年でも二年でもやろうという気持でいたところに、いわば評判にされちゃったわけです。（略）結局自分で考えていたことの半分か三分の一ぐらいのところで、（略）とにかく形だけまとめるというふうなことになってしまって、（略）日本浪曼派に限らず、そういった傾向を生み出した時代の状況、それから日本人の精神的な当時の全状況ね、それを掘り下げていくという材料が、わりに出ていたわけなんですが――、だんだんふくらませながら書いていくと、今と違ったものにあるいはなったんじゃなかろうか[21]」

比較的、時間的余裕があった病院での療養時代に「読みなおし」、勉強したことが、大きな力となった。また、発表媒体が掲載を断られた「中央公論」ではなく、不定期刊行の同人誌で、書きたいようにのんびり書くというスタンスが、結果的には橋川にとって良かったようである。

しかし、当初、橋川の考えていたことは、「あれの三倍ぐらいの量[21]」だったというが、さすれば、この著は文字通りの「序説」と呼んでよいことになる。しかし、「初版あとがき」には、「本論」とか「完結」とかを「予想するものでない」と付記しているように、その後、この問題をさらに本格的に採りあげることはなかった。

重複が多いということで、『序説』や『著作集』にも収録されなかった中篇の論文に、「日本ロマン派の諸問題――その精神史と精神構造」がある。けれども、それ以外には、正面から扱った論考は見当たらないから、相当な量の構想を割愛して凝縮したことが、結果的に密度の濃い作品として結実したのだろう。

著作集には未収録だが、「日本ロマン派の諸問題[23]」は、「『日本浪曼派批判序説』と併せて読まれるべきエッセイで、とりわけ保田與重郎におけるイロニイといふ精神態度への分析がより緻密になつてゐるのが特徴である[11]」と、桶谷秀昭が高く評価するように、重要な問題を扱っている。また、『序説』の「初版あとがき」には、同論に所収の「はじめに――世代的回想として」を、橋川自身が全文再録している如く、橋川の日本ロマン派論として必読の文章である。

ところで、拙著『三島由紀夫と橋川文三』収載の「橋川文三と戦後[24]」で詳述したことだが、橋川は、『序説』を書くに際して詩や小説を書くこと、つまり文学的な感性を基調とした著述を基本的に断念している。感性的なものに依拠するのではなく、論理的な思考に従って書くこと、すなわち、社会科学的な方法により、評論や学術的論文などに専念するという思想的選択をしている。このスタンスは、自らの戦争体験からくる反省に由来しているのだが、この方向性・指針は、その後の著作、人生にも及んだ。

カール・シュミットに学び、日本ロマン派を解明

丸山眞男は、『序説』を橋川の「最高傑作」と断言する。さらに、「そもそも橋川君が日本浪曼派を書き出したのはシュミットの『政治的ロマン主義』（初版本）をぼくのところから借りていって、それを読んだのがきっかけでしょう。これはいける、これで日本浪曼派を解明できると彼は思ったわけですね。その点は勘はいい[12]」と語っている。

一九五一年から五四年にかけての入院中の後半頃、橋川は、丸山眞男からカール・シュミット『政治的ロマン主義』の初版本を借りて翻訳した。これは、出版の目的や、翻訳料をあてにしたものではなく、橋川が自身の研究のために訳したもの。この著が、『序説』の執筆に大きな寄与を果たす。

橋川の結婚式において、丸山眞男は媒酌人として橋川の経歴を紹介した。その中で、『政治的ロ

マン主義』の原書を貸し与えた際、綴じ代が、ばらばらになってしまうほど、橋川は繰り返し熱心に読んだというエピソードを披瀝した。それに対し橋川は、後にゼミの雑談中に、事実は繰り返し読んだわけではなく、一ページずつ訳しながら読むため、病床だから、しっかりと折りめをつけたので、綴じ代がほつれてしまったんだ、と苦笑を交えながら不満を述べていた。

この翻訳原稿は、「訳者の関心がその後日本近・現代史、日本文学等の領域に移行したため」[25]（「本書の読者へ」）、長らく筐底に眠ることになった。約三十年後、橋川が亡くなる前年の一九八二年、未来社から刊行された。

そもそも、橋川がシュミットの『政治的ロマン主義』の存在を知ったのは、林健太郎の戦前に出た『ドイツ近世史研究』を読んだからである。そこに十九世紀初頭のドイツの政治と思想の問題を扱った論文が掲載されており、その中にシュミットの同著と、A・エイリスの『ドイツ政治思想史研究』が採りあげられているのを見つけたことによる。[26]

そこで、丸山眞男に頼んで『政治的ロマン主義』の原書を拝借して読んでみたところ、目からウロコが落ちるような読書体験をする。橋川はいう。

「基本的に浪曼主義の呪術的な精神構造、あるいは浪曼主義と政治との結びつき、その逆説的な結びつきということには、なんらかの一般的な傾向ないし法則があるはずだという感情を持っていたところに、その点をスパッとみごとに分析したのがシュミットだったわけです。」[27]

丸山眞男は、橋川の『序説』とシュミットの関係について、「シュミットの政治的ロマン主義にたいする鋭い批判は、自分がかつてあれほどいかれたものへの「批判の武器」としてはうってつけだった。（略）やはり橋川君の最高傑作が生れるだけの背景はあった」[12]と述べている。

橋川自身は、シュミットから受けた決定的な啓示について、以下のように書いている。

「私が結核をやみ、まさに戦後の最大の危機という時期に翻訳したものである。当時、丸山真男先生からシュミットの初版本を借りていたためであり、それによって「日本浪曼派」批判の考えをかためた記憶がある。その『批判序説』は一九六〇年二月に本になった。今思えば戦争後凡そ十五年をたどる私の回生の時期にほかならない。[28]」

橋川が「回生の時期」と語っていることには、大きな意味がある。彼は、一時期、自分は死に体だったと認識していたことになる。そして、『序説』を書くことで生還したのである。このとき、橋川の脳裡に去来したのは、戦後十五年にも及ぶ辛苦の歳月だったに違いない。

ほぼ同時期を死んだように生き、同じように回生を果たした吉本隆明は、「戦争世代は、はじめから道のないみちをきりひらき、そこをいくよりほかに方法がない世代である。まことに、生きながら殺されることもたまらないし、死んだまま生きることもたまったものではない[29]」（「戦争と世代」）と述懐している。

日本ロマン派批判の「考えをかため」るのに大きな役割をしたシュミットの『政治的ロマン主義』は、橋川の戦後「十五年をたどる私の回生」に、決定的ともいえる甚大な役割を果たしたのである。

橋川によると、一般にロマン主義者がなんらかの巨大な歴史的現実にかかわりをもつ場合、その主体と現実との間にいかなる関係が成り立つかについて、もっとも鋭い分析を行ったのがカール・シュミットだという。さらに、シュミットによると、ロマン主義者の現実関心の本質は、「歴史的展開に与りながらこれを追うという同伴的情緒」にほかならないもので、現実そのものではなく、それによって機会的に昂揚せしめられた「情感《ゲフュール》と詩趣《ポエジー》」とが問題であるとされると説明。(30)橋川は、さらに以下のように述べている。

「ドイツ浪曼派の場合も日本浪曼派の場合も、いずれも主体は、当時の若いインテレクチュアルなんです。もうひとつの共通性は、当時の政治的圧迫、いわば政治的な自由の喪失という状況、その中でインテレクチュアルが、なにか一種の自己喪失というんですか、自己のオリエンテーションを見失ってしまう、そういったときに起こってきた運動というか、一種の新しいモードというのかな、そういうスタイルを持った自己批評の様式として浪曼主義というやつが展開していった。（略）結局シュミットの分析にはずいぶん負うところが多いということになったわけです。（略）日本浪曼派の問題も、単なる一種の病理的なデマゴーグの錯乱というのではなくて、そこには一定の精神史的な法則性というものがあるんだということで、そういう目で保田与重郎とか、その他の浪曼派の連中の書いたものを見ていくと、かなりピッタリ適合するところが、出てくるというわけです。(31)」

それでは、橋川は、シュミットの『政治的ロマン主義』のどこに影響を受け、どこを敷衍して、批判の考えを固めることができたのだろうか。具体的に探してみると、恩恵を受けた最大のものは、ロマン主義における「イロニイ概念」である。橋川は、この「イロニイ概念」をシュミットから学び、保田の著作にはそのままといってよいほど該当していたことから、日本ロマン派解明に決定的ともいえる大きなヒントを得たのである。

それを示すように、「私は、保田におけるイロニイの展開に沿って分析しさえすれば、保田の思想内容の展開過程が明かになるとさえ思っている」（『序説』「イロニイと文体」）とまで書いている。また、保田の行使したイロニイの影響力が如何に強かったかを、こう述べている。

「保田の文体が私たちを魅惑したことは、現在、たとえば三島のスタイルが十代の少年を魅惑するよりも甚しいものがあったと思われるが、その牽引力の中心がイロニイであったといえよう。」（同前）

もとより、保田は、《ドイツの初期ロマン派の理論家フリードリヒ・シュレーゲル（一七七二―一八二九）の「イロニー Ironie」の理論を受容し、それを日本の古典の解釈に応用しようとしたことで知られています[32]》（仲正昌樹）という如く意識的に応用したのだから、いってみれば確信犯だったのである。

『序説』の第四章「イロニイと文体」と第五章「イロニイと政治」は、中でも心血を注いだ二章と思われ、シュミットの「イロニイ概念」を援用し、保田與重郎の言説に照応させ、詳細に日本ロマン派を分析して批判するという鮮やかな手つきを見ることができる。

直截には、イロニイ概念について橋川は、『序説』で、「ドイツ・ロマン派の特異な自己批判形式＝創作理論として展開したものであり、いわば頽廃と緊張の中間に、無限に自己決定を留保する心的態度のあらわれであった。一般的にいえば、ある種の政治的無能力状態におかれた中間層的知識層が多少ともに獲得する資質に属するものであって、現実的には道徳的無責任と政治的逃避の心情を匂わせるものであった」と分析した。同時にそれは日本ロマン派への峻烈な批判でもあった。

この分析の元になったのは、『政治的ロマン主義』の以下の部分で、イロニイについてシュミットは明解に述べている。

「イロニイの中にはすべての限りない可能性の留保が含まれる。こうして彼はその内的な独創的自由を保持する。一切の可能性を放棄しないというのがその自由である。[33]」

橋川に『政治的ロマン主義』を貸し与えた丸山眞男は、シュミットが論述しているイロニイにも通じていた。なおかつ、もうひとつの重要な概念である「オカジオナリスムス」について次のように語っている。

「なんといってもシュミットは国法学者だし政治学者だから、わざわざオポチュニズムと区別して、オカジオナリスムスということばをつかったのはそれなりの理由がある、と思うんです。何かを機縁として云々、というのは、何かを原因として、というのと、また何かを規範として、というのと対立させた言い方なんです。（略）何かを機縁として自分のロマン的感情を燃焼させる。現実の客観的認識には全く関心がない。そこはいわゆるロマンティッシェ・イロニー、つまりアイロニーになるんです。そのロマンティッシェ・イロニーというのも、シュミットが縦横に分析し、それをまた橋川君は日本浪曼派の分析に盛んにつかっているわけです。現実的決断にたいしては、いつも態度を「保留」する。[12]」（傍点原文）

この部分に該当する言説が、シュミットの『政治的ロマン主義』（橋川訳）には、以下のようにある。（ただし、オカジオナリスムスを橋川は訳書では「機会偶然論」と訳しているが、その後の講演の際には、「機会原因論」と訂正して話している。）

「機会偶然論的と呼ぶことのできる精神型の特性は、なによりも、これが問題の解決のかわりに問題の諸要因の解消を行うという点にある。」

「むしろ機会偶然論の特殊性は、包括的な第三のものに回避することにより、二元論を解明するというより、それを錯覚であるとする点にある。[33]」

橋川は、シュミットのこれらの箇所からも多くを学んだのである。そこで学んだこと、すなわち丸山が問題にしている「オカジオナリスムス＝機会原因論」について、橋川自身が講演の中で次のように分かりやすく解説している。

「シュミットの浪曼主義批判の主眼点は、要するに浪曼主義における主体的な決断主義というか、主体的な決断性の完全な欠如という点にあります。（略）つまりある浪曼主義者が「おまえは社会的、政治的、思想的にこういう人間である」というふうに規定されかかってくると、「いや、おれはそうではない」という。「おまえは右だ」というと、「いや、おれは右ではない、左だ」とくる。「左だ」といわれそうになると、「おれは左ではない、右だ」とか「中間だ」とか、あらゆる意味で自己限定を回避するという傾向が浪曼主義者にはある。これはそれ自体としても哲学的基礎があるんで、シュミットはそれを、いわば機会原因論というかな、オカジオナリスムスということばで規定している。（略）シュミットは、それを出発点にして、浪曼主義者のいわば無責任性というものを追求していたわけです。[34]」

ロマン主義者が、自己限定を回避するという思想的無責任性は、竹内好が保田を糾弾する言説にもみられる。竹内によると、保田は「生まれながらのデマゴーグ」であって、同時に「精神の珠玉」

であったという。さらに、保田は限定不可能なあるものであり、そこから逃れることのできぬ日本的普遍者の究極の一つの型であるとして、「「空白なる思想」が彼の思想であり、空白でなければ不死身であることはできなかった[35]」と、同様の趣旨の発言をしている。

もうひとつ、橋川と丸山眞男では判断が食い違った点、すなわち、保田が「時務論」を書いたか否かについて少し触れておこう。

丸山眞男は、「橋川君は保田について盛んにそれをいっていました。時務論は書いてない、時務論を軽蔑していた、とさえいっていました。だけど、「時務論」をけなしながら、結局、目の前に進行する大きな現実を美化するのが、カール・シュミットも例示しているように、まさにロマン的思考の特質で、そこに本当の問題がある[12]」と述べる。

これに対する橋川の言説は、保田が時務論を拒否したことは、無責任な戦争論の展開につながったとして、次のように保田を鋭く批判している。

「保田の場合、このようなイロニケルとしての面目がもっとも鮮明に現われており、それが国学の受動的性格と結びついて、「病的な憧憬と美的狂熱」を我国の古典ならびにその挫折形態としての中世美学に指向せしめたのであり、反面では、あらゆる「時務情勢論」の要請の拒否を介して、自らも認める無責任極まる戦争論の展開に赴かしめたのである。」（『序説』「イロニイと政治」）

橋川は、自身がロマン主義を批判する際のアンビヴァレントなアポリアについて、シュミットがロマン主義を批判した際にはまった陥穽と対峙させ、自戒をこめて述べている。

「浪曼主義を見事に完璧に批判した人は、たとえばシュミットですが、シュミットの場合には、今度はその決断主義が一種の、よくいわれるように、ナチス的な決断主義になってしまう。それは浪曼主義の持っている一種のイロニーというやつで、自己限定を回避するという姿勢を徹底的に批判すると、逆の非常にラディカルな決断主義になってしまう、ニヒリスティックな決断主義になってしまう。だからそれを避けようとすると、浪曼派を批判しながら、いつの間にか浪曼的な思考様式をとらざるをえない。[36]」

ここには、橋川が一方で、そのようなことはないのだが、日本ロマン派に先祖返りしていると批判されてしまう所以が隠されているのかもしれない。

『日本浪曼派批判序説』を未来社から刊行

一九六〇年は、うるう年だったため、二月二十九日という「奇妙な日付をもって[37]」（松本昌次）、橋川の処女作『日本浪曼派批判序説』が未来社から刊行された。

この著は、「同時代」連載分のほかに未掲載の「七　美意識と政治」が加えられたほか、補論として、「一　「社会化した私」をめぐって」「二　転形期の自我」「三　日本浪曼派と太宰治」の三篇が「I　序説」の中に、さらに「II　停滞と挫折を超えるもの」として各種のエッセイ八篇も編まれた。

橋川が「あとがき」で、「一部の「補論」と二部のエッセイとは直接には書名に関係ないものが含まれている」と付記しているように、一、二の補論は書名とは関係がない。

補論一は、サブタイトルの「プロレタリア文学の挫折と小林秀雄」が示すように、小林秀雄論ともいえる。補論二のサブタイトルは「「文芸復興」期と現代」で、こちらは文芸復興期がテーマで、かつ小林秀雄についても多くのページが割かれており、保田や日本ロマン派には直接には全く触れていない。

けれども、これらの補論やエッセイのいずれもが、前掲の当初の構想として述べた「日本浪曼派に限らず、そういった傾向を生み出した時代の状況、それから日本人の精神的な当時の全状況ね、それを掘り下げていく(38)」ことの一端を、十分に窺わせてくれる小論だ。

刊行元の未来社は、橋川が一九五〇年から結核をわずらって入院するまでの一年余り在職した出版社・弘文堂のかつての上司である西谷能雄が、一九五一年十一月に創設した人文系の出版社。担当編集者の松本昌次は、一九五三年四月、創設二年めの同社に入社。翌一九五四年＝花田清輝『アヴァンギャルド芸術』を皮切りに、一九五六年＝平野謙『政治と文学の間』、一九五七年＝埴谷雄高『濠渠と風車』など戦後派を代表する新進気鋭の評論家・作家の出世作となる斬新な作品を次々に企画・刊行した。

一九五九年には、戦中派の吉本隆明の『芸術的抵抗と挫折』、同年、井上光晴『ガダルカナル戦詩集』などの俊英を担当し出版、高い評価を受けた。橋川の著作の発行は、その翌年の一九六〇年二月のことだった。

『序説』が刊行に至るのは、同人雑誌「同時代」に掲載された橋川の連載を、松本が一読し、「目を奪われた」ことから企画したもの。一編集者としての関心のみでなく、松本自身の「戦争体験」と「日本浪曼派経験」の再検証をうながすものであったがゆえに、松本の心を強くとらえた。松本が、この本の企画を提出すると、かつて橋川の上司であった西谷社長は、一瞬、びっくりしたようで、「まさか、あの橋川君が」と西谷さんが思うのも無理からぬことであった、と回想している。

この刊行は、橋川にとって、「今思えば戦争後凡そ十五年をたどる私の回生の時期にほかならない[39]」というほど大きな意義あるものだった。

同人誌掲載時から反響は大きかったが、一冊として出版されると、より多くのメディアに書評が掲載され、さらに大きな反応があった。けれども、書評での評価は必ずしも賞賛に終始したわけではなく、毀誉褒貶が交錯する部分もあった。

好意的な評価の代表は吉本隆明で、発売から約一カ月後、書評紙「週刊読書人」に、「独創的な問題提出―思想史と文学史に一つの主脈を打立てる」と題して掲載された。あらゆる相手に歯に衣着せぬ厳しい批判をすることで知られる吉本にしては、珍しく手放しで評価している。以下は少し長くなるが、その全文である。

「この本の主論文に対応する「日本ロマン派の諸問題――その精神史と精神構造――」という論文が、『文学』の一九五八年四月号に発表されたときのおどろきは大きかった。いつも先駆的な仕事につきまとうおどろきは、じぶんが云いえずして模索していた問題があきらかにいま云われたのだ、というような感じをともなうのだが、橋川文三の仕事にはじめて公けに接したときの感じもそれであった。

橋川が本書の論文で、まったく独創的に提出した新しい問題点はいくつかかぞえあげることができる。その最大のひとつは、いうまでもなく日本浪曼派そのものを、はじめて批判的にとりあげたことである。このはじめてとりあげたことの困難さは知る人がしっている。第二の功績は、日本浪曼派の文学史的な位置づけを、プロレタリア文学運動の挫折、転向という脈絡から切りはなし、したがって亀井勝一郎から保田与重郎へその評価の力点をうつしかえることによって、従来の文学史的定説をくつがえしたことである。第三の功績は、日本浪曼派の成立を、前期共産主義の理論と運動に初めから随伴したある革命的なレゾナンツであり倒錯した革命方式に収斂したものであるという大胆な仮説を提出したことである。そしてここから、発生の社会的な要因として第一次大戦後の急激な大衆的疎外現象をともなう二重の疎外に対応する応急な過激ロマン主義としての性格をあたえた。

橋川によって提出された新説は、わたしの知っているかぎりでも、佐々木基一、平野謙、江藤淳などの仕事におおきな影響を与えた。そればかりではなく、現在の日本の思想史と文学史にひとつの主脈をうちたて、俗化現象さえ読者のなかに普遍化させたのである。しかし、保田与重郎を対象にして展開した日本浪曼派の「イロニイ」の分析にまで立ちいって橋川の仕事から影響をうけえたものはまれである。それは、保田与重郎の難解さというよりも、戦争世代の難解さに属しているからである。そして、この難解さこそ日本の近代思想史と文学史の核であることを、老いぼれた敵と老成ぶった若い敵たちはまったく知らないのである。」[40]（傍点原文）

この書評は、簡にして要をえており、とりわけ、『序説』の三つの功績を摘出している点は、吉本の繊細で鋭い読解力・把握力を示しており、この本全体を簡潔に整理し概説している。

吉本の指摘した、三つの「独創的に提出した新しい問題点」を手がかりに、橋川のこの著における主要な言説を少し詳しく考察してみよう。

ひとつめの日本ロマン派を「はじめて批判的にとりあげたこと」については、そもそも「戦後、日本ロマン派は全く抹殺され、黙殺されてきた」（『序説』「初版あとがき」）という、日本ロマン派を取り巻く戦後の暗い時代背景があった。戦後間もなくに出現し、橋川が、「戦慄的な印象」を受けたという、日本ロマン派への怨念がこもった攻撃を代表する杉浦明平の有名な一節がある。

「大は保田とか浅野とかいふ参謀本部お抱への公娼を始め、それらで笑を売つてゐる雑魚どもをも捕へ、それぞれ正しく裁き、しかして或ものは他の分野におけるミリタリストや国民の敵たちと一緒に宮城前の松の木の一本々々に吊し柿のやうに吊してやる。[41]」（『暗い夜の記念に』）

磯田光一によると、橋川の『序説』が、「批判という語を書名に入れなければ袋叩きに逢うであろうと思われたのが、はっきりいって当時の知的雰囲気といってよいものであった[42]」（傍点原文）という。

実際に、当時は、保田與重郎の名前を見ただけで、「一種神秘的な劫罰を受けた癩患者を目にするような戦慄[43]」（川村二郎）を味わったり、「あたかも海中深く廃棄された放射性物質のごとくに語られている[44]」（大岡信）という時代の渦中にあった。したがって、「はじめてとりあげ」（吉本）ることは、多くの非難にあい、それに対し、動じたり屈しない強い気概を必要とした。つまり、衆目の一致するところに異を唱え、「王様は裸だ」と叫ぶ勇気が求められたのである。

橋川の『序説』は、ちょうど同じ頃、吉本隆明が「転向論[45]」において、戦争に反対した唯一の党として、戦後、圧倒的な人気を集めていた日本共産党の、転向しなかった幹部たちを、「非転向の転向」として、「はじめて」断罪したのとパラレルな関係にある。

吉本は、神聖視・絶対視されていた日本共産党を論理的に「はじめて批判的にとりあげた」ことで、「はじめてとりあげたことの困難さ[46]」を十分知り尽くしていたのである（このように吉本が、たとえ独りでも「千万人といえども吾ゆかん」の如く自立して自己の主張を貫徹する姿勢は、生涯一貫して顕著に見られ、それが吉本思想の特質でもあった）。

一方で吉本は、刊行前の一九五八年、橋川と同席した座談会で、「橋川さんの論文は、現在のこのときに出てきた問題として、そうとう広範な影響と意味とを、与えたと思っているわけですけれど、その責任はとらなくちゃいかんのじゃないかというふうに思うわけです。だから橋川さんがどういうふうに締めくくりをつけるのかというのを、ぼくは注目していますす[47]」と発言している。

この吉本発言は、一九五八年発表の橋川のエッセイ「日本ロマン派の諸問題」を読んだ際のもので、『序説』刊行前だったから、橋川は、二年後に『序説』を上梓することで、吉本のいう「締めくくり」をつけ、「責任をとった」といえるだろう。

橋川にしろ、吉本にしろ、戦後、ものを書いて発表し始めるのは、敗戦から十年以降のことである。その間の空白期間のもつ意味について、鮎川信夫が適切な斟酌をしている。

「日本浪曼派の影響に首までひたった青年たちは、思想的には戦後十年くらいの空白期間を持ったはずである。その間に、たいてい、ものを書くなどということはあきらめてしまっている。「たたきこまれ身についた価値体系が一瞬に否定された悲劇」は浪曼派体験において最も烈しく、わずかな残党と特異な例外をのぞいて、普通の青年の場合は二度と起ちあがれないほどの打撃だったのではあるまいか。」

「戦後の思想と文学を担った人たちは、日本浪曼派を回避したか、あるいはその影響を最小限にとどめえたかした者たちである。したがって、それらの人たちの浪曼派批判が核心にふれえなかったのもとうぜんであろう。」（「歴史におけるイロニー」）

このように、戦争直後の思想と文学を担った人たちとは、主にマチネポエティクや「近代文学」に集った人々である。彼らは「日本ロマン派を回避した」か、「その影響を最小限にとどめえたかした」のであり、したがって、彼らの日本ロマン派批判は、橋川のように、内在的な批判ではなかった。そのため、その核心に触れることはできなかった。すなわち、非難や罵倒であって、本質的な批判たりえていなかったのである。これでは相手を倒すことはできない。

鮎川は、『序説』には「かすかながら自己断罪のニュアンスがこもっており、しかも思想とはいかなるものであるかをみた人間の、けっして目立ちはしないが、ゆるがぬ矜持が生きている。（略）後世の人たちは、この書を指して、日本人の精神的な自信回復のひとつのあらわれと見なすかもしれない」と述べる。さらに、『序説』において橋川は、「自己を抑制している」としたうえで、「十年以上におよぶ自己教育の辛苦が、心中に躍動するものを極力抑えさせたにちがいない」と推察している。

鶴見俊輔は、『戦争が遺したもの』で、こう語っている。

「敗戦のときに吉本は完全に思想的な基盤を崩されて、膝をついちゃったわけですよ。それでしばらく動けなかったでしょう。そのしばらく動けなかった者が、もういちど立ち上がってくる強さというものがあって、それが吉本の強味だと思うね。[48]」

吉本と同様に橋川もまた、戦争中における強烈な思想体験ゆえに、戦後、「完全に思想的な基盤を崩されて」、膝を屈している。それは、鮎川のいう「二度と起きあがれないほどの打撃」であり、およそ、十年以上に及ぶ、雌伏の期間だった。

しかし、吉本にしろ、橋川にしろ、この膝を屈した時代があったからこそ、その間に原点に立ち返って勉強し直して蓄積した深い学識と論理的で社会科学的方法をバネにして、強靭で良質な思想を構築することができたのである。

鶴見は、別なところで、橋川の戦後の思想的営為について、こう述べている。

「橋川文三は、敗戦後の進歩思想の流れの中に身をおきながら、かつて自分をとらえた戦時のナショナリズムの意味を考えつづけた。『日本浪曼派批判序説』（一九六〇年）は、その最初の著書であり、戦時思想の潮流を忘れさっていた当時の日本の論壇に衝撃をあたえた。この仕事は、著者の内部で、さらにつづけられた。[49]」

吉本が、二つめとして述べた「日本浪曼派の文学史的な位置づけを、プロレタリア文学運動の挫折、転向という脈絡から切りはなし、したがって亀井勝一郎から保田与重郎へその評価の力点をうつしかえることによって、従来の文学史的定説をくつがえしたことである」について考察してみよう。

その前に、日本浪曼派とは何かの概略を示しておくと、端的には、一九三五年五月に文芸同人誌「日本浪曼派」を創刊し、一九三八年八月までの三年四か月にわたって、計二十九冊を刊行した文学グループのことを指す。

メンバーは、亀井勝一郎、保田與重郎、中谷孝雄を中心に、神保光太郎、芳賀檀、伊東静雄らが集まって企画、編集、執筆し、共同で雑誌を刊行した。その後、太宰治、檀一雄らも加わり、二十二人が名を連ねた。

最終的には、林房雄、萩原朔太郎、佐藤春夫、中河与一、三好達治らの著名人も加わったことで、総勢五十名を越えたとされている。これだけの大人数になってしまうと、多種多様な人々が参集したことになり、グループ全体として、共通の文学的、思想的な方向性を、統一して打ち出すことは、難しくなっていったと思われる。

通説として流布されているのは、当初のグループの動向として、プロレタリア文学運動崩壊で、マルクス主義者が転向し、その後の焦燥感・絶望感を基盤とした思想的背景のもとに、ドイツロマン派の影響を受け、ロマン主義が台頭してきたのにあわせて登場した文学運動とされている。

運動の内実としては、西欧の近代主義を否定し、日本の古典的美を追求しようとしたもので、その際、現代日本文学に提出された重要な問題は、「民族」と「芸術的デカダンス」の二つであったとされる。後には、戦時下にあったことから、戦中の鬱屈した世相のなかで、次第に民族主義的色彩を深めていったとされている。

一般に、グループの代表的メンバーとされる亀井勝一郎は、プロレタリア文学運動すなわちナルプ（＝日本プロレタリア作家同盟の略称）解体を直接的な動機として、マルクス主義の挫折から転向して日本浪曼派へと、そのスタンダードなコースをたどった。このことから、亀井が、日本浪曼派を象徴し、その精神過程から、日本浪曼派のライトモチーフを示した人として、日本浪曼派を代表し、牽引した人物とみなされ、これが、橋川が日本浪曼派に触れる当時の通説として流布していた。

その反面、保田與重郎は、プロレタリア文学運動の経歴がないことから、日本浪曼派に参集した多くの人々の経歴であった、マルクス主義の挫折＝転向というコースから外れてしまっていたことになり、日本浪曼派運動を中心にいて率いた人物とは一線を画し、傍流にいた存在と見なされてきた。しかしながら、雑誌「日本浪曼派」の中において保田は、旺盛な執筆活動を展開し、日本浪曼派のメンバーの中でも目立った活躍をした論客のひとりだった。その論調は、欧米の近代化に抗して、日本古来の美意識の優越さ基調にして、戦争に向かう青年たちに対し、死の美学を説き、大きな影響を与えたとされる。戦後には公職追放にあった。

これが、当時の「文学史的な位置づけ」というべきものであった。

従来の日本ロマン派の文学史的位置づけを代表するともいえる、西田勝の論文「『日本浪曼派』の問題」に対し橋川は強い違和感があった。

いうまでもなく、この違和感のベースには、橋川自らが日本ロマン派に対して、魅惑されたものならではの、確固とした実体験があり、そうであるがゆえに強烈だった。それは、「日本浪曼派を回避したか、あるいは、その影響を最小限にとどめえたかした者たち」への違和感でもあり、端的には、西田説への次のような反論として如実に表れる。

「なぜ、それほど、日本ロマン派を「ナルプ解体」の論理に符合せしめねばならないのか？私たちの体験した日本ロマン派は、微妙に、しかし明白にそれと異るという印象が鮮かである。」（傍点原文『序説』「日本浪曼派の問題点」）

さらに、以下の橋川の発言には、自らが日本ロマン派にいかれたがゆえの説得力ある反論で、確信をもって語る力強さがある。

「私がこの過程に関心を払うのは、先の保田の文章からもうかがわれるように、日本ロマン派の成立は「ナルプ解体」を直接動機とするというより、むしろ大正・昭和初年にかけての時代的状況に基盤を有するものであること、また、プロレタリア的インテリゲンチャの挫折感を媒介としながらも、もっと広汎な我国中間層の一般的失望・抑圧感覚に対応するものとして、その過程の全構造に関連しつつ形成されたものであるという観点を提示したいからである。」

（『序説』「日本浪曼派の背景」）

『序説』発表当時は、「ナルプ解体から転向を経ての日本ロマン派の誕生というマルクス主義中心的な公式的文学史理解(50)」（井口時男）が、通説として流布していた。

橋川のこの言説は、西田が日本ロマン派を分析した際の「ナルプ解体を直接動機とする説」から切り離し、実際には大正末から昭和初期においての閉塞的な時代状況を基盤とし、当時日本の中間層の一般的失望や抑圧感覚に対応するものであったとする、斬新な説を提出した。これは、西田説への明確な批判となっている。

西田の発言は、実体験を伴っていないせいか机上での弱点が垣間見られる。橋川は、西田論文では、その必然的な帰結として、「日本ロマン派のライト・モチーフは亀井の精神過程にあることになり、保田は相互作用をともないつつも、せいぜい有能な伴奏者にすぎないことになる」(『同』「日本浪曼派の問題点」)と分析している。

ここに示されたように西田の日本ロマン派論の要諦は、保田ではなく亀井勝一郎を日本ロマン派の代表者とするもので、それまでの定説をなすものだった。それに対し、橋川は、独創的な反論を提出した。

「改めていうまでもないと思うが、私たちにとって、日本ロマン派とは保田与重郎以外のものではなかった。亀井勝一郎、芳賀檀などは、私たち少年の目には、あるあいまいな文学的ジャーナリストにすぎなかったし、浅野晃以下にいたっては、殆ど問題にもされなかったと思う。」(同)

したがって、橋川の「日本ロマン派＝保田與重郎説(これを橋川テーゼと呼ぶ)」は、西田の「日本ロマン派＝亀井勝一郎説」へのアンチテーゼとして登場した。これは、吉本のいうように「従来の文学史的定説をくつがえした」という大きな役割を果たした。

「このことは、プロレタリア文学史の戦後における再検討が日本ロマン派に指向した場合、意外なほど、保田そのものの書きものの分析が等閑視され(したがって『コギト』が論じられることもなく)、その精神史・精神構造の解明が行われないでいることと関係があるだろう。」(橋川「同前」)

それまでは、橋川によると、日本ロマン派について、単なる右翼、ファシスト、デマゴーグというとらえ方のみが一般的で、「コギト」を調べ、「日本浪曼派」を調べ、それから肝心の保田與重郎の書いたものを、そのものとして踏まえながら、批判するというのはなかったのである。(51)

「コギト」は、保田與重郎の親友（大阪高校の同級生）で、東大国文中退・大地主の息子であった肥下恒夫の経済的援助のもとに、一九三二年に、保田らが中心となって同人雑誌として発行。全部で一四六号を出し、一九四四年に終刊した。これが日本ロマン派の源流となった（編集発行人の肥下恒夫については、二〇一二年刊の澤村修治著の評伝『悲傷の追想』がある）。

橋川によると、初期の「コギト」は、後の極右的、国粋的な要素はもっておらず、エレガントな芸術雑誌だった。内容も、ぎらつくような時代の反映が表れているわけでもなく、永遠の美、永遠の芸術を目指した高踏的な雑誌で、主として古典を研究、鑑賞する上品な趣味に貫かれており、初期の段階においては、日本のファシズムとか軍国主義に結びつく要素はまったくもたなかった、という。(52)

意外なことに橋川は、『序説』を書く戦後になるまで、もうひとつの雑誌「日本浪曼派」は見たこともなかったと回想している。(53)

日本ロマン派が、後に問題視される精神運動、文学運動として展開するのは、保田、亀井勝一郎、神保光太郎らにより、機関誌「日本浪曼派」が一九三五年三月～三八年八月にかけて刊行される一九三〇年代後半のことである。

川村二郎によると、一九三六年頃から保田の文章は「急速にいわゆる「日本主義」的な色彩を増し」ていき、「文体そのものも、鬱屈した憤ろしい緊張を失って、いわば教条主義的に硬直した大言壮語」に陥っていくという。

吉本が指摘した橋川の第三の功績は、「日本浪曼派の成立を、前期共産主義の理論と運動に初めから随伴したある革命的なレゾナンツであり倒錯した革命方式に収斂したものであるという大胆な仮説を提出したことである。そしてここから、発生の社会的な要因として第一次大戦後の急激な大衆的疎外現象をともなう二重の疎外に対応する応急な過激ロマン主義としての性格をあたえた」ことにある。

吉本がいう「大胆な仮説」とは、『序説』の中でも強く印象に残る重要な箇所である。

「ここで、私のひそかな仮設《ママ》をいえば、私は、日本ロマン派は、前期共産主義の理論と運動に初めから随伴したある革命的なレゾナンツであり、結果として一種の倒錯的な革命方式に収斂したものにすぎないのではないかと考えている。私たち何も知らなかった少年たちが「革命」以外のものに関心をひかれ、魅惑されたということは不自然ではないか、といえば、人の失笑を買うことになるかもしれないが、少くとも、現実的に見て、福本イズムに象徴される共産主義運動が政治的に無効であったことと、日本ロマン派が同じく政治的に無効であったこととは、正に等価であるというほかはないのではないか？」（傍点原文『同』「日本浪曼派の背景」）

これは、橋川の日本ロマン派に関わる強烈な原体験と、その後習得した社会科学的な方法無くしては提出できなかった「大胆な仮設」であった。しかし、時は流れ、マルクス主義と日本ロマン派は等価だとしたこの「仮設」は、現在では、ほぼ定説として市民権を得るようになっている。

そのせいか、菅孝行は、「時が移れば、橋川は自明の常識を定着せしめた人であるにすぎず」、「ついに在るものは在るというしかないと主張したにすぎない」[54]と、後世から述べているが、身をもって、吉本のいう「はじめてとりあげたことの困難さ」を知ることのない一面的な見方であろう。

橋川は、『序説』を発表するに際し、予測された反応・反論に対する心構えを語っている。

「マルクス主義と日本浪曼派は等価だなんていったら、それこそ袋だたきよりもっとひどい目にあう可能性はあったわけなんです。しかしどうしてもいいたかったわけなんですね。なぜかというと、これはむしろ非常に乱暴な言い方をしますと、われわれもそうだったけれども、われわれの先輩だって皆思想形成をやってないじゃないか、われわれをたたくんだったらお前達もういっぺん自分達を考えて欲しいという気持ちもあったし、……(略[55])」

ところで日本ロマン派と日本の「実存主義」について橋川は、『序説』の中で、《「転向」に始まる実存主義の系譜は、日本ロマン派において微妙な変質をとげ、その変質の影響の下に、いわゆる第一次戦後派(純粋戦後派と区別されるもの、戦中派ともよばれる)の精神的原型が形づくられる》(『序説』「問題の提起」)と指摘している。

かくの如く、実存主義と日本ロマン派には密接な関係がある。三浦雅士は、太宰治の小説集『晩年』は「不条理の文学である」としたうえで興味深い発言をしている。

「戦後、実存主義を掲げて気勢を挙げていた知識人たちの能天気を嘲笑う資格はこちらにもないが、しかし、太宰治から保田与重郎にいたるまで、いわゆる日本浪曼派周辺の文学者の、その心情の核心に実存主義的なものが潜んでいたことは、深く考えるに値することである。／戦地に赴いた若者たちの多くが、じつは実存主義者に似た心情を胸に秘めていたのだ。太宰の

『晩年』、とりわけ「魚服記」はその事実を教える。[56]」（傍点引用者）

三浦のいう「不条理の文学」の不条理とは何か。

不条理とは、「実存主義の用語で、人生に意義を見出す望みがないことをいい、絶望的な状況、限界状況を指す」（広辞苑）とのことだ。ちょうど当時の時代状況がまさに、「人生に意義を見出す望みがない」ような「絶望的な状況」を呈していた。

それを示す如く橋川は、《これら（保田の―引用者）の文章にいわれる「青年のデスパレートな気持」「一等若い青年のあるデスパレートな心情」というのは、実は戦争、敗戦、戦後の時期を通じて、つねに再生産されたなつかしい昭和精神史の基音《トニカ》にほかならない》（傍点原文『序説』「日本浪曼派の背景」）と述べている（保田の「我國に於ける浪曼主義の概観」には、「青年のデスパレートな気持は、その時代よりずつと最近にまでつゞいた[57]」とある）。

太宰治の『晩年』は、彼の最初の小説集で、この作品により作家として認められた。刊行は、一九三六年、ちょうど二・二六事件の年にあたる。この「不条理の文学」の誕生の背後には、昭和初年～十年代当時の絶望的で閉塞した状況があり、そうした暗い世相を反映していたのである。

一九三六年は、橋川が中学三年生で、三年後には一高に入学している。橋川も、こうした閉塞的な状況下で青春を過ごしていたのである。

鶴見俊輔は、「村山知義、高見順、太宰治、埴谷雄高、椎名麟三、三好十郎らの転向文学が、日本における実存主義の最初のあらわれである[58]」と指摘している。「転向文学」とは、一九三三年の佐野学、鍋山貞親の「共同被告同志に告ぐる書」により転向した人々の、それ以後の文学活動を指している。ちなみに村山知義『百夜』、高見順『故旧忘れ得べき』は、ともに太宰の『晩年』の前年の一九三五年に刊行されている。

このように実存主義的な背景をもつロマン主義の傾向について、鮎川信夫も、次のように解析している。

「ひろい意味で近代化に結びつく一切の既成の権威を否定し、「己れの頽廃の形式さえ予想した文学運動」であった日本浪曼派は、橋川のいうとおり「イロニイ」を本質としている。「イロニイ」の視点から眺めるかぎり、洋の東西を問わず浪曼主義は究極的には絶望者の思想であって、日本浪曼派も他のさまざまな浪曼主義と共通する性質を持ち、共通する運命を担っていた。」（傍点引用者）

この鮎川説に従えば、浪曼主義＝絶望者の思想であることになる。絶望者の思想は、実存主義のカテゴリーに入るから、必然的に浪曼主義は実存主義と重なることになる。

橋川は、日本ロマン派には「現代実存主義とのある種の相似的な感覚が生れてくる」[59]と説く。そして、《サルトルのいう、神の不在の明かな認知と、それが極度に厄介な事実であることとの矛盾感が蓄積され、その解決が迫られる。ロマン派の少年たちのある者は、その全的解決を恐しく過激な対象に求めた。その一つが前にのべたように「ぼくらは死なねばならぬ！」という死のメタフィジクの追求であり、別の一つは、私が三島由紀夫などに象徴したく考える類いの「美」の構想である》[60]と「実存主義」との密接な関係性について言及している。

次に、保田與重郎が唱えた満洲国問題とは、いったい何だろうか。

「即ち「満洲国」は今なほ、フランス共和国、ソヴエート連邦以降初めての、別個に新しい果敢な文明理想とその世界観の表現である。／我々に世界観を、本当の地上表現をともなふものとして教へたのは、やはりマルクス主義だつた。この「マルクス主義」は、ある日にはすでに純粋にソヴエートと関係なく、マルクスとさへ関係ない正義を闘はうとする心持になつてゐた。日本の状態を世界の規模から改革するといふ考え方から、しかしさういふ心情の合言葉になつたころにマルクス主義は本質的に変化したのである。（略）／さて「満洲国」といふ思想が、新思想として、又革命的世界観として、いくらか理解されたころに、我々の日本浪曼派は萌芽状態を表現してゐたのである。しかもさういふ理解が生れたころは、一等若い青年のあるデスパレートな心情であつたといふことは、すべての人々に幾度も要求する事実である。（略）現在の満洲国の理想や現実といつたものを、思想としての満洲国といふのではない、私のいふのはもつとさきの日本の浪曼主義である。」（「「満洲国皇帝旗に捧ぐる曲」について」）

橋川によると、これは昭和十五年十二月に「コギト」に書かれた保田與重郎の文章の一部で、「この文章を日本ロマン派解釈の恰好な素材と考えるのは、そこにロマン主義的精神構造のおびただしい証拠があらわれているから」（『序説』「日本浪曼派の背景」）である。

廣松渉は『〈近代の超克〉論』で、《マルクス主義からの転向による屈折、そして、満洲国の理念に象徴される「新しい文明理念とその世界観」への心情的アンガージュマンの挫折、これらの屈折と挫折を抜きにしては、「日本浪曼派の形成と消長」はありえなかった》と、満洲国問題について論じている。

橋川は、日本ロマン派（保田）における満洲事変がもった特別の意味を語っている。

「浪曼派が浪曼派としての自覚を明確にもって出発したのは、たぶん一九三一年、昭和六年の満州事変であります。これをきっかけにして、いわゆる浪曼派の人々は彼らの浪曼的な意識を確認するということになったと思います。これはむろん作家、評論家を含めた文学者の運動であったわけです。（略）例の保田与重郎を中心とした彼の仲間達です。[61]」

橋川は、「後にわれわれが問題にする日本浪曼派というひとつの精神運動、文学運動が自主的に展開され始めるのは一九三一年の満州事変からであった[62]」とも指摘している。

このように、保田與重郎（日本ロマン派）が、「満洲国」を思想として理念化し、重要視していることに対して、丸山眞男は辛辣に批判している。

「満州国が日本の軍部が勝手につくったカイライ政権であるということぐらいは、知っているわけですよ。それをフランス共和国やソ連の建設に比すべき一大文明のはじまりだなんていうのはバッカじゃなかろうか……。ぼくにいわせればセンスがどうかしてる。そのことだけ見ても、現実オンチだという以外にないんだな。[12]」

橋川も、冷静に「ロマン的空虚」と断じている。

「保田与重郎がフランス革命、ソヴェト革命、満州事変（！）の三者を並べて、それを「果敢な文明理想とその世界観の表現である」と書いたことは、前に記したが、それはあたかもF・シュレーゲルがフランス革命、ゲーテの『ヴィルヘルム・マイステル』、フィヒテの『知識学』の三者を「世紀最大の徴候」として讃美したのと同じくあるロマン的空虚（＝アイテルカイト＝虚栄）の表明であったと思う。」（『序説』「イロニイと政治」）

橋川によると、日露戦争後の日本社会は、すでにかなりの程度マス化の様相を呈し始めていて、個人の意識の中に、自己の存在が「砂のごとき」大衆の中の孤独な一粒にすぎないという疎外感が成長し始め、こうした状況が青年の中にひきおこす反応は、一次的に言って「人間らしく生きたい！」という素朴な欲求にほかならない、ということになる。その欲求の実現が不可能ではないかという予感にたえず刺激されながら強調されるところに、この種のロマンチシズムの特性がある[63]、と当時の青年たちが置かれた状況の分析と、そこからのロマン主義の発生についての自説を提出した。

橋川がくり返し述べているように、そもそもは、「人間らしく生きたい！」という素朴な欲求のもとに、日本ロマン派が発生していたのである。それは、十五年戦争（鶴見俊輔）の戦時下にあって、疎外された青春を送らざるを得なかった橋川ら青少年の痛切な欲求でもあったのだ。

ここでは、深く触れないが、『序説』六章では農本主義との関連について論及。七章では、美意識と政治の及ぼした影響について微にいり細にわたった分析を試みている。

鮎川信夫の『序説』の読後評における「社会的背景の検討から、当時の政治状況、思想状況とのかかわりあいを追求し、文体や美意識の細部にまでおよぶ橋川の批判方法は、ストイックなまでに冷静、厳格であって、私などが口出しする余地は全くないほどの行きとどいた理解を示している[4]」との総体的な評価は、けだし至言である。

一方、橋川の『序説』批判の急先鋒は、江藤淳であった。ただし、江藤は、『序説』刊行前の論考「日本ロマン派の諸問題」(一九五八年)に対しては、以下のように、重要な示唆を受けたと好意的な感想を述べている。

「「文学」の「昭和の文学」特集のなかに掲載されている橋川文三氏の「日本ロマン派」の問題は、ひとつの重要な手がかりをあたえるすぐれた労作である。これは、ことばの本来の意味でのユニックな、氏の一連の「日本ロマン派」研究の一端であるが、以下に私がのべる見解は、この先駆的な業績に負うところがはなはだ多い。[64]」

このような感想を述べたのは、「神話の克服」と題した長篇の論考で、江藤は橋川の「業績に負」い、論旨を敷衍して論を展開しており、その一部を引くと次のようにある。

「この運動の機能は、たぶん保田与重郎、亀井勝一郎、伊東静雄といった人々の個々の業績をこえている。いわば、それは、明治以来の日本の近代文学の全体につきつけられた古い「神話」の側からの挑戦状として理解されるべきものである。この微々たる運動が二葉亭四迷、森鷗外、夏目漱石などというきわめて明確な個性の輪郭をもった作家をふくむ、近代文学の総体とつりあうだけの重量をもっているといえば、それは粗雑な誇張になるであろう。しかし、彼らがパンドーラの箱からときはなった原始的なエネルギーそのものは、優に近代文学の全体とつりあっている。[65]」

大岡信は、橋川の日本ロマン派批判は、「恐らく今後のこの種の研究にとって古典的な地位を占めるにちがいない、繊細で鋭い把握力を示したすぐれた業績である[44]」と高く評価する。その一方で、江藤の「神話の克服」は、「橋川氏の研究に基本的な論点を借りながら、江藤氏のいわゆる「現存する過去」に対する批判の一環として、日本ロマン派以下の顕在化したロマンティシズムを追求しようとしたもの[44]」と卓見を述べている。

雑誌掲載時、江藤は、上述の如く「すぐれた労作」と評価した。しかし、一九六〇年、『序説』が刊行されると「労作」とは言いながらも一変し、厳しい論評を浴びせている。

「一言でいうなら、この労作には古典主義的な感覚、——均衡の感覚が全く脱落している。あるいは全く客観的なものがない。橋川氏の一種密教的な文体は、終始「浪曼派」の祭壇に捧げられた祝詞のようにうねり進むのである。」

「一貫して顕著なのは橋川氏のジャーナリスティックな才能であるが、どうも氏がかつて保田與重郎と真剣なデュエットを踊ったように、現代と真剣なデュエットを踊っているかに見えるのは否みがたい。[66]」

前掲の好意的な論評とこの厳しい批判との間には、いったい何があったのだろうか。好意的な論評が書かれたのは、「文学界」一九五八年六月号で、厳しい批判（一九六〇年三月）との中間に位置する一九五九年の「文学界」十月号では、橋川と石原慎太郎らとの間で激しい論争が交わされた「座談会・怒れる若者たち[67]」が開かれた。そこに同席した江藤淳は、石原慎太郎に与《くみ》する立場であったから、ここでの対立が遠因になったことも考えられる（この論争については、拙稿「橋川文三と歴史意識の問題——座談会「怒れる若者たち」再考——」を参照）。

この江藤の批判に対し、飛鳥井雅道は、江藤の最近の言動と橋川の『序説』の第二部を読み比べるならば、「三島由紀夫を日本ロマン派の正統と断じ、石原慎太郎を無責任な「生の哲学」として激しく攻撃し、大江健三郎の不充分さを指摘しつつ反ファシズムの観点を高く評価する一貫性は、橋川氏の立場をあらわすものであろう」[68]と、橋川を援護している。

江藤は批判の中で、橋川の『序説』には「全く客観的なものがない」と酷評している。橋川の日本ロマン派論は、当然のことながら体験した本人の主観的なものが含まれている。しかし、『序説』での基本的な分析は、井口時男が、「著者の方法は社会科学的なもの」[50]（文庫版『序説』「解説」）と評するように客観的に示されたから、江藤の批判は、一面的な見方のようだ。

江藤が一方で、いみじくも、「顕著なのは橋川氏のジャーナリスティックな才能」と述べた点については、『序説』を微細に考察すれば、編集者としての経験や視野が十二分に活かされたことは事実だろう。かつての編集者としての視点や、培ったジャーナリスティックな感覚が効果的に発揮されている。

橋川自身、戦後、日本ロマン派について、「すべての発言に耳をかたむけようとした」（『序説』「問題の提起」）と述べている。編集者として、様々な雑誌、新聞、単行本などの出版物に、誰がどのようなことを書いているかの情報を得るには、適した立場にいたので、掲載された記事や参考文献に、注意深く目配りし渉猟している。編集者としての過去を有効に役立て、関連文書への配慮や、編集者ならではの広く深い視野から問題を提起している。それは、後述するように海外の文献にまで及んでいた。

たとえば橋川は、《その後私は板垣直子『現代の文芸評論』や片岡良一『近代日本文学の展望』が早く戦前に日本ロマン派ないし保田を批判しているのを知った》（『序説』「問題の提起」）と記している。この二つの批判については、「近代文学」(一九五四年十二月号)の「国民文学について」の座談会で、平野謙が「この間ちよつと調べたんだけれども、戦争中における保田與重郎批判は片岡良一と板垣直子がやつている(69)」との発言を受けて、探して確認したものだろう。

江藤のいう「ジャーナリスティックな才能」よりも、さらに大きな橋川の文章の特徴は、戦後になって丸山眞男から学んだプルラルで社会科学的な方法と知識がベースにあった。また、その後の結核での入院時代に独学して蓄積した豊かな学殖を活かし、さらに、天性としての恵まれた文学的才能を十全に発揮した特異な文体とあいまって、それらが、うまく重なりあって良質で重厚な作品として仕上がったのだろう。

『序説』がもつ今日的意義については、井口時男の「本書の最大の魅力は、橋川が、戦時下の青年としての自分の日本ロマン派体験を、そういう、戦時下という枠を取り払ってもなお共感可能な核心の部分で取り出していることにあるのだ(50)」(同前)との言説に、わたしは共感を覚える。

保田與重郎と橋川文三

戦時期、知識人の間に強い思想的影響力を与えたふたりの文芸評論家がいた。ひとりは小林秀雄、もうひとりはほかならぬ保田與重郎であった。

一九二九(昭和四)年、雑誌「改造」の懸賞小説の評論部門で第一席となった宮本顕治の「敗北の文学」とともに、第二席に選ばれた「様々なる意匠」で文壇に登場した小林秀雄は、以降も活発に発表した著作により、当時のインテリ層に強い影響力を及ぼした。

一方、小林より八歳年少の保田與重郎は、小林から遅れること七年、日中戦争勃発の前年の一九三六（昭和十一）年十一月に、芝書店から刊行された最初の評論集『日本の橋』でさっそうと登場し、同著と『英雄と詩人』（同年刊）で第一回池谷《いけのや》信三郎賞（中村光夫と同時）を二十六歳の若さで受賞。一九三八年九月には、東京堂から刊行された三冊めの評論集『戴冠詩人の御一人者』で、第二回北村透谷賞を受賞した。翌一九三九年十月には、評論集『後鳥羽院』を思潮社から刊行するなど、一躍、時代の寵児となった。

さらに、一九四〇年から敗戦の四五年までの六年間に、六百本以上の論文を書き、二十冊以上の単行本を出版するなど大活躍をした。

橋川が小林ではなく保田に圧倒的に魅惑され、思想的影響を受けたのは、一高の二、三年生にかけてで、保田が大活躍中の一九四〇～四一年のことである。一九三七年七月、日中戦争が勃発、一九四一年十二月八日には、大東亜戦争が始まっていた。

橋川は、「日本ロマン派、とくに保田与重郎は、ある一時期の一部の青春像にとって、トータルな意味をもった精神的存在であった。そのトータルという意味は、それがその世代のものにとって、自分達の存在様式を保証し、正統化する意味をもったということである」（傍点原文『序説』「初版あとがき」）と述べている。当時の橋川らにとって、保田が如何に大きな存在であったかが推し量れる。同時に時代背景として、戦争の影に色濃く彩られている。

桶谷秀昭が、「保田與重郎といふ思想は、あの異常な時期に、自分の生き死にの根拠をそこに見いだしうるところのものであつた。それは当時の公けの戦時国策イデオロギイを納得しない青年の心情に、一等自然につよくはたらきかけることのできる思想であつた[70]」と述べる如きであったが故に、保田の思想は当時の若者に受容されたのである。

橋川の回想によると、保田與重郎とは三度ほど会ったことがあるという[71]。

最初は、一九四一（昭和十六）年、その頃在籍した一高文芸部主催の講演会での講師を依頼するため、赤坂長義ともう一人と三人で、下落合の自宅を訪問した時だった（ちなみに前年は小林秀雄が講師だった）。帰って来た時、一高の寮で居合わせた神島二郎は、「彼は昂奮して私たちを眠らせなかった。保田の女房を「あれは万葉の乙女だ」と夢みるようなまなざしで語ったのを今でも憶えている[72]」と振り返る。二度めは、その講演会で会ったはずだが、その時の記憶はないと橋川はいうから、その際の印象は薄かったようだ。

最後に会ったというより遠くから見かけたのは大学に入ってからで、上野の松韻亭で民族派文学者の集会の席だった。一高文芸部への招待状を代行しての出席で見かけた保田は、羽織袴に白足袋の端正な和服姿で、「蒼白いといってよいほど枯痩の印象」をうけたという。

同行した友人と「保田さん、やせたようだなあ」と語り合ったが、この時は「かなりもう保田への直接の陶酔感が遠のいていた時期の会話」であったので、「ある意味では日本ロマン派心酔どころではなく、私たち自身がじつは、何か奇妙にロマン的な存在に化していたからかもしれない」（以上「ロマン派へ接近の頃」）と回想している。

橋川と同様に、「戦争中、保田與重郎の書くものはほとんど読んでいた」という吉本隆明は、保田與重郎の代表作として『日本の橋』を挙げ、「今読んでも優れた作品だし、永続的なものなのだと思い返した」として同著のもつ意義を述べている。

「日本の橋は平和な弱々しいものであって、他の国を圧倒するとか征服するという目的は何もなかった。これが保田與重郎の主張する弱者の美学だった。」

「ここが保田與重郎を単なる戦争中の軍国主義者と分けるところだが、彼の大きな思想的特色は「本当の強さとは弱いことにある」というものだった。他のナショナリストは強い武力をもち戦争に勝つのがいいことだと強調するが、保田はそうではなくて、強いことが、日本の橋の特色でも、日本の文化の特色でも、日本の武の特色でもない。弱いことが一番重要だというのが日本の美の本当の特色であると終始一貫言い続けた。」（以上『日本近代文学の名作』）

保田の思想的特色を「本当の強さとは弱いことにある」とする吉本の言説は、橋川の『序説』「イロニイと政治」での次の発言と見事に照応している。

「保田には、全くといってよいほど、勇気がなかったと考える。もしくは、ゲーテの言葉でいえば、Mut verloren, alles verloren（勇気の喪失は一切の喪失である―引用者）の状況において、彼は、ほとんど完璧な弱者として己の存在を決定したといえると思う。（略）より本質的であったことは、彼が、何ものをも敵と感じえなかったほどに、それほどに徹底したイロニカルな弱者であったということであろう。それは、ほとんど阿Qを思わせるほどに――周知のように、阿Qの「正伝」は、打つづく「勝利の記録」によって始っている。阿Qには打負かさねばならぬほどの敵というものがいない――純粋な奴隷の思想の表現となっている。」（傍点原文）

橋川がこれを書いたのは、前述の吉本発言の約四十年前のことで、橋川は、吉本のように、保田の代表作を『日本の橋』としているわけではない。しかし、保田の思想的な本質を「完璧な弱者」「徹底したイロニカルな弱者」(橋川)とする点において、吉本と橋川のいわんとすることは、明らかに共振している。

また、橋川が、「保田には、全くといってよいほど、勇気がなかった」「純粋な奴隷の思想の表現となっている」と断罪したところには、保田の最も重要な思想的特質が伏在していた。そして、それは、保田の大きな思想的瑕疵《かし》でもあった。

橋川が「阿Q」を代表させて比喩しているように、畢竟するに、保田の思想の本質的なところに「奴隷の思想」を見るということであった。橋川の別の言葉でいえば、ゲーテの格言「勇気の喪失は一切の喪失である」を引いて述べているような意味での、「勇気」を欠落した「完璧な弱者」であったということである。橋川は、この奴隷の思想を排し辛辣に批判したのである。

そして、橋川は、保田のいう「敵の実感」「敵の実体」をもたない日本軍隊が、「人間的責任とかかわりない亡霊集団として、大陸アジアにあれ狂った」(『序説』「イロニイと政治」)と、保田らがあの戦争を考えているとすれば、それはヘーゲルのいう「悪魔的破廉恥」であり、「悪魔的な無邪気さ」であると、徹底的に糾弾したのである。橋川は、さらに、保田の思想的な基盤としてある体系的構造として以下の三つを剔出し、次のように述べている。

「保田の思想と文章の発想を支えている有力な基盤として、三つの体系的構造が考えられる。マルクス主義、国学、ドイツ・ロマン派の三要因がそれである。そして、これらの異質の思想が保田の中に統一の契機を見出したとすれば、そのインテグリティ（整合性—引用者）を成立させているものは「イロニイ」という思想にほかならないと私は考える。保田が近代を批判するときも、そのもっとも常套の手段としたものは、ロマン的イロニイにほかならなかった。」（以上『序説』「イロニイと文体」）

このような項目立てた分析方法には、丸山眞男から学んだ社会科学的方法が効果的に活かされていると思う。橋川らの若者は、保田によるこれら三つの体系的構造を包含した「ロマン的イロニイ」の展開にすっかり魅惑されてしまったのである。そしてそれは、ロマン的イロニイを駆使した文体によるところが少なくなかった、と橋川はいう。

したがって、保田の文体を批判することは特別に重要で、一般に文体と思想が不離のものであるという以外に、保田がある時期に殆んど呪術的な魅力をもって一世を風靡したことには、その文体のもつ性格が与って大きかったからだと説明する。

そして、その異様な文章は、「高見順が初期の保田の文章を見てめくるめくような印象を受け、自分たちの時代は去ったのかと嘆息したことを平野謙がつたえて」いるように、それまで見たこともなく、これから見ることもないような文章だったと解説している。

巷間流布されている如く、保田の文章の晦渋さは夙に著名である。その文体がもつ晦渋さは、いったい何処に起因しているのだろうか。橋川は、「日本浪曼派と現代」と題した講演会において、保田の文章の晦渋さを解く鍵として、次のような具体的な例題を示して、分かりやすく説明している。

「たとえば、「花が赤い」という文章があるとします。これはちっとも難解ではないわけです。

ところが次の文章にかりに、「雪は冷たい」という文章がきたとします。「花は赤い」それはわかる。「雪は冷たい」これもわかる。ところがふたつの文章が説明ぬきにつながって出された場合、大いに問題が起こるわけです。「花が赤い」と「雪が冷たい」をどうして作者は並べたのか。その間に何らかの限定がないと、前の言葉の意味と後の言葉の意味がそれぞれ流動化を起します。「花が赤い」と「柳が緑である」というふうにつながればわかります。ところが「花が赤い」と「雪が冷たい」が並んだ場合、作者ははたして何を意味しているのかということについて、混乱した刺激が生じてきます。（略）保田の文章はひとつのセンテンスはわかりにくいということはないが、それが二つも三つも続いてきますと、そこに残ってくるのは一種漠然とした雰囲気だけなんです。これを再構成して、簡単に論理化して、もういっぺん説明することが不可能なような気分が残るわけです。というのは要するに保田の文章は、ある概念とカテゴリーと論理によって構成された一定のコンポジション（構図―引用者）ではない。つまり建築物のような構成物ではなくて、むしろ歌に近いわけです。詩に近いわけです。あるいは連歌とか連句とかいった、自由な発想によって綴られた文章に近いわけです。」

ここで、橋川は、保田の文章は、歌や詩に近いとまで極論している。橋川は、同じ講演会で、共通する問題を、別な例題を提示して分析している。

橋川のいうところによると、論理的な文章は、普通、「AはBである」という文章があり、次に「BはCである」という文章が来て、したがって「AはCである」と結論される。

しかし、保田與重郎の文章はそうではなくて、「AはBである」という文章と、「CはDである」

という文章が出てくる。そこから、ふっと「だからAはDである」という文章が突然に出てくる。全然論理的にはその文章は出てこない、と説明する。

これは、竹内好が「近代の超克」で述べた以下のパラグラフとその主旨は共通している。

「彼の文章には主語がない。主語に見えるものは、彼の思惟内部の別の自己である。だから彼の文をよむものは、いつもはぐらかされた感じをもつ。（略）これは天の声か地の声であるかもしれないが、人間のことばではない。まさしく「皇祖皇宗の神霊」の告げである。「朕」でさえもない。巫《みこ》である。(35)」

こうした竹内の言説と同様の指摘を、橋川は、具体的な例を用いて、より詳しく述べたものであろう。前掲文を参考にしてみると、主語はAであり、またCである。つづけて「だからAはDである」と述べる文章は、述語Dに正確に対応する主語はどこにもないことになってしまい、論理的ではないことになる。つまり、竹内のいう主語がない文章になっているのである。

それでは、保田はなぜこのような文脈の文章を書いたのだろうか。それは、橋川が、「保田の文章にある混沌とした時代の異相がただよっていた」というように、時代の異相に流され、無意識のうちに自ずと「異様な文体」（橋川）になっていったものであろう。

そして、このような論理的とはいえない難解な文章に、どうして魅惑されたのか。橋川は、こう説明している。

「とにかく保田の文章は、論理的に辿りいい文章でないことは確かなんです。にもかかわらず、なぜ多くの特に若い学生たちが保田に心酔したのかということが問題になります。／（略）

保田はわれわれのいいたいことをいっているという直感がまず働くわけです。（略）われわれを取り巻いているシステムのもつ欺瞞性なり矮小性というものを保田はいろんな言葉でいっているんだな、という直感なんです。[55]」

橋川は、また、日本ロマン派の場合も歴史的にみれば、「日本における革命ないし革新の現実というものに幻滅した、日本の主として都市的なインテリゲンチャの幻想的な自己回復の方法」であり、ドイツ・ロマン派の場合も基本的には、変わらないという。

ところが問題は、それだけではなく、「何だかんだといっても、日本のインテリはだめだということの自覚が、日本浪曼派をうみだした大きな母体」であったと説く。さらに、彼らが知的な無能というところに追いつめられることによって、見い出したものがあり、それをポジィティブにいうと民族の発見であり、ネガティブにいうと日本の近代の欺瞞性の発見になると指摘している。

ところで、川村二郎は、橋川の『序説』での保田評価への不満・反論の意味をこめて「保田を一個の文学者として評価しなければならないとぼくは思う[43]」と述べている。

これは、橋川の『序説』への批判を代表する言説のひとつであり、江藤淳や福田和也の批判も、この「保田＝文学者として評価説」のカテゴリーにあるといっても過言ではない。

しかし、橋川の『序説』の「基本的な見地はそれをたんなる文学運動、ましてや「ナルプ解体」が生んだ文学現象として見ないということであった[73]」（渡辺京二）のだ。野口武彦が日本のロマン主義を「たんなる文学史から思想史の次元に移項し、さらにもっと普遍的な精神史ともいうべき領域に定位した[74]」（傍点原文）と評価したように、橋川は、単なる文学者としての保田ではなく、思想史・

精神史に大きな影響を及ぼした保田を問題にしたのである。したがって、そもそも根本的な問題意識が、川村らとは大きく異なっていたのである。

また、福田和也がいう、橋川の「日本浪曼派を転向者＝変節者の集団とみる安直な規定」[75]（『保田與重郎と昭和の御代』）との指摘は、仔細に『序説』を読めば、西田勝説には当てはまりこそすれ、橋川には該当外で、むしろ、その「安直な規定」を批判していることに気付くはずである。

橋川が自ら日本ロマン派の体験者として語るように、単なる文学的影響にとどまることはなかった。また保田は一個の文学者としてだけでなく、文学を超える思想運動を形成し牽引しえたがゆえに、多くの若者が惑溺し、その終焉後に深い傷跡を残したのである。だからこそ橋川は、そうした問題を抽出して批判し、その傷を癒すべく論じざるを得なかったのである。

保田與重郎が一九八一年に亡くなった時、桶谷秀昭は、こう書いている。

「私がいちばん最初に思ひ浮べたのは、橋川文三に代表される世代の著述家が何を云ふかといふことであつた。が、その世代の人たちは誰ひとり何も云はなかつた。私はすこし考へて、その静かすぎる沈黙を当然のことに思つた。」[70]

ただし、わたしは後に、橋川の遺した原稿類の中に、保田への追悼の文章をほんの数行だけ書きかけた原稿用紙を見つけたことがあった。保田没後、追悼原稿執筆の依頼を受け、断りきれずに、書きかけたものの、やはり書くことはできなかったようだ。一九八一年は橋川五十九歳である。すでにパーキンソン病の症状が重く、その原稿用紙には、病状のひとつとされる極端に小さな文字で、ほんの数行だけ埋められていた。橋川が亡くなるのは、その二年後のことである。

ところで、《橋川のエートスがもっとも共感したのは、保田与重郎ではなく、「日本ロマン派」「コギト」グループの中で孤立していた詩人伊東静雄であったことは疑いえない》とする注目すべき発言を、桶谷秀昭が『近代の奈落』の中でしている。

その根拠として、「保田の場合には、イロニイの論理の発見に対する奇妙な自己陶酔」（橋川）があったが、伊東には「民族の病理と自意識の病理」（同）への痛い凝視があり、そこに気質的に橋川は共感していたというのである。

わたしは、この桶谷の指摘は、正鵠を射ていると思う。何故なら、橋川が伊東静雄について言及した小論「日本ロマン派と戦争」（増補版に補論として入る）の中の言説を読むと、それを深く感じさせる文章が綴られているからである。また、敗戦の受容の仕方と戦後における橋川の有り様が、保田ではなくむしろ伊東と重なっているところが少なくないからでもある。

具体的には、橋川は同論で、「保田の戦争期のある種の粗雑な文章と、伊東の『春のいそぎ』の醇乎たる古典的完成とを、同じく戦争についてのロマン的関与を述べているという理由で同一視することは、明白な間違いということになるであろう」と伊東の著作を高く評価するとともに、両者の明確な差異を指摘している。

橋川は、伊東静雄について『序説』では、触れていない。[76]それは、橋川が自ら規定した日本ロマン派（＝保田與重郎）のカテゴリーから外れていたからである。

ただし、一箇所だけ、「初版あとがき」に、「いささか詩的な表現」をすればと断ったうえで、「日本ロマン派の詩人伊東静雄が書名に題した「春のいそぎ」の心持をそのままに、私たちの心せわしい支度の雰囲気を、鮮かに彩った全体のトーン」（傍点原文）、それが、日本ロマン派だったと書いている。

橋川が伊東静雄に共感した詩的精神を思わせる「コギト」に発表した伊東の代表的な文語詩「水中花」に、次の詩句がある。

「堪へがたければわれ空に投げうつ水中花。
金魚の影もそこに閃きつ。
すべてのものは吾にむかひて
死ねといふ、
わが水無月のなどかくはうつくしき。(77)」

当時の橋川の思念が、保田の著作から「敗戦と没落を肯定追求する心情」（橋川）を感じ取った「私た《ヴィア・》ちは《ミュッセン・》死なねばならぬ《シュテルベン》(78)」という日本ロマン派を代表する言葉と精神だったとすれば、詩的喚起力の際立つこの伊東の詩と強く重なるものであったことは、否定すべくもない。

橋川は、両者の敗戦の受け止め方について、「日本ロマン派と戦争」で述べている。

「保田はあの戦争を己れの思想の容れられなかったが故の敗北とみなし、己れの内部に絶対の挫折を見出してはいない。彼にとって、本来「すでに勝敗は問わぬ」というイロニイが大切であり、自己の主体の中にはいかなる責任も成立しないからである。伊東にとって、敗北はまさに完璧な努力の果の運命であった。だからこそ、彼は、（略）「ほんとうに壮年時代が過ぎたという感がいたします。〈余生〉ということも考えます。私はただこれからは〈観る〉生活を

つづけようと思います。（略）」と述べたのであろう。」（橋川）

橋川によると、伊東は、「同じく日本ロマン派の名で呼ばれることもあるが、保田の場合と微妙に重なりながら、決定的に異質のロマン主義を表現した詩人」であり、伊東の「戦争に対する信仰と挫折の中に、伊東の世代のみならず、もっと若い青年たちの戦争に対する一切の心持の屈折もまた含まれていると思う……」という。戦時期に伊東の果たした役割と挫折について、「もっと若い青年たち」（橋川も含まれると思われる）へのある種の共感を感じさせる如く、惻隠の情とともに述べている。

橋川は、敗戦後に刊行された伊東における戦争を象徴する「戦争日記」を読んだ後の感銘を、自身の戦争体験をもオーバーラップさせているかのように共感をこめて書いている。

「かれが戦後その廃棄を考えたといういくつかの戦争詩があるように、そこに記された日常の感想の中にも、むしろ詩人の悲劇的な挫折を思わせる多くの間違いが記されている。しかし、われわれを真に撃つものは、間違いのないということではないということを、これほど激しく訴えてくる日記も少ないはずである。（略）「太陽の光は少しもかはらず、（略）戦は敗れたのだ。何の異変も自然におこらないのが信ぜられない」／それは一つの信仰の孤独な絶対さとその挫折の絶対さを同時にあらわした言葉であろう。その時、すでに詩人は甦る途を絶たれ、自ら悠遠な記念碑と化する運命に引き渡されたのであろう。[79]」

伊東の詩人としての生命が、敗戦とともに、「甦る途を絶たれ」た如く、橋川の生来から天才的資質として備わっていた詩人としての精神も、この時、「悲劇的な挫折」を迎えていたのであろうか。

第二章　あたたかい思想としての柳田国男

——丸山眞男への反措定

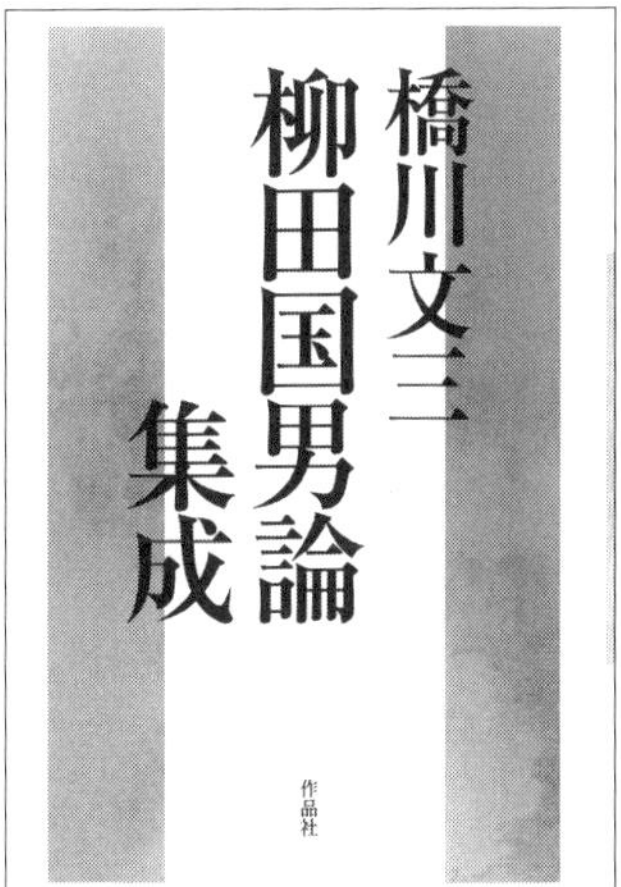

『柳田国男論集成』2002年刊

「伝承されたものの中にはすべて理由があり、それは理解されうるものであるという前提は、フォークロアの根本仮説の一つである。」

「柳田にとって、人間は人間によって理解可能であるというのがもう一つの根本的仮説であった」[1]（橋川文三「柳田国男」）

初の評伝「柳田国男――その人間と思想」を執筆

橋川文三は、『定本柳田國男集』（一九六二年一月）の刊行開始に際し、「日本読書新聞」の依頼により「未来を愛すべきこと」と題する短いエッセイを、一九六二年一月二十九日号の同紙に発表した。橋川が柳田国男との出会いに触れた最初の文章である。

それだけに、どのようにして柳田に関心を抱いたかの心性が、ナマの形で吐露されている心の琴線に触れるような小文である。橋川が、戦後、日本ロマン派から柳田国男へと思想的課題が変遷していく経緯と時代背景が伝わってくる。

「戦争が「聖戦」であるとは私は考えてはいなかった。ただそれが、私個人にとっての救いをもたらすであろうと漠然と予感していたにすぎない。（略）戦争は、そのような形でまず青年の心を腐蝕するものであろうか。彼らは、歴史や民族を考えるよりも、何よりも、まず自己の魂の救いを求めて戦さに近づいてゆく。／それは青年の無意識な邪悪さである。伊東静雄は、それは「いけないのでしょうね」という悲惨な問いに対して「それは、よい、わるいより已むを得ぬことだろう」と温かく、曖昧に答えている。／こうした、本質的には倨傲さにみちた心情をいだいていたころ、その心の邪悪さを深く切りさいてみせたのが柳田国男であった。そのころ、『日本の祭』が本になっていたが、それを読んで私は途方にくれる思いを味わった。私はそれ以前に、一時的に日本ロマン派に心酔し、日本の病める「近代」を脱却する筋道をさぐろうとしていた。しかし、柳田の教えたものは、そうした日本ロマン派の志向そのものにひそむイロニイにみちた悪の要素にほかならなかった。柳田は、出征する青年の日章旗に「未来を愛すべきこと」と端的に書き与えている。それは、己の魂の救いを求めるという奇怪な美意識――倒錯した亡びの意識とはまるで異質の教えであった。私はその「未来」が何であるかはわからなかった。ただ、日本ロマン派にはその未来がないことだけは感じられた。／私は、もし戦争を生き残ることができたならば、本当の過去、本当の未来をめざして生きる道を選ぼうと心を決めた。そして、それいらい、柳田のいう「未来」を思って、私はいつも心をゆさぶられるのが常である。」

橋川は、それから数カ月後、柳田について最初に論じた「保守主義と転向」（一九六二年四月）を書く。柳田が、ある青年に日章旗に「未来を愛すべきこと」と書き与えた前掲のエピソードを紹介したあとに、「彼は、その愛すべき未来に関して、その青年に、必ずしも明確な見通しを与えることはできなかった。その格率の実践的解決は、いわば青年たちの模索に委ねられざるをえなかったのである」[2]と柳田の弱点にも言及している。

戦時下における言動への訴求のせいか、柳田に対して厳しいとも思える箇所も少なくない。たとえば、柳田の《学問が日本の歴史的科学の中で示した比類のない長所にもかかわらず、それは究極のところ「国民共同の疑問」の提起と組織化とにおいて、やはり大きな弱点をあらわさねばならなかった。その反省は、何よりも敗戦に際して彼の記した幾つかの文章の中に明らかに示されている》と述べ、さらにいう。

「「未来を愛すべきこと」の未来とは、すでに民族の固有信仰の中に含まれている「魂の若返り」を信じ、安んじて「護国の鬼」となる道に就くことであろうか。しかし、それは、柳田の心ではなかったはずである。そのことは前述した、「右傾の徒云々」の口調からも、とくにまたその子為正の安否を気づかう日記の措辞からも明らかである。もともと、柳田の思想と学問が、過去への畏敬をとおして未来への愛を述べるモチーフに貫かれていることは、すでに小論の前半で示唆したとおりである。にもかかわらず、柳田の学問もまた、「大いなる歴史」の前にその無力を反省しなければならなかったのである。[3]」(傍点原文)

そうであるが故に、橋川は、清沢洌の『暗黒日記』に見られるような高度の政治情報と、それにもとづくリアリスティックな戦争の分析や予見は、柳田には存在していないと苦言を呈している[4]。そのあとに、柳田が何をしたかを問い、戦争末期の著・『先祖の話』へとつないでいる。橋川は、柳田の『先祖の話』に、ひとつの光明を見出そうとしたのである（「あたたかい思想としての柳田国男」の節で後述）。

橋川は、柳田国男の『日本の祭』を、最初に読んだ時、大へんなショックを受けたという[5]。同著が弘文堂書房から刊行されたのは、大東亜戦争中の一九四二年十二月、橋川は二十歳、東大に入学した年である。この読書体験は、のちに柳田について幾つもの文章を書く端緒となった。

一高時代末期、圧倒的な影響を受けた日本ロマン派の泰斗・保田與重郎から少し距離をおくようになり、大学へ入ってからは、「保田への直接の陶酔感が遠のいていた」[6]。日本ロマン派をいわば卒業した橋川は、旺盛な読書欲から数多くの書物を読破しただろうが、その中の一冊に柳田国男の書物があったものだろう。柳田の著は、橋川の人生における「私の大学」のひとつになったといえる。

一高時代の同級生・神島二郎が、日本民俗学に関心をもちはじめたのは一高在学中のことで、古事記・日本書紀・祝詞などを手がかりに固有信仰の研究にとりかかり、柳田国男の名前を知ったのも在学中だった[7]。古代日本人の信仰を研究したいと書物をあさっていたところ、同級の平井隆太郎（のちの立教大学教授・橋川も同級生）が「それならこれを読んでみろよ、面白いぜ」と、『桃太郎の誕生』と『一目小僧その他』を貸してくれたからである[8]。

神島は、民族心理学や神話研究、日本研究・古代研究を志し、中でも柳田国男の民俗学への傾倒を深めていたが学徒出陣。戦後、復学し、一九五四年には、結核療養後に退院した橋川との「つきあいがしげくなる」[9]。このように、神島と橋川とは当事、親しく交際している。

また、橋川は、のちに、中村哲著『柳田国男の思想』の書評を書いているが[10]、中村は柳田の子息・為正と学友だった関係から、柳田本人とも接していた。神島、中村とも、生前の柳田と親交があり、橋川はこのふたりと戦後の一時期、ごく親しくつきあっていたから、話題として柳田が登場し、柳田についての仔細な情報を得たこともあったであろう。神島も中村も柳田を高く評価しているから、少なからず両者から示唆を受けたことが推測される。

ところで、井口時男が、「日本ロマン派体験を思想的に総括したあと、橋川が次に向き合うべき大きな相手として選んだのが柳田国男だった[11]」と述べた如く、橋川が、『序説』で、日本ロマン派問題に自分なりの決着をつけたあとに、取り組んだのが柳田国男であった（同じ頃の一九六四年には、昭和日本の超国家主義を分析した『現代日本思想大系・超国家主義』の解説「昭和超国家主義の諸相」も執筆しているが、章を別にして扱う）。

その間に、三年余りに及ぶ『日本の百年』の三巻分を執筆する作業があった。これは、鶴見俊輔ら編集委員の一員として、日本の近現代百年の通史を素描する仕事だった。いってみれば、近代日本政治思想史の基本的な動向を自ら資料を探索して著述することにより、日本近現代史の概略を把握するという、橋川にとっては大きな役割を果たし、またよい勉強にもなった。しかし、『序説』のように、個別の強い問題意識に貫かれたオリジナルで本質的な仕事のカテゴリーに入るものではなかった。

橋川が、日本ロマン派から柳田へと傾倒していく思想的変遷を解く鍵として、橋川が若かりし日々、深く魅惑された保田與重郎と、柳田国男との関連性に注目してみる。すると、粕谷一希が「保田與重郎とどこか親近性を有する柳田国男論は氏（橋川のこと―引用者）の力作である」[12]というように、二人の共通性に気付かされる。

饗庭孝男は、両者には、民話の発見と、概念の理論の裁断による性急な「近代化」への否定と反アカデミズムと時代への危機と不安の自覚にある、と指摘している。また、保田の「日本浪曼派」も柳田の「民俗学」も昭和十年代という時期においてながめる時、天皇制の問題一つをとってみても明治以降の「近代化」からほとんど完全に疎外された、非合理的な、しかし連続性をもつパトスの顕在であるという。さらにこう続ける。

「保田も柳田が在野の思想家であり、学者であったことと、日本の過去の文化への再検討を内在的に志していたその立場は、明治以降の西欧の論理の応用による官学の、日本の歴史や文化への概念的な「近代化」の背後を思いがけなくも鋭くえぐることになったのである。それが昭和十年代に明白な姿をとったところに、彼らの時代的な意味があった。しかも、ともに直接的に政治権力やアカデミズムにかかわらず、一方は文学に、他方は「民俗学」にかかわる形で在野からの根源的な問いであったという実状は、日本の「近代化」の内容がどのようなものであったかについての深甚な反省の契機をはらんでいたはずであった。」[13]（傍点原文、饗庭孝男「保田與重郎と柳田国男」）

ここには、橋川が、保田のあとに柳田に惹かれた所以が包含されている。

野口武彦は、「（柳田国男は）民俗学なるものの起源につらなってドイツ・ロマン派と無縁ではない」[14]と述べている。ドイツ・ロマン派と柳田国男の共通性については、井口時男が論じている。

「日本ロマン派の中心人物たる保田與重郎の文学と柳田の民俗学とは、微妙な接点をもっている。それは両者が、ドイツ・ロマン派と国学という思想的水脈を共有していることによる。／民間伝承の採集によってナショナルなものの特性を闡明しようとする柳田の方法の先蹤が、ドイツのグリム兄弟の仕事であったことはいうまでもない。」[11]

橋川は、柳田を、「日本保守主義の完成された一典型としても論じている」[14]（野口武彦）が、『戦後日本思想大系・保守主義』の解説として書いた「日本保守主義の体験と思想」では、保田と柳田の共通性として保守主義を剔出している。保田の「思想の本質は、柳田や岡（潔―引用者）にそれぞれどこかで結びつくような意味での保守主義というものであり、排外的ファナチシズムと見るべきものではないであろう」というのである。

橋川が、エッセイではなく一種の柳田論として、最初に発表したのは、「保守主義と転向――柳田国男・白鳥義千代の場合」である。橋川は、ここで、柳田国男を日本における「最も純粋な保守主義を代表する」思想家と位置づけた。柳田の民俗学のカギ概念である「常民」を、「すべての制度を超え、時間的規定性を超えた原初的理念であった。……したがって体制の大変動によってなんらの「転向」を必要としなかった」（橋川）として、「柳田の仕事の上でも、「転向」がなかった」[15]（鶴見和子）と結論づけたのである。

「この論文あたりをきっかけに、私は鶴見俊輔氏のすすめで柳田国男の小伝を執筆することになり」[16]と橋川がいうように、同論が掲載された『共同研究　転向』の編者・鶴見俊輔は、この論考を読んで強く心を打たれた。このことをきっかけに、鶴見が柳田国男の評伝の執筆を橋川に依頼することにつながっていく（「保守主義と転向」も鶴見俊輔の依頼によると思われる）。

橋川が、『戦後日本思想大系・保守主義』の編集・解説をしていることから、橋川をして「保守主義」のオーソリティと見る向きもなしとはしない。しかし、実は、橋川が、保守主義について直接に論じたのは、意外に少なく、『共同研究　転向』に発表した「保守主義と転向——柳田国男・白鳥義千代の場合」（一九六二年）と、前掲の解説「日本保守主義の体験と思想」（一九六八年）の二篇ほどにすぎない。

冒頭のエッセイのように、日本ロマン派には未来はないと感じた橋川は、未来を愛すべきことを主張した柳田国男に強く心が動いたのとパラレルに、日本ロマン派への惑溺の反省から、ロマン主義とは対極にあるともいえる保守主義に対しても問題意識を抱いた。

そこで、「保守主義と転向」を草し、柳田を素材にして保守の思想を論じ、一九六四年には、保守主義を代表する存在である柳田国男を本格的に論じることに引き継がれていった。より正確には、保守主義者である柳田国男の思想、その具体的な視座を提供した常民の思想に強く惹かれたというのが実情であろう。

橋川にとって、保守主義と柳田国男についての問題意識は、ワンセットになっていて、橋川の内部では、両者は強く結びついていた。

一九六七年発表の「現代知識人の条件」には、柳田の『民間伝承論』の一節がエピグラフに置かれている。これが象徴的に示すように、戦中だけでなく戦後も、知識人が時代状況（政治）に如何にコミットし行動しうるかを問うとすれば、柳田が縷々として説いた常民思想の視座（＝保守主義の思想）をもって見直す必要性を感じるようになったのではないだろうか。

橋川の志を引き継ぎたいと語る中島岳志は、自らをリベラル保守主義者と任じている。[17] しかし、橋川の場合は、親近性があったとしても、保守主義者と断じるには、あまりにもロマン主義的心性を、生来の資質として抱え込んでしまっていた。したがって、天性のロマン主義者である石川啄木や北一輝などへのアプローチに見られる如く、生涯にわたって橋川の著作に窺うことができる。

橋川の柳田に関する論考、エッセイ、対談、座談は数多い。そのほとんどは『橋川文三　柳田国男論集成』に収録され、二〇〇二年九月、作品社から刊行された。そこからわかることは、橋川の柳田国男論は、一九六〇年代の前半から中頃に集中して書かれていること、とりわけ、六四年に主要な作品が書かれている。

既出の柳田国男論は、一九六一年、「文学」一月号が「柳田国男」を特集。神島二郎は、そこに「柳田学以前」を書き、六二年には「民俗学とナショナリズム」（「東京新聞」）、さらに、六三年、思想家としての「柳田国男」（「朝日ジャーナル」）を執筆。[9]（神島）

六四年一～三月には橋川の指導を受けた後藤総一郎が、「柳田国男論」（「思想の科学」）を発表している。しかし、本格的な伝記、評伝は皆無といってよかった。

一九六四年八月、橋川は、『20世紀を動かした人々』第一巻「世界の知識人」に共著の一篇として、「柳田国男――その人間と思想」（以下「柳田国男」と略）を発表した。同著のほかのタイトルと執筆者は、「カール・マルクス」吉本隆明、「ロマン・ロラン」武谷三男、「バートランド・ラッセル」渡辺一衛、「マハトマ・ガンディー」久野収の四人。

これは、橋川単独での本格的な柳田の評伝で、内容は、「はじめに」「一　生い立ち」「二　詩と散文への道」「三　青春の屈折」「四　官吏生活」「五　民俗学の創成」「六　民俗学の世界史的意義」「七　民俗学と民族学の区別」「八　戦争のなかで」「九　日本民俗学の姿」の十章から構成されている。

柳田国男の初の評伝であると同時に、橋川にとっても初めての評伝作であった。「柳田国男」は、一九六四年九月に、同人誌「同時代」十八号に寄稿した「柳田国男拾遺」と、単行本収録時に新たに加えた「注」を収載して、一九七七年、講談社学術文庫から『柳田国男―その人間と思想』として刊行された。広く読まれることになり、橋川の著書では珍しく版を重ね、一九八四年には五刷だから最も読まれた書といえよう。

『20世紀を動かした人々』（全16巻）シリーズは、一九六三〜四年、講談社から刊行された。シリーズ全体の監修者は、江口朴郎、大宅壮一、貝塚茂樹、小林秀雄の四人。編者は久野収・鶴見俊輔の二人で、橋川が担当した第一巻は、一九六四年八月二十日に発行、第十六回配本で最後の刊行となった。定価は三百九十円。

このシリーズは、いずれも、斬新な企画と比較的若い執筆者たちの起用が目立つ。橋川は、こうした新進気鋭の作家のひとりとして名を連らね、以後、他の執筆者に伍する活躍をすることになる。

三浦雅士は、このシリーズの企画・編集について、「当時の状況をかなりよく反映しているが、反アカデミズムに徹した独創的な企画である。あえて粗っぽい言い方をすれば、岩波書店が東京大学を中心とするアカデミズムの牙城であったとすれば、講談社はその正反対の位置にあった。その立場を巧みに生かした企画なのである。アカデミズムの状況はまったく反映していないが、当時のジャーナリズムはじつによく反映していると言っていい[18]」(「孤独の発明」)と、当時の出版事情を熟知した位置づけを示している。

また、「マルクスを吉本に、柳田を橋川に書かせようとする着想は、疑いなく鶴見俊輔のものであり、その編集感覚はシリーズ全体に及んでいるように見える。つまり、講談社の編集者は鶴見にかなりの部分を相談していたように見える。その結果、共産党とは一線を画す左翼の人々、要するに後のいわゆる新左翼にかなり親和性をもつものが、編者にも執筆者にも多く見受けられるようになったのである。/(略)大衆芸術やマスメディアへの目配りにはとりわけ鶴見の視点が感じられる[19]」と、三浦自らが編集者出身ならではの洞察を述べている。

このように、一九五九年当時、まだ無名だった橋川に、「乃木伝説の思想」を書かせた「思想の科学」編集発行人・鶴見俊輔の慧眼・企画編集力が活かされている。

さらに三浦は、橋川の『柳田国男』の果たした役割を、「柳田国男という存在を、民俗学の領域からいっそう広い場所に移すにあたって、橋川文三の果たした役割は小さくないと言わなければならない[20]」と卓見を述べている。三浦は、つづけて次のようにいう。

「橋川文三は、柳田国男の評価が急速に高まったそのときに、鶴見俊輔の指名で柳田論を書くことになったのだ。そして、以後、柳田において論じられることになる論点を、そこで論じ切ることはできなかったとしても、あらかじめすべて抜き出したと言っていい。その筆頭が、柳田の特異な感受性、詩人的な資質であった。そしてそれにともなう官界との軋轢であり、学界との軋轢であった。[21]」

この発言は、首肯できる優れた考察である。筆頭に挙げた特異な感受性、詩人的な資質については次節で詳述する。「官界との軋轢」とは、大学卒業後、農商務省農務局農政課に入った農政官僚としての柳田の苦闘を指し、「第四章　官吏生活」に詳しい。「学界との軋轢」とは、主に「第六章　民俗学の世界史的意義」と「第七章　民俗学と民族学の区別」で扱い、柳田の民俗学を「経世済民の科学・学問」として評価するために心血を注いだ両章である。

神島二郎は、橋川のこの柳田論が果たした役割を、「それまでの柳田国男についての諸研究を総括し、柳田がみずからの業績から除外した青年時代の文学作品をあらたに掘り起してこれを吟味し、生涯を通じてその思想と学問を追跡し、マックス・ウェーバーやカール・マルクスとの対比において、世界史的な評価を与えようと試みた。（略）この論文は、柳田国男研究に新しい画期をもたらした[9]」と説く。

加えて、「民俗学ゆえにかえって見落された柳田国男の思想史的意味を解明し[22]」たという如く、橋川は、「民俗学の領域からいっそう広い場所に移す」（三浦）という重要な役割を果したのである。

一九六八年、この「柳田国男」を含む橋川の評論集『近代日本政治思想の諸相』（未来社）が刊行された。橋川は、そのあとがきで、「柳田国男」の収載に際しては、発表論文は当初の分量の半分くらいを削ったものだったので、その削った資料の一部を「注」として追加したと述べ、さらにいう。

「これは久野収・鶴見俊輔両氏編の『世界の知識人』という本の一部として書かれたため、初めからその世界性の立証という課題を負わされてしまった。（両氏の方が役者が上ということである。）

M・ウェーバーとの対比をもち出したのは、いくらか窮余の策という感じを執筆過程でもいだいていた。」（傍点原文）

神島二郎も指摘する世界性の立証とは、「柳田の民俗関心の初期衝動は、あるインターナショナルな志向を含んでいた[23]」（橋川）ところから発している。

井口時男は、橋川の言説の要は、ナショナルな思想家としての柳田をインターナショナルな可能性へと開こうとし、自分の学問を「一国民俗学」に限定した柳田の意図の大胆な読みかえにあったから、きわめて魅力的だという。

さらに、通常それは、《世界史的交通という視点を排除した視野狭窄とみなされている。しかし橋川は、比較民族学（エスノロジー）というものが、植民地主義と結びつくヨーロッパ中心主義の所産であること、たとえ観察者がヨーロッパ人でなくとも、記述や分析に無自覚に観察者の視点が持ちこまれがちであること、要するに、自民族中心主義による他民族（たいがいの場合それは政治的にも経済的にも劣位に置かれた少数民族である）の表象支配に終わることへの根底的な批判が柳田にあったからだというのである》と評価する。

実際、橋川は、『柳田国男』で以下の如くいうが、それによれば、ほぼ井口の指摘通りに橋川も考えていたとみて間違いないだろう。

「フォークロアの歴史は、これを通常の歴史解釈と結びつけていえば、資本主義の世界征服——帝国主義の形成過程とパラレルにとらえることができるものであった。そしてその二つの流れとして、一方では自国民の本源的姿を流動する世界史的展開の中で自ら明らかにしようとする一国民俗学《フォルクスクンデ》——ドイツの民俗学者リールのいう「自民族性の反省」の科学、柳田国男のいう「自国民同種族の自己省察」の学問——としてのフォークロアと、他方では諸民族の比較研究を志向するエスノロジー、とくにその社会人類学ないし文化人類学とよばれる部門とが展開したわけである。」（傍点原文）

同じ一九六八年、吉本隆明の『共同幻想論』が出版された。三浦雅士は、吉本の『共同幻想論』は、共同体を「従来の社会科学とはおよそ異なったかたちで考察しようとするものだが、その素材の多くは柳田の民俗学から採られていた。実質的に柳田論として読まれたのである。こうして、柳田は新左翼の必読文献の仲間入りをすることになった。橋川の仕事は吉本にある程度の枠組を提供したと言ってもいい[18]」と述べている。

三浦は、『共同幻想論』は、「実質的に柳田論として読まれた」という。その側面も否定できないが、しかし、吉本は、国家の本質を共同幻想だと規定した如く、主として当時、重要な思想的課題であった「国家論」として読まれたであろう。

けれども、一方で、「『共同幻想論』なしには七〇年代の柳田国男ブームはありませんでした[24]」（赤坂憲雄）という一面も明らかで、「新左翼の必読文献の仲間入り」は、その通りだろう。また、「素材の多くは柳田の民俗学から採られた」というが、主な素材は、『古事記』と『遠野物語』の二著から採られている。

だが、しかし、三浦の、そのあとにつづく「橋川の仕事は吉本のある程度の枠組を提供した」との発言は、いっけん意外ではあるが優れた考察である。なぜなら、吉本隆明は、橋川の業績の中で、この『柳田国男』を代表作として挙げたとする以下の発言からも推察できるからである。

松本健一は、橋川文三の葬儀の日、橋川の遺体を荼毘に付しながら、友人代表として弔辞を述べた吉本隆明と同席した。その際、橋川の代表作は何かについて話し合った。松本自身は、《『乃木伝説の思想』をふくむ『歴史と体験』(一九六四年)を、橋川さんの代表作と考えている——吉本さんはそれに対し、『柳田国男』ではないかという考えを述べた——[25]》という。

このことと、『世界の知識人』で吉本が「マルクス」を書いたことからすると、吉本は共著者として橋川の同論を熟読したであろう。したがって、三浦の言説通り、その頃から吉本は、橋川を経由して柳田から多くを学んだことが推測される。

同じ一九六四年に書かれた吉本隆明の「日本のナショナリズム」について、松本健一は、興味深い見解を述べている。


「吉本隆明が、「日本のナショナリズム」(略)でとった方法は、まさにこの柳田学の成果をとりいれることだった。かれはいまだ思想となりきっていない大衆ナショナリズムの原像を、童謡などのなかにさぐることによって、国家イデオロギーとしてのナショナリズムとのくいちがいを、鮮やかに描きだした。[26]」


吉本のように、童謡や軍歌(つまり書かれたものでない口承)を素材として、ナショナリズムの原像を探るという作業は、従来の歴史学、思想史学等アカデミズムでは考えられないことであった(但し、鶴見俊輔『限界芸術』では民謡を素材とした類似した方法が、一部採られている)[27]。

共同研究『転向』で柳田国男について触れた橋川の論考「保守主義と転向」を、友人である吉本は読んだものと思われるし、『世界の知識人』の共著者の一人である橋川の「柳田国男」からは、大きな示唆を受けたであろう。松本のいう、吉本はナショナリズム解明の方法として「柳田学の成果をとりいれることだった」とは、それなりの説得力をもつものだから、「日本のナショナリズム」でも、間接的に橋川を経由して柳田学の成果をとりいれたとも考えられる。

また、吉本隆明は、橋川没後の翌一九八四年四月から八七年六月まで、「國文学」に『柳田国男』を九回にわたって断続的に掲載、のちに『全集撰』第四巻に収録された。

三浦の「橋川の仕事は吉本のある程度の枠組を提供した」とは、吉本の『共同幻想論』に対しての言説だが、「日本のナショナリズム」および『柳田国男』によっても裏づけられるだろう。

さて、柳田国男の著作集は、敗戦からまもない一九四七年から五三年にかけて『柳田国男先生著作集』全十二巻が実業之日本社から刊行された。一九五五年には、筑摩書房から、『現代日本文学全集』第十二巻「柳田国男集」が刊行され、大きな反響を呼んだ。何故なら、当時、柳田を文学者とみなす人は殆んどいなかったからである（このとき担当した編集者は、臼井吉見）。

三浦雅士は、「戦前は、文学者といえば田山花袋であって、柳田は民俗学という新興の学問の提唱者にすぎなかった。だが、この段階で一般の眼にもそれが逆転しはじめた。柳田のほうこそがより重要な文学者と目されるようになったのである。この転換にかなり多くの読者が戸惑ったことは、全集月報に付された編集部便りなどからも窺うことができる」（同前）という（三浦が「文学者といえば田山花袋であって」の箇所は、「文学者といえば柳田よりもむしろ花袋の方であって」という意であろう）。

橋川は、「柳田国男」第八章「戦争のなかで」で、柳田の著作が創元選書として刊行されたことにより読者層が広がり、柳田ファンというべきものが発生したことに触れている。

「この間、『昔話と文学』『木綿以前の事』『国語の将来』など、創元選書として次々と刊行された著作は、民俗学になじみのうすい一般読者層にもひろく読まれ、青年・学生層の間にファンというべきものさえ作り出していった。」

三浦雅士によると、この創元選書を企画立案したのは小林秀雄で、現実に編集者として動き、のちには創元社の役員としても活躍したという。小林秀雄が創元社と関わりはじめたのは一九三四年からで、一九三八年、「創元選書の企画が小林秀雄を中心にして立てられ」、十二月に、柳田国男『昔話と文学』、野上豊一郎『世阿弥元清』、宇野浩二『ゴオゴリ』の三冊が同時発売。「選書第一巻が柳田であったことは、一九三八年当時の小林にとって柳田がどういう存在であったか明確に示している」と指摘している。

ただし、小林秀雄の『全作品集』の年譜には、こうした編集者としての活躍の記述はない。「伝統と現代」34号の「思想史の柳田国男」特集号に「小林秀雄と柳田国男」[28]（阿部正路）があるが、そこでも触れられていない。これらの詳細は、三浦が初めて指摘したことがらである。

橋川は、「保守主義と転向」で、小林と柳田に論究しているが、ここにも関連した記述はない。戦争直後、編集者として活躍した橋川も知らなかったものだろう。しかし、以下は同論での橋川の言説で、著作に表れた小林と柳田の思想を明確に対比している。

「小林において戦争が自明の絶対であったとすれば、柳田の場合、それは世界の不思議な豊かさの極端な表現にほかならなかった。（略）戦争を人間の歴史における絶対の事態とみなす点において、日本の共産主義者と小林とは奇妙に一致していた。前者の「転向」が戦争の倫理的絶対性の認識を媒介としていた点において、それは小林の思想的原理を共有していたと考えられる。そして、柳田だけは、別の立場から戦争を見ていた。戦時下の「日本主義」の氾濫の中で、柳田は民族の歴史の悠遠な変化を信じ、それが、提起する無限の「疑問」のみを追求する態度を保った。それはほとんど戦争に対する強いリベラリストの態度に近いものであった。」

橋川は、ここで、小林と柳田の二人が、戦争をどのように見ていたのかを比較して論じ、柳田の戦争のとらえ方に優れた点を見出し共感を示している。小林の場合は、戦争において「歴史は超越され」た、「自明の絶対」であったのに対し、柳田は戦争の過程においても、人間の歴史の可能性、「人間生活の変化に対する予見への関心をたえずもちつづけていた」と評価している。

吉本隆明は、小林秀雄が晩年到達したのは、「思想は実生活を離れて独り歩きすることはできるが、肉体を離れて独り歩きすることはできない」という境地で、「これは、柳田国男の考え方とたいへん近いものである[29]」と指摘している。

三浦雅士は、小林の柳田との意外で直接的な関係性についても記している。小林秀雄と大岡昇平の対談「文学の四十年」には次の発言があるという。

「小林　柳田さんが亡くなる前、向うから呼ばれて三度ほど録音機を持って行ってるよ。（略）筆記をとってくれというので行ったけれど、結局それは駄目だったな。話がみんな横にそれちゃって、中心問題からはずれてぐるぐる回ってしまってね。」

柳田と小林がきわめて親密な関係にあったことがわかる。柳田が小林を呼んだのは、小林に何かを遺言したかったからだという。

三浦は、小林の『考えるヒント』は柳田の思想をソフィストケートしたものにすぎず、文体こそ違え、小林の最後の思想は、驚くほど柳田に似ているという。さらに、《そもそも、一九三九年五月刊の『ドストエフスキイの生活』に、突如、本文とは異質とさえ思われる「歴史について」という序が付されるのは、柳田の影響なのではないか。あるいはまた、ちょうどその頃から増える、語り言葉を用いた評論は、あれは柳田の文体を咀嚼した結果なのではないか。いや、『無常といふ事』に底流する思想、あれこそ柳田的なものの端的な現われなのではないか》と主張する。

このように三浦は、柳田に関連した小林の編集者としての活躍および柳田との密接な関係・影響等について、今まで誰も言っていなかった斬新な見解を述べている。しかし、この三浦の新説によって、橋川が柳田と小林論で述べた前掲の如くの言説の、全面的な撤回を要求するようなものではないであろう。むしろ、柳田のフトコロの深さを示すものとして、特筆できよう。

橋川の「柳田国男」は、柳田没（一九六二年）後二年目の発表で、『定本柳田國男集』は未完、『別巻五』に収録予定の「年譜」も未発表であった。

こうしたこともあってか橋川は、「柳田国男」を執筆する動機について、「柳田について信頼しうる、また通常の意味での伝記が書かれていないということにほかならない」（傍点原文）からで、「まず何よりも、伝記がほしいというのが、私が柳田の小伝を試みた動機といってよいものであった」という。そして、「改めて感じたことは、この人物の伝記がいかにも書きにくいということであった」[30]と、その苦闘の跡を語っている。

橋川の弟子で柳田国男の研究者として、引き継いで伝記的部分を深化する作業を担った後藤総一郎（明治大学教授）は、橋川の「柳田国男」についてこう書いている。

「柳田国男のトータルな評伝としては初めてのものであった。（略）のちに橋川の最大の仕事といわれたように、思想史家橋川文三が、柳田国男の全生涯にわたる丹念な渉猟作業とグローバルな視点からの普遍化作業の果てに構築した柳田像であったということで、当事多くの人びとから高い評価を得たのであった。[31]」

橋川の『柳田国男』（文庫版）に付された「柳田国男拾遺」には、柳田の生涯における疑問点と、知りたいこと十項目が列記されている。それらは、評伝執筆過程において「なぞめいた印象を与える空白、沈黙」が幾つも出てきたことに起因している。柳田の自伝『故郷七十年』の記述内容の矛盾・疑問点から、年譜での疑問、さらには、貴族院書記官長をやめた理由なども挙げている。[32]

これらの疑問点を解決しようとしたのが、まずは、後藤総一郎を中心とした柳田国男研究会のメンバーだ。橋川の提起を研究課題として受け継いでから二十余年、いくつかの「宿題」を埋めることができたと後藤はいう。[31] その成果は、後藤総一郎監修・柳田国男研究会編著による千百四十二ページにおよぶ膨大な『柳田国男伝』（三一書房）として刊行された。橋川の「年譜の信頼すべきものがない」との指摘があってから約二十五年後の一九八八年の刊行により、伝記的な事実関係は大きな進捗を遂げた。

また、橋川生前中の一九七三年、後藤が提唱し、実績ある学者・研究者を中心に編集委員会を組織して、「季刊　柳田國男研究」を創刊。計八号が発行され、柳田研究の推進・深化に多大な貢献を果たした（橋川は、創刊号の座談会に参加している）。

鶴見和子は、橋川の「柳田国男」執筆後、約二十年を経た一九八五年、その意義と先駆性を述べている。

「橋川さんの「柳田国男――その人間と思想」（一九六四年）が、柳田国男評伝として、もっとも早く出て、もっともまとまっていて、そしてもっとも洞察力にすぐれた作品であることは、定説である。出版後すでに二十年を経た今でも、柳田国男を論じるものは、この作品を避けて通ることはできない。わたしも、この作品から教えられたひとりである。[15]」（ただし、一方には、橋川の仕事全体には高い評価をする中島岳志のように、「橋川も保守主義に注目するんです。そこで柳田国男という対象に向かうんですけど、僕はこれ失敗していると思うんです[33]」（二〇一四年）との厳しい見方も存在する。）

鶴見和子が、橋川の柳田論の中で、大へんおもしろいと思ったのは、「魯迅と柳田国男」で、魯迅と柳田との共通点は、橋川によれば、「いずれもが、もっとも暗黒なアジアの深部にその思想を託していること、いずれもが表面の解りやすさとは全くかかわりない、ある謎の印象をよびおこすこと」だとしている。二人の決定的なちがいは、「アジアの後れは、それ自体としてかえって光りと知恵の源泉に転化しうるという（柳田の）楽天的構想」に対して、魯迅の絶望の暗さだという。

鶴見和子は、魯迅と柳田との比較のほうが、短いが、M・ウェーバーと柳田との比較よりも、ひらめきがある。橋川自身の資質に、ウェーバーよりも魯迅のほうに、親近性があるからだろうと推測している。[15]

柳田とウェーバーとの対比については橋川自身も、「当時市井三郎氏の批評にもあったように、その対比は十分に徹底せず、門前に佇立する形になってしまった[34]」と述懐しているから、必ずしもうまくいったとはいえないようだ。

橋川の「柳田国男」を鶴見和子が「すぐれた作品」と高く評価したように、一九六六年に書かれる「三島由紀夫伝」とともに、橋川の代表的な評伝作である。これらが示すのは、橋川は、単に政治学者だけでなく、評伝作家でもあったということである。「三島由紀夫伝」は、「柳田国男」と同様、当時誰も書いていない、発表時まだ四十一歳にすぎない三島にとって初めての評伝であった（拙著『三島由紀夫と橋川文三』参照）。両方とも、信頼できる年譜が存在しない中で、初めて書くことは前人未踏の領域に単独で踏み込むことだから、決して容易な作業ではなかった。

丸山眞男は、「政治学者の仲間で橋川君を政治学者とか政治思想史の専門研究者とか思っている人はあんまりいないでしょうね。やっぱりあれはもの書きだ。もの書きとしては、たしかに面白いところがある、というのが「通説」でしょう[35]」（傍点原文）と述べている。

『序説』にしろ『柳田国男』、そしてのちに書かれる「三島由紀夫伝」にしても、政治学者が書く専門書・研究書のカテゴリーから、およそ、かけ離れていたことは事実である。翻っていえば、専門研究者の政治学者には決して書けないような「しろもの」だったのだ。

橋川が、評伝作家として優れていたのは、編集者として培った視野の広さと、文学から政治までも語れる幅広く鋭角的な才能と資質を、効果的かつ柔軟に発揮できたからであろう。

柳田国男の文学的感受性・詩人的資質に照射

三浦雅士が指摘した、橋川の『柳田国男』が、以後に論じられる柳田国男について、「あらかじめすべて抜き出し」、その最初に、「柳田の感受性、詩人的資質」を挙げた点を考察してみよう。

鶴見和子によると、橋川のこの論文が、後続の柳田論へのたえざる啓発になっているのは、「世界性の立証」よりもむしろ、柳田の感受性と学問との深いつながりを、橋川の感受性が深く洞察したところにあるという。そして、柳田の少年期の体験と学問とのかかわり、青年期の新体詩や和歌とその後の学問的業績とのつながりを描いたところが、この論文のもっとも魅力的なところだと解説している。[15] この鶴見和子の指摘は現在でも有効性を保持している。

橋川が、柳田に関心を抱いた要因のひとつとして、橋川と柳田との共通性が挙げられる。まず、同じ瀬戸内海に面した、広島と兵庫県辻川の出身であること、また、読書童子として幼少年期から本の虫であったことがある。さらに西欧文学への傾倒、日本の古典文学への造詣、そして広い意味での歴史へと若き精神形成期の動向は驚くほど類似している。

橋川自身、若き日々、柳田と同じように文学に深く関わり、文学的資質の表徴として、詩、エッセイ等を執筆していた。また、両者が森鷗外に深く傾倒したことも特筆でき、橋川は中学時代、鷗外訳の『即興詩人』に導かれて西欧文学に開眼したことを記しているが、[36] 柳田と鷗外の関係性についても『柳田国男』で書いている。

「彼の交友には森鷗外をはじめとする文学者が多く、少年柳田は次兄から聞く文壇のうわさ話から、しだいに文学的野心のようなものをいだき始めた。鷗外にはとくに子供のころから私淑し、その主宰する『しがらみ草紙』に旧姫路藩の儒者秋元安民の小伝を寄稿したのも、井上医院にいたころである。」（「詩と散文への道」）

柳田の花袋宛ての書簡には、「枕頭にはヱルテルが書あり[37]」とあることから、一高時代にドイツ語の原書でゲーテの『若きウェルテルの悩み』を読んでいることがわかる。橋川もまた、若き日、熱烈なゲーテの徒であり、同書の熱狂的な愛読者であった。

橋川の「日本保守主義の体験と思想」によると、中野重治の「資質の中には、どこか柳田に通じるようなところもあった。それは両者に通じる詩人的素質とともに、やはり日本民衆の生活そのものに対する素朴な共感と空想の能力であったと思われる[38]」と記している。これは、橋川にも共通した資質と能力と言っても過言ではない。

橋川は、神島二郎との対談の中で、「柳田は人間の未来をたいへんファイトをもって見守っている。だからああいう学問が出てくるので、先駆者というのはどうしても孤独だろうと思うけれども、精神だけはファイト以外にないと思いますね[39]」と語る。それは、あたかも通奏低音のように橋川にも響いている、先駆者としての孤独で烈しい精神であった。

臼井吉見は、『柳田国男対談集』の「あとがき」で、「柳田さんほど話しことばの妙味を味わせてくれたひとはいなかった」、それが対談や座談に「縦横に発揮された」と記している。橋川も、生前、ゼミでの講義中、「柳田は座談（対談）の名手だ」とよく語っていた。

『戦後日本思想大系・保守主義』には、柳田と中野重治の対談「文学・学問・政治」が採録された。

これは、敗戦直後の混沌の中（価値体系の完全な崩壊状況下）、「いかにして日本人の生活の新しい組織化が可能か」について、当事七十三歳の柳田と四十六歳の共産党員、中野重治とが「知脳と情熱を傾けて語り合った」「一種の孤立した美しさが感じられる」稀な機会であったとして抄録とはいえ加えられたことは、編者・橋川の慧眼だ。

柳田と橋川は、共に、優れて、文学的感性の持ち主であった。若かりし日々、柳田は和歌・新体詩に、橋川は詩や散文・評論に深く傾倒していた。二人とも、早熟な文学少年・青年として評価の高い文学作品を残している。けれども、その後、文学を断念し、柳田は農政学から民俗学へ、橋川は政治学・批評へ、両者とも学問・科学へと志向していく。こうした柳田に対し、橋川は親近感を抱いたものであろう。

橋川は、柳田の「文学界」掲載作品を論じている。

「柳田は、田山花袋のいうように「若菜集以前の恋の詩人」として、同人たちの愛誦してやまなかったいくつもの哀怨きわまる恋愛詩を残してはいるが、……。私の見たその詩作品の中には、同時代の藤村のそれよりも鮮かな詩的個性をたたえたものがあり、とくにその散文詩的小品のなかには、ロマン的な他界観念のユニークさにおいて、異常な近代の味いを含むものが少なくなかった。(40)」

優れて文学的感性の持ち主で、鋭い文学的批評精神を保持していた橋川の、柳田の「文学界」作品への高い評価は正鵠を射たものだ。

岡谷公二は、柳田の新体詩は、柳田民俗学に親しんでいる人々からさえ、その後年の仕事を予想させる何ものも持たない一種の若気のあやまちの如きものとみなされている、と不満を述べている。「野辺のゆきき」を中心とする柳田の新体詩は、一個の感受性の結晶で、人間の感受性がその生涯を通して本質的に変わらないとするならば、柳田国男の出発点は、「後狩詞記」でも「石神問答」でも「遠野物語」でもなくて、「野辺のゆきき」でなければならないとして、次のように主張する。

「柳田国男の世界に「野辺のゆきき」から入るのと、「後狩詞記」や「石神問答」から入るのとでは、後年の彼の仕事に対する読みに偏差が生じてくるように私には思われる。後者の場合には、たとえば「故郷七十年」の中の「ある神秘な暗示」という章その他で語られている少年時代の神秘的な体験が、彼の和歌の師である松浦辰男の幽冥観の影響とむすびつき、天狗や神かくしへの関心となり、「幽冥談」(明治30)を経て、「遠野物語」や「山の人生」へと結晶してゆく道すじが中々見えてこない。[41]」(岡谷)

岡谷は、このような道すじを指摘した柳田国男論は、《管見の範囲では橋川文三「柳田国男——その人間と思想」だけである》と述べる。また、柳田の新体詩が、《価値のない「お座なり文学」では決してないことは、もうこれ以上説く必要がないだろう[42]》と断じている。「お座なり文学[43]」とは、柳田の自伝『故郷七十年』での発言である。

『定本柳田國男集』に新体詩などの文学作品が一篇も収録されなかったのは、周知の事実である。なぜこのような不可解な事態が招来したか。柳田本人が、「編集委員のたっての希望に対して、これをのせることを峻拒[44]」(大藤時彦「柳田國男入門」)したからである。

柳田の新体詩など文学的感受性・感性への橋川の注目について、前田愛は、橋川が、『柳田国男』

で、《「文学界」時代の柳田の詩文に注目することで、「現世と幽界を逍遥する感覚」をはやくから持ちあわせていた柳田の特異な能力が引きだされている》[45]と指摘している。この能力は、柳田が詩文から離れたあとでも、民俗学の中で、「日本人の霊魂の世界に深く入りこんでゆくみちびきの能力」[46]（橋川）として、活かされていく。

その能力を示す如く橋川は、柳田の散文詩風の作品「夢がたり」から「影」を引用している。

「幾千年の昔なれば、此処に来て泣きし人の影も数多きが、日中は物陰に隠れゐて見えず、夕になれば出て、さまよひ歩くなり。若《もし》来て見る人もあらば、蜃気楼《しんきろう》を見るが如き心地せしならむ。

何時の夕暮よりか、かの男の影、此女の影を見そめて、之も亦深く恋をしき。されど互に其先の主の身の上は知らねば、心いとよく合ひて、此恋は全く成りぬ。

斯《か》くして影なる二人は、手をとりかはして、名もなき山野を都とも思ひつゝ、夕暮毎に其恋を楽むことも、早幾十年かになりぬ。今より後の千年も、亦かくして過るならむ。

唯憫《あはれ》むべきは此影の主なり、彼等は終にうち解くる日もなくて、各其歎《なげき》を歎きつゝ、共に苔《こけ》の下に入りき、其墓所さへもたち隔りつゝ。」[47]

この「影」について以下のように書いているが、柳田の文学を、該博な知識と豊かな感受性を活かして評した、橋川のもっとも美しい文章のひとつといえよう。

「この歌物語風の文体で書かれた散文詩は、いわば王朝文芸の発想と西欧ロマンチシズムのモチーフとの微妙な均衡をあらわしており、王朝的なものの化の影と、たとえばプラトンの「洞穴のひゆ」にあらわれる超越的なイデアの影とが、不思議な調和をたもって浮び上ってくるような印象である。その影はもはやたんに伝統的な上代文芸の妖怪のそれではなく、西欧の詩人たちの夢想にしばしば登場するメタファとしての影でもある。この独自な幽冥境への感受性には、柳田自身の素質にある異常感覚と、その歌の師匠松浦萩坪《しゅうへい》の神秘観の影響のほか、何かある西欧の物語か詩のヒントが混入していると想像されるが、こうした現世と幽界の境界を逍《しょう》遙《よう》する感覚を反映した詩文は、その他にも少なくない。しかし、このことは、たんに柳田の詩的イマジネーションの個性を示すだけではなく、のちに日本人の霊魂《れいこん》の世界に深く入りこんでゆくみちびきの能力でもあったということが、注意されねばならない。」[48]（傍点原文）

鶴見太郎は、橋川が『柳田国男』で、このように、「そのものずばりの「影」というタイトルで引用している」ことを採りあげている。それが「公共の文学」で、柳田はこの影のイメージを『山島民譚集』の冒頭の序文にもってきていて、『遠野物語』を書きあげて以降も、「影というものが積み重なり、それこそ無名の人たちの築いてきた大きな文学の空間があるという感触を、詩人から離れてもまだもっていた[49]」と語る。

また、鶴見和子は、橋川がハイネの『諸神流竄記』と柳田の「石神問答」との対応に触れているところに示唆を受けたと述べている。[15]橋川は、『柳田国男』で書いている。

「柳田がその民俗学への、とくに民間伝承研究への刺激の一つとして、しばしばあげているのはハイネの『諸神流竄記』である。」（「民俗学の創成」）

柳田は『青年と学問』で、具体的に述べている。

「我々が青年時代の愛読書ハインリッヒ・ハイネの『諸神流竄記《りゅうざんき》』などは、今からもう百年以上も前の著述であったが、夙《つと》にその中には今日大いに発達すべかりし学問の芽生《めばえ》を見せている。[50]」

橋川は、これを受けるようにして、次のように記している。

「とくにハイネは、田山花袋の「妻」によれば、すでに明治三十一年の伊良湖＝伊勢紀行において、柳田が酔って朗誦する場面が描かれているほどであり、もっとも早かったと思われる。（略）柳田の詩人的素質を考え、ハイネへの言及がしばしば目につくことからいって、かなり早い時期に、ハイネが柳田の素質に対し、新鮮な民俗的発想への衝動をひきおこしたと推定することはできるかもしれない。／（略）ハイネがいかにキリスト教以前の民間信仰に対して、詩人のみに許される温かな共感をいだいていたかは明らかに感じとることができる。それは、あたかも柳田がその『石神問答』の開巻の辞を父約斎に献《ささ》げ、父によって暗示された妖異な民間信仰の世界への感覚を終生保持したのと相似て、やはり少年ハイネの諸体験から生れた関心であったろうと思われる。」（同前）

こうした柳田の資質に注視したのは、橋川をもって嚆矢とする。日本ロマン派に深く傾倒した橋川は、「ぼくはとにかくハイネは、なんだかんだ言っても大好きなんだ[51]」と、ドイツロマン派のひとりでもあるハイネへの強い愛着を隠さずに吐露している。これは、柳田にもアナロジーできる特徴的な資質でもあった。

ところで橋川文三は、「柳田国男拾遺」の中で、柳田の伝記を書く際、幾つもの謎めいた空白部分が感じられたという。柳田の自伝『故郷七十年』にも、故意の沈黙か、韜晦《とうかい》かと思われるréticence（闕語法、または告知義務ある者の黙秘）、がしばしばあらわれていて、それを学問・思想にかかわりない些事として強く無視したようにも思われるが、ある暗示が提示され、柳田が肩すかしをくらわせる、と疑問を投げかけている。

「ある暗示」とは何で、「肩すかしとは」何のことだろうか。そして、このことは、いったい何を意味しているのだろうか。

吉本隆明は、柳田は「乳胎児のときに「母」に冷たくひき離されたものの悲哀をみていた。ではなぜ柳田はそんな悲哀に執着したのか。それは柳田自身が同じような体験を、「母」からうけとっていたからだとおもえる」(52)と大胆な仮説をしている。これが、事実かどうかは詳らかではないが、興味深く鋭い吉本の推論ではある。

また、鶴見太郎は、柳田は幼少年期、自身の生い立ちについて「秘密」があるのではないか、と考え続けた節があり、「山の人生」において柳田は少年時代、自分が本来いるはずのない「神戸の叔母」を思い描き、自分の出自はむしろそちらにあるのではないかと夢想したことを回想しているという(53)。

しかし、この吉本や鶴見の推論に対し、後述する如き、岡谷公二の調査・研究により、衝撃的な事実関係が明らかになっている。

橋川は、柳田が「文学界」に寄せた抒情的な新体詩「ある時」を引用している。

「松かぜさむき山かげの

をざゝがくれの墓をのみ
何にもとめてなげきけん

すみれ咲くなる春の野も
雲雀さゑづる大ぞらも
いづれか妹が墓ならぬ

いづれか妹がはかならぬ
もどふなこゝろ今さらに
いづこかは我が墓ならぬ[54]」

橋川は、この詩のモチーフをなすものは、愛と死と自然に寄せる永遠のロマンティシズムにほかならないが、とくにこのような詩は、柳田の実生活における諸経験と関連して、同人たちに、実際のあるロマンスを想像させたものであったという。そして、花袋の初期作品の中には、「その存在を暗示するかのような描写が少なくない[55]」と指摘している。

それは、花袋の小説「妻」の一節にある、花袋が柳田と「紫の衣服を着た眼の清《すずし》い少女」の話をし、「利根川の恋も打明けて語った」との箇所、および「その少女の死のこともまた、花袋と太田玉茗をそれぞれモデルとする人間の間で、詳《くわ》しくうわさにのぼっている[56]」ことから、その少女が実在したことを、橋川は暗に示唆している。

しかしながら、この少女をめぐる事実関係について、柳田本人は、自伝『故郷七十年』でくりかえし弁明を試みている。それは空想で実際ではない。自分の青春期の抒情詩のことを短歌からきた題詠の稽古と同じ方法で、「ロマンティックなフィクション」だと弁解。この恋愛詩が、後になって子孫に誤解されたりすると、困ることになるとしている。[57]

けれども、若き日に恋した少女がいたからといって、子孫に誤解され困ることがあるだろうか。

橋川は、柳田の回想は、そのおどろくべきディテールの鮮明さの反面、ある経歴、ある人間関係について、しばしば鮮かに沈黙していて、それ自体、柳田の人と思想を見る上でひとつの問題点だと指摘している。[58]

この問題点を解明する鍵となる事実関係が、その後の研究により明らかになってきた。後述するように、その成果は疑問点の全てではないにしても、不明、不可思議と思われた問題点の少なからずが解明できる説得力あるものが出てきた。

まず、柳田が「ロマンティックなフィクション」と述べていた少女の実在性が高いことを、橋川が暗示したように、実はフィクションではなかったことが、その後の研究によって明らかになった。

そもそもは、一九六四年、橋川が、「柳田の恋愛詩にあらわれる少女は実在したか[59]」と疑問を投げかけたことが研究の端緒となった。

一九七七年、岡谷公二は『柳田国男の青春』で、「彼の詩にうたわれている恋愛に具体的な対象があったと思わずにはいられない」と柳田作品から引用して示し、柳田の「抒情の急速の衰えと、この恋の終末とのあいだに何らかの関係があったのではないか」と追究したことに引き継がれた。

岡谷はいう。

「私は、柳田泉「詩人時代の柳田国男先生」、相馬庸郎「柳田国男――主体形成期の探求」、橋川文三「柳田国男――その人間と思想」といった先駆的な業績のあることは承知しており、多くの教示を受けた。とくに橋川氏のものは、柳田国男の新体詩と詩的散文を、後年の仕事との内的関連においてとらえた、最初の、そして現在に至るまでほとんど唯一の文章である。しかしこれらのすぐれた論考を読んだあとでさえ、青春期の柳田国男について、まだ多くのことが言い残されていると思われた。」（「あとがき」）

岡谷は、また、橋川の「幼少年期における柳田の郷土的諸体験は、ほとんど奇跡的な印象を与えるほど、その後八十数年にわたる柳田の思想の形成に、永続的な影響を付与している」との言説は、柳田国男の著書を何冊か読んだだけで、私たちはこのような指摘の正しさを感じとることができると評価する。（「二つの故郷―辻川と布川」）

藤井隆至は、柳田の「幼少年期をも視野に収めた研究の中では」、橋川の評伝が、「もっとも注目に値する作品」とする。その一方で、橋川の「「体験主義」的な接近方法は、それを徹底すると、辻川時代がその後の柳田国男に有した意義が不鮮明になる」として、幼少年期の柳田は、「もっと統一的に把握されるべきではないであろうか」と疑義を呈している。ただし、「批判を通しての継承」であり、橋川の「描く柳田国男像の再評価をめざす試み(60)」とも述べている。

一九八八年、橋川の教え子・後藤総一郎が主導する柳田国男研究会の小田富英は、『柳田国男伝』「新体詩人から「うた」のわかれへ」の節で、田山花袋にはいくつかのモデル小説があり、柳田の抒情詩の源泉ともなった悲恋の「少女の死」は、『春湖』に、「丁度二十七歳の夏」「七月五日の夜に遂に他界の人となった」とあることから、帝大卒業期と重なる一九〇〇年と推測した。

一九九〇年、井出孫六は、開館間もない館林市の田山花袋記念館を訪れて所蔵目録を閲覧。一八九六年八月三日付の花袋宛の柳田の書簡に、「三年此かたの我恋のうたは皆此母なきいね子が為によまれたるなり　これも亦縁にや思へば彼女は幸なるものに候　されど彼女はまだ僅に十六にして至て罪なきなり　切に君が誤解し給はざらんことを祈る　之はかつてより君に告げむとして機なかりし事也　けふは終日空想にふけりたり」とあるのを発見。「母なき君がここで一挙に姿を現わしたのに、わたしは花袋同様、意表を衝かれる思いでこの書簡を読みおえた」という。この井出の調査により、柳田の恋した少女の名前が「いね子」と特定され、当事まだ若干十六歳だったことが明らかとなった[37]。

一九九一年、館林市から『田山花袋宛　柳田国男書簡集』が刊行。その書簡から、柳田の恋した少女の名前が「いね子」として公開され、事実関係は白日の下にさらされた。同著の解説によると、柳田の田山花袋宛の書簡を元に田山が書いた小説は十一に及び、「恋人いね子の実像がより一層具体化され」、「いね子」は、「布佐の人であること、そして、この書簡から父も亡くしていることが明確になった」と結論している[61]。

一九九二年、岩本由輝は、『柳田民俗学と天皇制』の中で、「雪子が死んだのは佐々木が長兄宅を訪れる直前の七月五日となっているが、これは虚構であり、「いね子」が死んだのは一八九九年のこと、一年ほど前のはずである[62]」と小田富英説に異論を提出した。

一九九五年、岡谷公二は、「柳田国男の恋人　伊勢いね子のこと」（「産経新聞」3／30）と題し、前記の書簡集を手がかりに布佐を訪れ探索、少女の来歴を探った結果、その実家が伊勢家で、十八歳で夭折したいね子の墓を布佐の勝蔵院で見つけたと発表。この墓は、柳田の父操、母たけ、長兄鼎夫妻の墓のある一画の直ぐ近くだった。岡谷は、「両親や長兄の墓参のたびごとに、たぶんひそかにいね子の墓にも詣っていたにちがいない」と推測する。

さらに、その詳細を、「新潮」一九九五年二月号に、「松岡國男の恋」と題し掲載。それによると、岡谷の突然の勝蔵院への訪問に、住職は会って話をきいてくれ、「姓は分らないのですが、明治三十二年ごろに死んだいね子という娘さんの墓はこちらにないでしょうか？」との岡谷の問いに、「調べてみましょう」と対応。奥で過去帖を見ていた住職は、戻ってくると、驚いたことに「ございます」といったのである。

それから都合三回、岡谷は布佐を訪れ、いね子に関する事実関係を、主としていね子の兄菊次郎の曾孫伊勢友子の教示により得ている。いね子は戸籍では「いね」、明治十五年三月三十一日の生まれ。父三吉、母よしの二女で、母よしは明治二十八年に死亡しており、柳田と知り合ったころ、実際にいね子は、母なき娘だったことがわかる。

さらに、調査を進めた結果、岡谷公二は、二〇一二年、『柳田國男の恋』を上梓。柳田と夭折したその少女との間には、隠し子がいたことを突き止め、公表している。この衝撃的ともいえる事実関係が明らかになったことにより、岡谷は、柳田国男における従来の定説に異を唱えている。

「恋愛――いね子とお蝶に対する――は國男にとって、それ以後の人生が余生じみたものになってしまうほどの或る決定的な体験であった。「柳田先生の学問というのは、恋愛を抜きにしては語れない」という折口信夫の言葉は、そのことを意味している。それゆえ松岡國男の恋を背景に置くか否かで、柳田学の理解に大きな偏差が生じてくるであろう。」

「柳田國男が農政学に絶望し、『石神問答』や『遠野物語』を書いた時、或いは山人や漂白民――それは、柳田家に入る前の彼自身の姿ではなかっただろうか？――に強い関心を抱いた時、或いは最晩年、若いころに伊良湖岬で見た椰子の実に託して「海上の道」の夢を語った時、私は、柳田國男の背後に松岡國男が顔を覗かせているのを知る。／もう一度松岡國男をよみがえらせ、松岡國男を通して柳田國男を見ることこそ、真に柳田学を理解する道だと私は信じている。」

岡谷公二は、柳田の農政学や民俗学からアプローチした人ではなかったが故に、逆に橋川が問題提起あるいは宿題として課した柳田の文学的資質や感性の謎を、最も深く理解し、それを引き継いで追究できた人であり、そして最も遠くまで歩みを進めた人として挙げることができよう。

そもそも、柳田の「文学界」への発表のきっかけは、義理の又従兄弟・中川恭次郎で、一八九五年の三十一号から、発行所が、犬養鮭之助方から、中川恭次郎宅へと移ったからである。

岡谷公二は、同著の「中川恭次郎という存在」の章で、柳田の生涯に及ぶ極めて重大な究明を報告している。

「彼女は、夏樹さんは恭次郎の実子なのではなく、さる有名人の隠し子なのだと教えてくれた。」

中川恭次郎が柳田国男にとって、義理の又従兄弟という以上に、どのような存在であったか。岡谷は、柳田が明治三十七年、結婚し養子として柳田家に入るまでの間、中川は、ごく身近にいた存在で、かつ親戚で、七歳年上ということもあり、明治二十九年、柳田の父母がたて続けに死去したあとは、父親代わりの役さえつとめたという。さらに、中川には「二男一女がいて、息子の一人は知恵遅れ」で、その人の名が夏樹だという。

柳田と中川恭次郎との結びつきの具体的な証拠のひとつとして、後藤総一郎監修『柳田国男伝』に明記されている、柳田が生涯にわたって中川に送金を続けていた事実がある。[63]

また、中川恭次郎死去の折、柳田は、池上の微風庵に現れ、森（洗三—引用者）たちを前にして、「これからはあなた方のお世話にならなきゃならない」と挨拶したという。[64]

岡谷は、新体詩を捨て去った時、柳田はそれまでの自分の全てを捨て去ったといい、「このような転換をなしとげるには、よほど強力な契機がなければならず、どれほど激しいものであろうと、一人の少女への恋の終りだけではとても説明がつかない。この深刻な経験こそ、この転換の契機だったと私は考える」[65]と述べる。

岡谷のこの徹底した調査により、柳田としては、自伝で憂慮した、後になって子孫に知られたら「かなり困ること」が、明らかとなってしまったのである。

そして、この事実は、さすがの橋川も、おそらく想像だにしなかっただろう。しかし、「柳田国男拾遺」の末尾で、なぞめいた印象を与える空白、沈黙を、「誰かに調べてほしい」とした橋川の願望の少なからずが、かなえられたといえそうだ。

いね子の死と、中川に託した隠し子の存在は、若き柳田に決定的ともいえる大きな衝撃をもたらしたことは、想像に難くない。この衝撃をもってすれば、橋川が指摘した、「réticence」や、「しばしば鮮かに沈黙」の所以について、さらには「ある暗示」や「肩すかし」も、はじめて納得できる説明が可能になると思われる。前述した吉本隆明や鶴見太郎の推論も、前提が類似していることから、逆証明されたといえよう。

また、『定本柳田國男集』から初期の新体詩の掲載を、なぜ柳田が峻拒したのかも、それなりに理解できるだろう。文学から農政へ、それから民俗学へ至る動機、あるいは柳田家からの養子への同意にも、この事実関係の関連が推測できる。岡谷は、同書で、こう述べている。

「國男の転換は、ランボーのそれに比すべきドラスティックなものであった。／以後國男は、経世済民を念頭とし、「学問は世のため、人のためでなければならぬ」と主張し続けるが、このような彼の向日的な現実肯定を、彼の持って生れた素質から出たものと見るむきが多い。いや、それは定説になっている、とさえ言い得る。しかしそれは、彼が「態度を改めた」結果なのであり、彼の決意なのであった。」

橋川が大きな「なぞ」とした、柳田の自らの過去に対しての沈黙、空白のままで通す姿勢は、このような事実関係を契機として習得したものと思われる。以後、橋川が指摘したような姿勢が身につき、生涯にわたって柳田を拘束したといえるだろう。

あたたかい思想としての柳田国男（＝丸山眞男への反措定）

橋川は、戦後、保田與重郎から柳田国男へと、思想的課題として採りあげた人が変遷していく。饗庭孝男は、前述した保田與重郎と柳田国男との類似性と同時に、両者の明確な違いについても指摘している。

「同じ「過去」を問題にするにも柳田と保田ほど対極的であったものはいない。保田は、柳田の批判する、表現力のある人々——たとえば文学者、武士、貴族、天皇という人々——が世にのこした「漢字」を主とする書き言葉によった文学や思想と風土の自然なむすびつきを対象としたのに反して、柳田は表現力のない、口頭で物言う「常民」の歴史の表面から疎外された人々の文化の薄明の世界をその対象としていた。(13)」

ここで、「表現力のある人」を対象としたとの指摘に限っていえば、保田だけでなく丸山眞男にも共通するであろう。

神島二郎は、戦後の一時期、柳田と丸山の二人に師事した稀有な人だ。新進気鋭の丸山と円熟した柳田は対照的な存在で、丸山は認識のわく組の検討を、柳田は事実へのしつような探求をとき、両先生のあいだで異常な苦しみを経験したと述懐している。(66)

橋川が、『柳田国男』の中で、丸山眞男に直接に触れたのは、次の一箇所だけである。しかし、ここには橋川が柳田を借りて、結果的に、丸山への反措定を提出している形跡がある。のちに詳述するが、橋川が意識するしないに関わらず、『柳田国男』自体が、根源的には丸山への反措定が内包されていたということである。

「端的にいえば、恐らく柳田は、ウェーバー的分析を読んだとしたら、多分それを演繹的であると評価したであろう。その意味は、たとえばウェーバー的問題意識をふまえた丸山真男の戦後における傑作「超国家主義の論理と心理」を読んで、「証拠がないな」と批評したという話からも類推することができよう。ウェーバーや丸山のいだいた問題意識、もしくは世界観と、柳田のそれとはそれほど大きくことなっていたのである。[67]」（橋川）

ここに示されたのは、柳田は丸山の傑作を「証拠がない」と、一蹴した事実である。その背景には、丸山と柳田との間における明確な演繹法と帰納法という方法論の決定的な違いがあった。また、柳田は、『民間伝承論』の中で、文献は参考にはするが、それを「証拠」とはしないと、以下のように、はっきり述べている。

「エスノロジー（民族学―引用者）はすなわちエスノグラフィー（民族誌―引用者）の集積の上に立つ学であるが、これは直接観察、直接資料のみでなくとも、文献により得らるるならそれによっても研究は可能性があると考えられる。（略）しかし我々はどこまでも文献は参考にはするが、この学問の性質上証拠とすることを避けたい。[68]」

橋川が柳田と丸山における「問題意識、もしくは世界観」の違いだけでなく、柳田と丸山の方法論の違いを抽出したことは、結果的に丸山への反措定につながっていく。橋川はいう。

「両者の政治についての態度であるといってよいであろう。これも簡単には説きつくせない問題であるが、柳田の場合、ウェーバーに見られるような神と悪魔の葛藤という認識、心情倫理と責任倫理の緊張の中に政治の作用を見るという認識が全くといってよいほど欠如していることは、すぐに気づかれる事実である。」[67]

この両者とは、柳田とウェーバーのことだが、ウェーバーの良き学徒で、「ウェーバー的問題意識をふまえた」丸山を、ウェーバーの代わりにおくことも可能である。つまり、丸山は、心情倫理と責任倫理の緊張の中に、政治の作用を見るという姿勢が顕著であるといっても過言ではない。

「ウェーバーは最後のヨーロッパ人のように私には見え、そしてそのとき、私には、柳田が最初の人間――ウェーバーとは逆に、ある開始しようとする未来の、無限の負荷を抱懐する最初の人間のように見える。」（同前）（橋川、傍点原文）

ウェーバーのよき読み手であり、ウェーバーから多くを学んだ丸山眞男をここに当てはめれば、わたしには、丸山は「最後の日本人」のようにも見える。そして、橋川は、このとき意識するしないに関わらず、丸山への反措定として、柳田を、「未来の希望」を託すべき「最初の人間」と想定し、希望を託そうと試みたのであった。

つぶさに考察すれば、吉本隆明が、一九六二年、「丸山真男論」を書いて、徹底した丸山批判を展開してから約二年後、丸山シューレ（学派）の中から丸山への反措定を提出していたことになる。

さて、二・二六事件に連座して死刑になった犯罪者として見られ、当時は、ほとんど顧みられることのなかった北一輝を、橋川が高く評価したことは、比較的よく知られているが、ロマン主義者・北一輝と保守主義者・柳田国男の両者を対比して論じた小論がある。「北一輝と柳田国男」で、柳田が民衆史、民衆思想へとアプローチする「永遠の大衆」なる言辞を、常民理念への追究だとして以下のように論じている。

「北一輝が明治国家の本来の理念を超越的原理として、日本の近代と反近代の矛盾をこえようとしたものとすれば、同じ時期にその思想形成を行なった柳田国男（略）の場合には、逆にすべて国家権力によって疎外せられた永遠の大衆（常民ということばでよばれる）の生活そのもののなかに、近代と反近代の矛盾をこえる原理を求めようとしたものといえるかもしれない。」（傍点原文）

橋川は、柳田が論じた「常民」概念について、既に、「保守主義と転向」で触れていて、「常民」理念が如何に重要かを述べている。

「柳田の抱懐する「常民」は、歴史的現実の中に与えられた存在ではなく、民族的存在の持続のモメントを集成した方法論的理念であった。それは悠久に常なるものの形象化であり、変化によってかえってその内包性を拡大する性質のものであった。それは「身分」とか「階級」の存在と結びついた体験様式ではなく、すべての制度を超え、時間的規定性を超えた原初的理念であった。」（傍点原文）

柳田の「常民」概念の変遷については、『思想の冒険』（一九七四年）で鶴見和子が指摘しているように、柳田自身でも変化しているし、必ずしも統一した見解はない。それ以前の一九七二年、有賀喜左衛門は、柳田は「常民と平民とをほとんど同じくらいに併用して」いて、「三二年、三三年を境にしてその後半に常民が多く使用されている」という。

鶴見和子は、この有賀の考察は、「常民が学問および政治への批判の、屈折した想いをこめたカギ概念であるという橋川の説（後述―引用者）とむすびつく[69]」とする慧眼を記す。

一九九二年、福田アジオは、細かく調査し、『柳田国男の民俗学』において、表でその使用頻度を示し、一九一〇年代から常民の使用が始まり、一九三〇年代に多用していることを明らかにした[70]。松本健一は、色川大吉の柳田学の成果を歴史研究のなかにとりいれよ、という提言には賛成とした。しかし、色川が「橋本義夫論」で「現代の常民」と冠したことに対しては、柳田学の方法的概念である常民は、本来歴史主体としての抽象概念だったのに、歴史変革の主体へと実体化してしまったと疑義を呈している[71]。また、菅孝行は、後藤総一郎が「わたしたち常民」というように、常民を実体概念としてしまったと批判。橋川俊忠も、後藤総一郎が前近代を否定的媒介とすることを怠り、柳田の方法としての「常民」概念を肥大化させて、それ自体に価値を与えてしまったとの批判を提出した[71]。

一九九三年、岡部隆志による柳田の常民像は、「民俗文化の伝承主体といった抽象的な主体概念を基本としながら、一方では農民という実体像を持ち、同時に、民族の主体、つまり、柳田自身をも説明する本来の日本人といった理想性を追った像[72]」との規定が、鶴見和子ら従前の研究を踏まえているようだ。

そもそもの端緒を開いたともいえる橋川は、常民とは、「民俗学という学問の若さのせいもあってか、必ずしも明確な学問的定義は与えられていない」という。そして、「なんらかの階級概念、もしくは社会学的階層範疇と結びつくような実体概念ではなく、むしろすぐれて方法的な一種の作業仮説で」、一般民衆、平民と呼びかえられていい概念だと断言する[73]。そして、「柳田国男」から約十年後の一九七三年、常民観について注目すべき発言をしている。(これが、前述の鶴見和子のいう「橋川の説」である。)

「いわゆる学問、それから特にたとえば歴史学、そして政治の学問、社会の学問もそうですが、あるいは政治そのもの、そういうもの全体を考えなおせという一つの提案といいますか、行動を含めたかなり強い反対、批判の概念として常民というのは出されているのでないか。つまり彼(柳田)の民俗学、あるいはその中核にある常民概念というのは、明治以来の政治に対する全体的な批判の立場であるというように思われてならないんです。彼のフォークロア全体がそういう姿勢を持っている。(74)」

このように柳田が提起した「常民」概念を高く評価し追究した橋川は、近代日本政治思想史の研究者、すなわち、丸山眞男の弟子としての一面をもちながら、意外なことに実は、『明治の文化』(岩波書店)で丸山眞男を批判した色川大吉や、『日本の近代化と民衆思想』(青木書店)を著した安丸良夫、『近代日本の民間学』(岩波新書)等の著者・鹿野政直ら、民衆思想を追究した人々と共通する問題意識をもち、思想的基盤を共有していた人であったことがわかる。それは、橋川が柳田を評価し、『柳田国男』を物したこと自体が、物語っている。

つまり、橋川は、「民衆史」「民衆思想」という語彙こそ、ことさらに用いることはなかったものの、橋川が追究した柳田国男の「常民」概念そのものが、民衆史・民衆思想の追究と深くつながるものであり、「常民」概念を高く評価し追究することは、結果的に、民衆思想への理解・接近を図っていたことになるだろう。そうであるがゆえに、色川、安丸、鹿野らとも親しく接するか、あるいは、互いに親近感をいだいていたのであろう。

民衆に、あるいは常民に寄りそう思想、これこそが、後述する、橋川が希求した「あたたかい思想」そのものであると、わたしは考える。

保田と柳田とで異なる点でも指摘したことだが、橋川は『柳田国男』で以下のように、文献＝書かれた歴史と民間伝承（オーラルヒストリー）との対立を、明確に指摘している。

「同じ歴史的科学のうち、一般の歴史学と民俗学の差異についての定式化としてもあらわれている。柳田はそこでは、一般のアカデミックな歴史学が主として文献をその研究資料とするのに対し、民俗学は民間伝承《フォークロア》をその研究対象とすること、そして民間伝承というのは、文化国民の中の、比較的文化の低い段階にある人々——いわゆる常民の生活の中に残存するさまざまな伝承的観念・習俗のことであるとしている。従来の史学は、この領域についてほとんどなすところがなかった。」（「民俗学と民族学の区別」）

「書かれた歴史」を研究資料とする「アカデミックな歴史学」のカテゴリーには、橋川が戦後親炙し師表と仰ぎ多くを学んだ丸山眞男も含まれるだろう。そうした歴史学に対して、「民間伝承《フォークロア》をその研究対象とする」柳田を、橋川は、未知の領域に果敢に取り組んでいると評価する。

柳田国男の民俗学に対する橋川の提言は、結果的に丸山眞男の「アカデミックな歴史学」への反措定とも重なっている。これは、橋川が意識するしないに関わらず明らかに丸山眞男への反措定であった。

いうまでもなく、丸山眞男には、柳田国男に対する関心は全くといってよいほどなかった。したがって丸山の著作集にも、柳田に触れているのは、四箇所だけで、そのうち三箇所は、柳田経由での知識の紹介である。後年、丸山はそれなりに柳田の著作を繙《ひもと》いた形跡はあるが、思想的影響を受けた様子はない。いってみれば丸山は、柳田の思想や方法論には一顧だにしなかったのである。『丸山眞男集』には次のようにある。

「生活史的思想史の方向にはまた、津田左右吉のほかに、柳田国男の民俗学と長谷川如是閑のイデオロギー論のタイプが数えられよう。」（一九六一年）。「柳田国男さんのいう「海上の神」のように、聖なるものが、はるか遠方の海上から来るという説話もあり、……」（一九八四年）。「「まゐる」は柳田国男さんが、後世俗語で降参したことを「参った」と表現するのもこの古語の名ごりだ、と言っておりますが、……」（一九八五年）。「言葉をかえていえばそのこと自体が柳田国男のいう「日本の祭」の堕落――そのショウ化――を示している」（一九八九年）。[75]

橋川が、柳田国男を採りあげ評価すること自体が、丸山に対する反措定となっていた。一方で、同じ一九六四年、『現代日本思想大系・超国家主義』の解説「昭和超国家主義の諸相」を、橋川は執筆。超国家主義とは何かをめぐって、丸山眞男の「超国家主義の論理と心理」などの日本ファシズム論に対して反措定を提出している（次章参照）。すなわち、両方の側面から丸山への反措定を提出していたことになる。

松本健一は「丸山真男と柳田国男」で、一九七二年発表の丸山眞男の「歴史意識の『古層』」は、当時の柳田学ブームに対する牽制の意図をもって書かれたという。丸山は記紀神話の冒頭の叙述から抽出した発想様式を手がかりに、歴史意識の「古層」に照明をあて、立論にさいし、「書かれた歴史」を素材にすると限定しているが、これが柳田学に対する対抗意識によってなされた、というのである[76]。

この推論は、いささか飛躍がありそうなので深くは論及しないが、そもそも丸山は、柳田ブームなど歯牙にもかけなかったであろう。しかし、同論で松本が示した、柳田と丸山の思想と方法論の相違は、橋川にも深く関わるものだから検討に値する。

松本健一は、「柳田のフオクロアは文字をもってする伝承に対抗するものとして成立したのである。文字をもってする伝承とは、換言すれば、「書かれた歴史」ということ」だといい、さらに以下のように述べる。

「丸山が「歴史意識の『古層』」で探りあてたのは、知識人の往々にして辿りつく史観にほかならなかった。柳田が歴史を根底で動かしているのが常民であると考えて、その常民のありかたを明らかにすることをもって歴史学の使命としたのに対して、丸山は歴史変革の主体を知識人と考え、その知識人としての役割から民衆の啓蒙をじぶんに課した[77]。」

松本は、かつて、丸山眞男論「ヴェニスの肉塊」において、文字によっても言葉によっても表現しえぬ大衆の意識構造は、丸山眞男の方法論によっては推し測ることが不可能だと批判。丸山は対象を「書かれた歴史」のみに絞った。そうした丸山を越える方法とは何かと問い、「柳田国男の常民を対手とする方法、すなわち、民間伝承あるいは口承文芸を対象とする方法にひとつの鍵がある、とだけ指摘しておく[78]」(傍点原文)と述べた。

この松本の発言は、橋川の『柳田国男』に示唆を受けたとも思える、注目すべき仮説であった。

しかし、残念ながら松本は、これ以上この問題を深く追求することはなかった。

また、松本は、直感の域を出ないとしながら、柳田国男によって創始された、民間伝承や口承文芸に常民の生き方を探る方法を、思想史の領域で行おうとしたのが、色川大吉の「地下水の思想」を探る方法で、『明治精神史』の「まえがき」に、一人の福沢諭吉も中村正直も植木枝盛もとりあげず、「人民（＝一般国民）の意識、とくに地方知識人（＝豪農・商層）の意識の究明に主力をかたむけた」ことは、丸山のテーゼに対するアンチ・テーゼとしての役割をもって登場したと評価する。[79]

橋川の『柳田国男』の登場も、結果的に見れば同様に、丸山へのアンチ・テーゼであったということができよう。

ところで橋川の「戦前の左翼崩壊期ののち、柳田のもとに心のよりどころを求めた多くのコミュニストがいたことや、柳田が彼らに対し平正な態度でつき合った[80]」とする指摘のように、戦前から戦中、マルクス主義者の中から多くの柳田民俗学の門下生が輩出した。

これは、わたしが拙著『橋川文三　日本浪曼派の精神』で、鶴見俊輔が、橋川は「思想にあたたかさを求める」とした言説をヒントにして示した如く、橋川が、マルクス主義から、自らの思想形成をはかる過程を「冷たい思想からあたたかい思想」への流れと規定したのとパラレルな傾向だ。

柳田の民俗学のもった役割を橋川は、以下のように書いている。

「一般に社会科学的なものが権力によって抑圧されたのち、観念的な歴史学の横行するのに反感をいだいた人々にとって、その文学的なかおりと実証的な調査との魅力が、ある心の安らい場所となったからである。[81]」

「心の安らい場所」とは、柳田の民俗学が、前述したような意味での「あたたかい思想」であったからである。橋川は、マルクス主義者や丸山眞男が研究対象として採りあげた人々にはもちあわせていない、「あたたかい思想」を内包した柳田国男の民俗学に強く惹かれた。橋川は、マルクス主義者の柳田門下への動向に触れている。

「マルクス主義者の中にも、たとえば志賀義雄、中野重治、石田英一郎、橋浦泰雄、浅野晃、水野成夫のように、柳田の学問にひかれ、その門に出入りする人々が少なくなかったが、それは、フォークロアが、そのいわばブルジョア的起源にもかかわらず、やはり十九世紀の実証科学としての本質を失わず、民衆の生活実態に対する関心を保持していたからといえよう。」[82]

マルクス主義者が転向し、柳田の民俗学へと至る流れは、階級闘争から離れ、「民衆の生活実態に対する関心」へ、すなわち民衆思想の追究へと至る過程と重なる。谷川健一と後藤総一郎は、対談「柳田国男と折口信夫」で、マルクス主義者が柳田民俗学へと流れた経緯について語りあっている。

「**谷川**　…疑惑や不信、これはマルクス主義の学問の中にあるというんじゃなくて、マルクス主義の現実的な非合法活動の中に当然起こってくる問題なんですけれども、傷口をなめて癒やしてやるような、傷ついた鹿がどこかのお湯に入ると、そのお湯が治す力を持つという、そういうものとして民俗学は受け入れられたのか……。

後藤　一般的にいわれているのは、谷川さんがおっしゃるような、たとえば中野重治の象徴的な言葉の中に出てくるような、弱ったとき、心が痛んだときに柳田民俗学というのは癒してくれる、まさに鹿の湯のような、そういうイメージなり存在として実はあったというふうにいえると思うんですけど……[83]」

これらの発言からも明らかなように、この流れは、鹿の湯、癒しの場所を求めての動きで、橋川が希求した「つめたい思想から、あたたかい思想」への変遷と概括できるだろう。もちろん、マルクス主義者が民俗学へ、あるいは柳田の弟子へいたる過程は、鶴見太郎や後藤総一郎が指摘しているように、「彼らが同じように転向の後、柳田に入門するという過程をたどっても、柳田の民俗学についての認識は各々の内でかなり異なっていた[84]」（鶴見）であろう。

鶴見太郎は、《こうした柳田民俗学の位置付けはしばしば戦時下の「アジール」と呼ばれる。ただし「アジール」の機能に即してみれば、あくまで一時非難の側面があり、ひとたび拘束条件がなくなれば、当事者はそこから離れてしまい、あとには何も残らないという意味合いが強くなる。むしろ大切なことは、かつて彼らが見向きもしなかった柳田民俗学を受容するに到った経緯、そして拘束がなくなった後、彼らと柳田がどう向き合ったのかこそが問われるべきであろう。その行程を見ることはまた、柳田自身の思想像をも浮かび上がらせることになる[85]》として研究を進めた。

そして、『柳田国男とその弟子』や『橋浦泰雄』、『民俗学の熱き日々』などで、その流れが必ずしも一様ではなかったこと、さらに、どのような意味をもったかについて詳細に論究している。

また、清水多吉は『柳田国男の継承者　福本和夫』を著し、マルクス主義理論による「福本イズム」で「一時代を画した」福本が、柳田を師として親しく交際した経緯と、その後の足跡を委細に描いている。橋川は、マルクス主義と柳田民俗学との関係の時代背景を以下に示している。

「社会科学が、すべてマルクス主義の影響によって震撼され、社会改造のあらゆる可能性が、その演繹的革命理論によって、統一的に評価されるという時期であったことは忘れてならない事実である。柳田の旺盛な民俗学体系樹立のための奮闘も、その背景ぬきには理解できないかもしれない。(86)」

橋川は、戦前、日本共産党員の「無意識の自己欺瞞」、「革命的ナルシシズム」に対して、「痛心をいだきながら鋭く見抜いた知識人は、当時においては柳田国男くらいのものだったように思われる」(「現代知識人の条件」)と、共産党に対する柳田の達観を述べている。同論で橋川は、柳田を、「ネーション」をあらゆる良き価値の源泉とみなした「博愛的なインターナショナリスト」」とも評している。

戦後に共産党体験、マルクス主義の洗礼を受けた橋川自身も、大筋において、この「つめたい思想から、あたたかい思想へ」と、「心の安らい場所」を求めた志向性と、パラレルな関係にあったといえよう。そうであるがゆえに、橋川は、柳田国男について論じることが、師である丸山の思惑には背馳することを、潜在的に意識しつつも、柳田に惹かれ、その思想を抽出する作業を躊躇せずに行ったものだろう。

橋川は、「保守主義と転向」の中で、柳田における歴史の理念とは何かと問う。そして、《それはまず、明治官僚制によって抱懐された「文明開化」の啓蒙的歴史哲学と同じ時代体験に基礎づけられながら、やがて全く異質の内容として展開したものであると規定することができるであろう。ここで「文明開化」の歴史理念というのは、マンハイムの言葉をかりれば「ブルジョア＝自由主義」

的歴史観にほかならず、柳田のそれは、それに対立する反対《カウンター》ユートピア（＝保守主義）の意味をもったといえるであろう》と答えている。

「文明開化」の啓蒙的歴史哲学とは、福沢諭吉の思想である。そして、福沢の相似形を描いた丸山眞男の思想でもあった。したがって、柳田は、ひいては柳田を評価する橋川は、福沢のそして丸山に対する「反対《カウンター》ユートピア」を模索したということができよう。

橋川が、『柳田国男』を書くことで目指したものは何か。

それは、橋川が、敗戦の八月十五日の天皇の玉音放送を聞いた際に抱いた感慨で、のちのちまでを拘束した「死んだ仲間たちと生きている私との関係はこれからどうなるのだろうかという、今でも解きがたい思い」を追求する過程で登場してきたと見ることができるだろう。

それを端的に示すのは、柳田が、「日本の敗北を予感するなかで書かれ(87)」（加藤典洋）たといわれる『先祖の話』について論じた言説である。（橋川は、「『先祖の話』はその心情と思想のきわめて平易な美しい表現であり、近代日本の生んだ歴史的名作といってよいものである(88)」と賞賛を惜しまない。）

「『先祖の話』の執筆の趣旨はその序文に明かである。あたかも戦争末期、戦争の惨禍が日本全土をおおい、無数の若者がアジアの大陸と海洋に散っていったころ、柳田は戦後を想像しながら、この文章を書き綴っていた（その過程は『炭焼日記』に詳しい）。それは、ある意味では幾百万の死者たちの魂の行くえに思いをこらし、その鎮魂を希求する一老翁の祈念を示すような著述でもあった。もし、それらの死者たちの魂の行く末をしっかりと見とどける少なくとも誰か一人の人物がいなければ、民族の過去と未来を結ぶ紐帯はバラバラに解体するであろうとい

う直感が、この著述の奥深いモチーフをなしていたように思われる。」[89]（傍点原文）

橋川は、まさしく、その「誰か一人」を、柳田に見ていたのである。ここには、敗戦時、「死んだ仲間たち」に対して、橋川なりに生涯にわたって追究しようと志した強い思念の断片が刻印されている。そして、柳田の結論は、「たとえいかなる悲惨の境遇におかれようとも、日本人の魂はその自らの心によって、未来の日本の形成のために回帰してくるであろうというものであった」[90]という。したがって、橋川は柳田に希望を託したのである。

また、橋川は、「靖国思想の成立と変容」と題する講演会でも、柳田が敗戦時、珍しくパセティクな文章『先祖の話』を執筆。そこで、日本人の死生観の根源を尋ね、なぜこのような不幸な悲劇を迎えねばならなかったかを沈痛な鎮魂の思いをこめて、「こんどということんどは十分に確実な、またしても反動の犠牲となつてしまはぬやうな、民族の自然ともつともよく調和した新たな社会組織を考へ出さなければならぬ」と述べたことを紹介している。

そして、そのとき柳田は、「たんに靖国の霊ばかりではなくあの戦争がもたらした数百万の戦災死者を念頭におかれていたはずであり、そして世界人類を文化創造の上の好敵手とみなして、たじろがずにこれととりくむという気概を示された」[91]ように思うと、柳田における「靖国思想」批判を、暗にほのめかしている。

二〇一五年八月二十七日付け「朝日新聞」論壇時評に、高橋源一郎は、加藤典洋が柳田国男著『先祖の話』に触れたエッセイに強い衝撃を受け、導かれて読んだと書いている。さらに高橋は、《柳田は、戦争の死者を、ひとりひとりの個人が作る「家」が弔う、という形を提唱することで、「国家」が弔う、という靖国神社のあり方を、もっとも深いところで批判している》《柳田が憂えたのは、人びとが、かつては我が手で行ってきた「慰霊」を、国家という外部に任せてしまったこと、すなわち、慰霊の「外注」だったのかもしれない[92]》と述べている。ここには、橋川の前記の『先祖の話』をめぐる問いが継承され活かされている。

ところで橋川は、柳田の学問について、こう述べる。

> 「柳田が民俗学に対して、平民＝常民の歴史学という性格とならんで、それに「現在科学」という性格を付与したことの意味を見ておく必要がある。この「現在科学」（Gegenwartskunde）というのは、過去科学（Vergangenheitskunde）に対する言葉で、民俗学の性格に関するドイツでの論争から生れたものである。柳田は、その著述においては、民俗学を明白に現代のための学問と規定している。いいかえれば経世済民の科学として民俗学を性格づけている。[93]」（傍点引用者）

橋川が、柳田の学問を、「経世済民の科学」としての民俗学と規定したことは、「あたたかい思想」を求めたと同時に、丸山から社会科学的方法を学習した橋川の思想性が息づいている。ここで、橋川がなした大事なことは、柳田の民俗学を実証可能な「現在科学」としての学問と規定したこと、および、「経世済民」という確かな目的意識をもった科学として位置づけたことにある。「経世済民」との位置づけ、すなわち「人びとの苦しみを救うこと」とは、換言すれば、橋川が柳田に「あたたかい思想」を見出したということである。

意外なことに、『柳田国男事典』によると、柳田はこの「経世済民」という語彙を自らの著作の中では一切使用していないという。[94]試みに『郷土生活の研究法』（一九三五年）を調べてみても、「経世済民」は存在せず、「学問は世を救うためにある」という意味で用いた「学問救世」[95]という類似した言辞があるのみである。それでは、いったい、どこから出てきたものだろうか。

「経世済民」は、柳田を評して、「前近代的なものを否定的媒介にして、近代的なものをこえようとする進歩的態度をみないわけにはいかない」との名言を吐いた花田清輝が、一九五九年、家永三郎の『柳田史学論』への批判として書いた「柳田国男について」で、以下のように表現したのを嚆矢とする。

「すくなくとも柳田民俗学の成立にあたっては、『時代ト農政』にうかがわれるような柳田国男の「経世済民」の志が、大いにあずかって力のあったことに疑問の余地はあるまい。」（『近代の超克』）

柳田に「経世済民」の思想を見つけた花田の先見性は、柳田の学問を科学である民俗学と見極め、「経世済民」と性格づけた橋川の見識と重なっている。（これは、拙著『三島由紀夫と橋川文三』で指摘したように、花田と橋川の二人が、「葉隠」が戦後タブー視された時代の趨勢に抗して読み続け、正確に評価したのとパラレルな関係にある）。

橋川が、柳田学を「経世済民」の科学と規定した翌一九六五年、石田英一郎は「経世家」、同年、益田勝実は「済民の学的志向」と表現している。一九六九年、橋川の『柳田国男』の良き読み手・鶴見和子の「柳田の『経世済民』という儒教的素養にもとづくものであったろう」（「われらのうちなる原始人」）というあたりからよく用いられるようになったようだ。[96]

一九九五年、藤井隆至は、柳田国男の学問を、農政学の挫折から民俗学へと展開したとして把握する立場を批判し、《「経世済民の学」としての柳田学という自己規定は、〝柳田民俗学〟の通称でしられる彼の「郷土研究」もまた、じつは社会政策学派の経済学を彼なりに発展させたもの》で、《〝柳田民俗学〟は〝柳田農政学〟の延長線上に位置し、それを深化させた学問なのであった》と規定する。そして、柳田は、学問が「経世済民の学」たるべきことを掲げ、「国民総体の幸福」という政策理念を呈示しつづけてきたと総括した。(97)

花田によって唱えられ、橋川によって位置づけられた、柳田の学問を「経世済民」の科学とする見解は、藤井によって継承され発展したと見ることができよう。

橋川は、『柳田国男』で、民俗学が「科学」たるべきことへの柳田の固執を丹念に述べている。橋川によると、柳田の民俗学に関する研究は、『民間伝承論』(昭和九年)『郷土生活の研究法』(昭和十年)『国史と民俗学』(昭和十年)に集成されていて、「いずれも民俗学を独立の意味ある科学として成立せしめようとする、柳田の満々たる覇気を示した論考であり、その明治末年いらいの思索のもっともエネルギッシュな成果を、大戦後の世界的激動の中で表現したものであった」と、熱っぽく代弁している。

「柳田個人についていえば、郷土会のころから、民俗学がいかにして一個の道楽ではなく科学たりうるかということに脳漿《のうしょう》をしぼりつづけてきた人物である。(略)いわばこの学問に、反対科学(Oppositionswissenschaft)としての基礎づけを与えることにその経歴を賭けたという意味さえあった。その心情において、民俗学が一日も早く有効な現在科学たることを熱望しながら、学問の形としては、それがいかにもまだその形をなさないことを、誰よりも身にしみて感じないではいられない立場に彼はあった。（略）社会科学が、すべてマルクス主義の影響によって震撼され、社会改造のあらゆる可能性が、その演繹的革命理論によって、統一的に評価されるという時期であったことは忘れてならない事実である。柳田の旺盛な民俗学体系樹立のための奮闘も、その背景ぬきには理解できないかもしれない。[93]」

橋川は、「日本保守主義の体験と思想」でも、マルクス主義の「社会科学」をしりぞけ、民俗学の「科学」に重きをおこうとした柳田の志向性を評価している。

「「少し意外な事実に出逢うと、すぐに人民は無智だからだの、誤っているだのと言ってしまう」（『日本の祭』）いわゆる「社会科学」の方法とは全くことなっていた。たとえば「社会科学」の立場から、勤労者大衆を「プロレタリアート」という当為《ゾルレン》の立場からとらえ、その思想や心情をすべてその見地から演繹しようとする思考様式と、必ずしもそのようには行動しないであろう一般大衆の存在を、その存在そのものから理解しようとする態度とは明かにことなってい る。[98]」

鶴見太郎は、「戦時下において自身の民俗学が経験に立脚した思考を維持できる数少ない場となっていることを柳田は十分に認識していた[85]」という。このことは、マルクス主義の「社会科学」とは異なる「科学」を、維持できる数少ない場そのものであったろう。

橋川が、『柳田国男』を書くことでなしたことは、柳田を、従来いわれてきた日本の民俗学の創始者としてだけでなく、明確な科学としての学問の研究者、あるいは思想家としての新たな柳田像を創出したことにもある。

さて、橋川は、『柳田国男』のエピグラフで、一九三五年に柳田が民俗学について書いた唯一の体系的著作といわれる『民間伝承論』の一節を引用している。

「人は動物だが賢い動物である。考へてどこ迄も其社会を改造して行ける動物である。神を懐《おも》ひ死後を信じ得る動物である。さうして其以外の何物でもない。」

これは柳田の同著の「序」にある二十八の警句の中にはない。第一章「三 人類学の発展」の本文中の一節にすぎない。しかし、「日本保守主義の体験と思想」「北一輝と柳田国男」「現代知識人の条件」の三論文でも引用している。この柳田の言葉を橋川がどのように読んだか。それほど柳田の思想を理解する上で注目すべきパラグラフとみなしている。それほど柳田の思想を理解する上で注目すべきパラグラフと

「神を信じるということは、中江（丑吉）さん流にいえば、人類、ヒューマニティーです。これを信じるということと同じであると思います。そして死後をまた思いうるということは、人間の歴史に対する信頼です。それを示していると思います。[99]」

あたたかい思想を求めた橋川が終生追求した「人間の歴史に対する信頼」と共振するものであったがゆえに、橋川の心の琴線に触れたのである。

また、柳田は「人間社会の変化の可能性に対してあくまで楽天的（sanguine）であるとともに、その変化が、いわゆる「進歩主義」の図式のように展開するものとも考えなかった[100]」とも述べている。こうした点も、橋川の志向性と重なるものがあったのであろう。

しかしながら、橋川は、柳田を高く評価したものの、自らが、柳田の提唱した「民俗学」そのも

のの研究に入ることはなかった。つまり、民俗学者としての研究はしなかった。自らの柳田に対するスタンスを、「いわゆる民俗学プロパーの諸問題については、私はむしろ相対的に無関心の立場にあり、したがって、いわゆる柳田の徒ではない。しかし、また、柳田に冷淡、無関心でありうるほど、私はたとえばマルクスの徒ではなく、また、近代主義の徒でもないことを言明するほかはない」[101]と抑制して述べているにすぎない。

そうした意味では、ここで丸山への反措定を提出しつつも、丸山から学んだプルラルで社会科学的な方法論そのものは、有効に受け継いで活かされたようだ。

橋川が様々な柳田論で先駆的に提起した問題意識は、前述したように、後藤総一郎、岡谷公二、鶴見太郎、藤井隆二など志ある優れた継承者によって引き継がれ、さらに深化し、確実にその成果は上がっている。

第三章　超国家主義を論じ丸山眞男と思想的訣別

——吉本隆明との邂逅《かいこう》

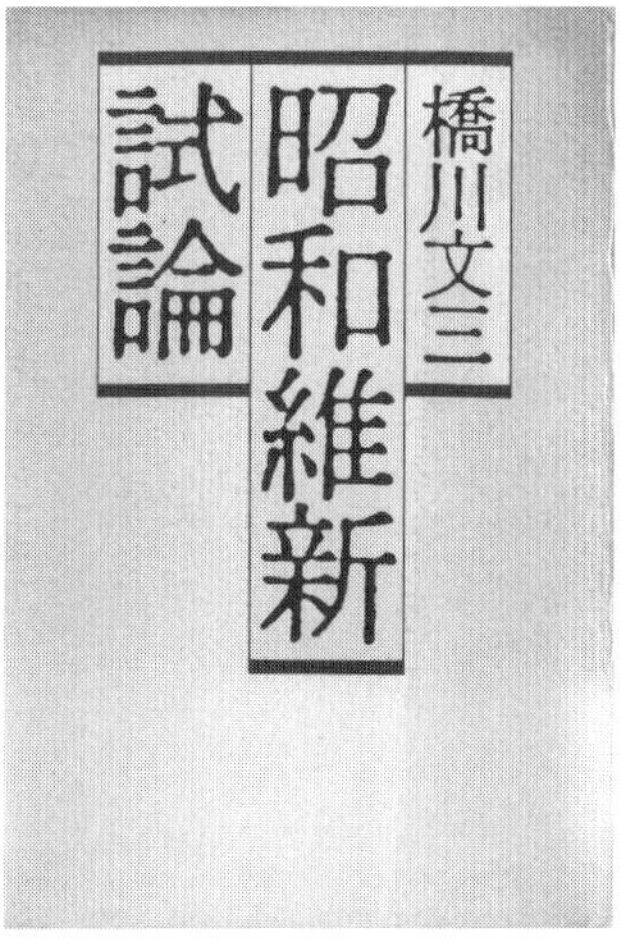

『昭和維新試論』1983年刊

丸山眞男と思想的訣別——吉本隆明との邂逅《かいこう》

一九五〇年代末から六〇年代初頭にかけて、橋川文三に重大な思想的な転機が訪れている。それは、戦後まもなくに、橋川が自ら師事した丸山眞男との思想的訣別であった。

次節で詳述するように、橋川の「昭和超国家主義の諸相」（一九六四年）に、丸山への反措定が内包しているのは明確だと思われる。にもかかわらず、大きな疑問が生じるのは、丸山眞男の日本ファシズム論を俎上に載せて論じた橋川の同論を、丸山は、読んでいなかったのだろうかということである。

丸山は、橋川の没後に、「どうも橋川君は学問の場合は遠慮があるのか、正面から反論しないけれど、映画とか、こういう音楽なんかの話では容赦なくその場でやっつけられました。学問の方でも本当は違和感をもっていた、と思うんですけれど……(1)」と述べている。

丸山が、橋川の同論を読んでいなかったとは考えにくいが、少なくとも、この発言の限りでは、読んでいなかったようにみえる。丸山眞男批判として著名な吉本隆明の「丸山真男論」に対して、丸山は、公式には一度も反論を発表しなかったのは周知の事実である。しかしながら、没後に丸山の研究者が丸山の蔵書を調査したところ、吉本の同論に対して、「いつ実在するといった」「これは誤解！」等の書き込みが数箇所あったことが確認されているから、橋川の場合も、自らは公式の反論を封じたとも考えられる。

桶谷秀昭によると、『近代日本政治思想の諸相』（一九六八年）では、所収の「昭和超国家主義の諸相」「柳田国男—その人間と思想」などの論考を、橋川は「論文」と呼び、それまでの評論集のあとがきでのように、「エッセイ」と呼んでいないという。故に橋川は矜持をもってこれらの論考を学術的な作品として、意識して提出したものだろう。[2]

桶谷は、さらに、文章のスタイルが、いくらか学問的だと感じたが、それ以上に、橋川の問題関心の整理ないしは体系的な叙述の意図がみられ、橋川の超国家論が、説得力あるのは、テロリズムを日本近代の病理の思想的発現としてとらえるその仕方が、橋川の敗戦体験、ながい病床にあった老人の死をみまもるときのような涙、の記憶が、そこに生きているからだと述べている。[3] 橋川の業績を当初から注視してきた人ならではの洞察だ。

橋川の師であるにもかかわらず、丸山眞男は、「鶴見俊輔さんが橋川さんは政治学者なんかにならなきゃよかったといっているけれど、政治学者の仲間で橋川君を政治学者とか政治思想史の専門研究者とか思っている人はあんまりいないでしょうね。（略）／たしかに橋川君はある種の直感力はすぐれているんです。文章も、ぼくの好みには合わないけれど、たしかに読ませる。けれど社会の現実そのものに対する直感力はゼロに近い。だからかえってそこが概念的になっちゃう」[1] と容赦ない発言をしている。

このような発言をしていた丸山と、それを受けた橋川との関係について、最も深甚な考察をしている人とわたしが思う姜尚中は、現実政治について抜群のセンスをもち、政治をどこかでシュミット的な「決断」を必要とする営為とみなしていた丸山眞男が、《経験科学としての政治学に暗く、政治オンチで、「詩人の中にあるノンポリの盲点をもっていた」》と丸山にそしられた橋川よりも、はるかに歴史的にリアルであるようにみえながら、今から振り返ると、橋川の方が丸山よりもはるかに歴史的な射程が広かったように思えてならないとする、注目すべき評言を加えている。(4)

姜尚中は、また、丸山の橋川に対する「社会科学者として見れば橋川君の基本的な弱さは、マルクスを本当に読んでない」という厳しい発言に対しても、次のような示唆に富んだ考察をしているが、注視すべき言説である。

「日本浪曼派にいかれていた経験をもつ橋川であったがゆえに、逆に丸山よりもはるかにナショナリズムという怪物そのものへの絶望感も深かったのかもしれない。だからこそ、ある意味で講座派マルクス主義的な「先入観」からも自由だったのではないか。確かに丸山が橋川について追想しているとおり、橋川の基本的な弱点は、マルクスを本当に読んではいなかったことであったかもしれない。しかし同時に日本の講壇マルクス主義とも縁が浅かった分、とらわれない目で近代ナショナリズムの原型そのものに孕まれるデモーニッシュなまでの問題点を直感的に洞察できたと言えるのではないか。(5)」

両者の文章の相違については、松本健一が、橋川の政治思想史論文は、丸山眞男の分析的・論理的なそれとちがい、きわめて直感的なものと指摘している(6)。

丸山眞男は、学術的論文とは何かについて、《アカデミズムの場では「われ思う」では論文にならない。評論なら「われ思う」で書けるけど、どうしてそう思うのかの根拠をきちんと示さないといけない。評論と専門論文との違いから説明しなければならないのですね。（略）悪いけど吉本隆明などを愛読して、それを模範にして書くのかね。みんな評論になってしまうのです。論文の形式みたいなものは見事に崩壊しました(7)》と苦言を呈している。

したがって橋川の論文は、吉本隆明のものと同様に、専門論文ではなく評論とみなしていたから厳しい発言になったのかもしれない。

上述の如く、一九六二年から三年にかけて、吉本隆明は、「丸山真男論」を「一橋新聞」に連載し、痛烈な丸山批判を展開した。その論旨を要約すると、丸山の思想は大衆から乖離しており、実在しない近代主義的に描かれた西欧像によって、日本の政治や思想を批判しているから、現代的課題に対して無力だと論じた。また、丸山の思想の根源には戦争体験があることを揚抉《てっけつ》、同時に丸山思想の根底に大衆嫌悪を抽出して批判した(8)。

これに呼応して橋川は、一九六三年二月、「丸山真男批判の新展開——吉本隆明の論文を中心に」で、以下のように書いている。

「吉本の丸山論の独自性は彼がまず丸山の戦争体験批判から出発していることにある。この出発点の選択は吉本の思想家としての力量を平明に示しており、その批判の全体の方向に鮮明な思想性を与えている。（略）たとえば吉本のいう丸山の「大衆嫌悪」をとってみよう。その指摘はいうまでもなく正確である。（略）私もまた全体として丸山のファシズム論にある種の反抗を禁じえない。(9)」

橋川は明らかに吉本の丸山批判を肯定している。「反抗を禁じえない」という丸山のファシズム論に対しては、翌年執筆する「昭和超国家主義の諸相」で、橋川の批判が具体的に展開される。ただし、編集部がつけた「悪しきヘーゲリアン」というような言辞を、この論考の読者が安易に用いないようにと諫めている箇所も見受けられる。

橋川は、さらに、書評「吉本隆明著『模写と鏡』について」（一九六五年）で、「私には吉本が到達したそれらの地点を通らないでは、日本の思想は一歩も進めないように思われる(10)」と手放しで評価している。とりわけ、吉本の『ナショナリズム』（現代日本思想大系・一九六四年）の編集・解説は、四年後の橋川の著『ナショナリズム』（一九六八年）にも活かされていく。

橋川は、「吉本の論理は玲瓏円満というには、あまりに力闘にみち、重いきしみをたてすぎている。そしてその饒舌と沈黙、自信とはにかみの間から、思いもかけぬユーモアをひらめかせることがあって、そのような場合、私はそこに吉本や私などをとらえた共通の体験の相を認めて、ひそかな自負に哄笑したくなるのである(11)」という。このとき、吉本と橋川の間には一種の黙契が認められる。両者の間に信頼関係が成立しているのである。

鶴見俊輔は、吉本が「丸山真男論」を書いたとき、「丸山門下で吉本の側についたのは橋川文三なんだ。橋川と私が吉本の側について、丸山批判なんかやったんだ。だけど丸山さん自身はね、そういうことについて腹を立てて私を疎外するみたいなことはまったくありません(12)」という。

橋川が吉本の側についたというのは、前掲の文章から判断したものだろう。そして、丸山は橋川に対しても疎外するようなことはなかったようである。

松本健一が、橋川は、「丸山真男論」を書いた吉本隆明とは「別の視覚から、丸山真男論、いいかえると丸山政治学批判を展開していたことになる。しかし、橋川はついにそれを、丸山真男批判といったかたちでは展開しなかった[13]」とする如く、丸山眞男を俎上に載せて、直截に丸山眞男論を展開することはなかった。松本のいう「丸山政治学批判」とは、端的には、次節で詳述する「昭和超国家主義の諸相」に見られる。

ところで、丸山は、座談会「戦争と同時代」（一九五八年）の中で、興味深く、注目すべき発言をしている。掲載誌「同時代」の編集同人の安川定男によると、「この座談会の発想といい、企画といい、ほとんどが橋川の取りはからいによるもの」だったというように、橋川の編集者として昔取った杵柄が活かされた座談会だ。

安川は、橋川の音頭取りで実現した「丸山眞男を囲む」座談会が、予期したほどの成果を収めたかは疑問だという[14]。しかし、今では幾つもの丸山論で採りあげられることの多い、丸山の「スランプ発言」を引き出したこと、および吉本隆明が「丸山真男論」で、「敗戦までと敗戦後のイメージ」の項で引用し、丸山の戦争期の二重性を指弾したことは、橋川の大きな成果だといえる。

「ほんとに、この一、二年というもの、精神的にスランプを感じるんです。（略）ぼくの精神史は、方法的にはマルクス主義との格闘の歴史だし、対象的には天皇制の精神構造との格闘の歴史だったわけで、それが学問をやって行く内面的なエネルギーになっていたように思うんで

す。ところが、現在実感としてこの二つが何か風化しちゃって、以前ほど手ごたえがなくなったんだ。[15]」（丸山）

敗戦の翌年の一九四六年、「超国家主義の論理と心理」執筆以来、一貫して日本ファシズムを追究してきた丸山は、一九六一年の「現代における人間と政治」を最後にして、日本ファシズム関係の論考は書かれなくなる。一九五八年のスランプ発言以後、実際、次第に魅力ある発言は少なくなり、文字通りスランプに入る。伊東祐吏は、以後、丸山が「スランプをぬけだすことは一生なかった[16]」とまで言い切っている。

丸山は、どうしてスランプに陥り、そして、そこから脱却できなかったのだろうか。

一九五八年の丸山のスランプ発言は、そもそも戦争に対する取り組み方に起因していたとわたしは考える。橋川が企画した同じ座談会で丸山はこう述べている。

「人から敗けるとは思ったけれど、敗けたあとのイメージが浮ばなかったという話を聞きますが、ぼくはちょっとその点逆で、敗けたあとの日本については大体の見当はついていたが、敗けるまでどういう具体的道程をたどるかはまるで混沌としていたんです。[15]」

この発言を根拠にして、吉本隆明が、鋭く分析して批判したように、丸山は、「戦争そのものにのめりこみもしないが、それに抵抗することもしないという二重性[8]」（吉本）をもって、戦争期をすごしてきた。戦時中から、内心では戦争に反対との考えをもっていたから、敗戦後の占領下を「解放」として謳歌し、直ぐに戦争中に抱いていた反戦思想をバックボーンに、日本ファシズムの暗部を社会科学的方法をもって糾弾することが可能であった。そして、それは、確かに、一方では戦後の特筆すべき成果であったことは否定すべくもないであろう。しかし、翻っていえば、伊東祐吏の述べる如き、以下のような側面もあった。

> 「丸山眞男の思想には、自分たちが戦争で多くの死者を出したという「当事者意識」が欠けており、したがって、自らの思想を根底から変えることもなく（むしろ、戦前と戦後で考えをあまり変えなかったことを誇りとして）、戦争体験や焼跡民主主義の思い出に生きていることがよく分かる」（傍点原文「丸山眞男の敗北」）

伊東のいう「当事者意識」の欠落とは、吉本が批判した、丸山の戦争に「のめりこみもしないが、それに抵抗することもしないという二重性」説の延長線上にあると見ることができよう。丸山は、吉本や橋川のように、命がけで戦争に取り組むことがなかった。吉本や橋川は、皇国少年として、死ぬ覚悟をもって戦争に取り組んでいた。

それゆえに、「敗戦の一瞬の裂け目に、歴史理性と歴史感情の奈落をみてしまった橋川文三[17]」（吉本隆明）にとって、敗戦によるショックと反動は大きく、長らく沈黙を強いられ、その再生の為に戦後十数年の歳月を必要とした。その反面、橋川においては、丸山のように「社会情勢の変化によって研究に対する張り合いを失った」（伊東祐吏「日本思想史家としての格闘」）り、スランプに陥ることもなかった。それどころか、生涯、「宿命の課題」（吉本）に没入し野戦攻城の闘いを貫いた。

姜尚中が、《丸山が確実に時代を表現している時があったことは間違いない。「超国家主義の論理と心理」はその記念すべき始まりであった。しかし同時に丸山が「反時代的」と言うよりは、時代から取り残されていくことになったことも否定できない[18]》というように、丸山の書くものが時代との緊張感をなくし、精彩を失っていく。

一九五〇年代後半から、丸山が思想的拠点とした戦後民主主義が、実は虚妄で、本当は擬制であるとの真相が、吉本隆明らにより次第に明らかにされる。六〇年安保前後には「擬制の終焉」[19]（吉本）として辛辣な批判にさらされ、「民主主義の神話」が崩れるにしたがって、戦後民主主義の旗手であった丸山は、さらに、内面的なエネルギーを失い、スランプは加速していく。

丸山が、精神的スランプに入るのに呼応して、橋川と丸山との思想的離別が始まっている。

丸山は、一九六一年十月から六三年四月まで、東京大学から、米国、カナダ、イギリス、スウェーデン、スペイン、フランスへの出張を命じられる。この丸山の不在中に、吉本隆明の「丸山真男論」が、一九六二年から六三年にかけて発表された。丸山のスランプ発言は、一九五八年のことだが、それが、表現媒体に如実に表出してくるのは、一九六〇年代の前半で、外遊で不在だったこともあり、顕著に書かれたものが減少している。そして、スランプに陥った丸山と入れ替わるようにして橋川の活躍が始まる。

このあたりを境にして、橋川と丸山との明確な思想的な訣別が加速する。

橋川は、編集者時代の一九四〇年代後半から五〇年代前半は、丸山とは蜜月時代だった。この蜜月時代に、橋川は、丸山を師と仰ぎ、プルラル（複数・複眼的）な思想を学んだと回想している。[20]『序説』では、丸山から学んだ社会科学的方法論を活かし、また、カール・シュミットの『政治的ロマン主義』を丸山から借りて参考にして執筆しているから、広い意味では丸山の影響下にあったといえるだろう。

丸山の《一番鮮烈な記憶として沈殿している『日本浪曼派批判序説』のころまでの話です。橋川論全般となると、(略)「どうもよくわからない」ということになります[21]》との発言が暗示するように、丸山のほうでも『序説』刊行の一九六〇年以降は、既に自分の手元を離れたとの実感があったものだろうか。

橋川が、丸山から思想的に訣別するのは、丸山のスランプ発言の一九五八年頃から始まる。同年、同人誌「現代批評」をめぐり吉本隆明と邂逅し、戦後民主主義の擬制を鋭く追及する吉本の思想に共鳴。さらに、吉本の「丸山真男論」による丸山批判の際、「吉本の側についた」(鶴見)ことで、吉本との間で思想的な「親愛の情」を深めていくあたりで決定的となる。

橋川は、ある座談会で、「吉本君の〝自立〟という思想として、戦中派思想の一つの記念碑は建っている[22]」と語ってる。吉本の一歳年長で、同じ戦中派を自認する橋川は、吉本が声高に提唱した自立の思想に共振したものだろう。

奇しくも、一九五八年の丸山のスランプ発言と、同人誌「現代批評」での吉本隆明との邂逅は、機を一にしている。このことが象徴的に示しているように、丸山との思想的離別が始まると同時に、吉本との思想的接近が進んでいる。

橋川にとって、「現代批評」での吉本隆明との邂逅は、大きな思想的な契機となったと思われる。ただし、「現代批評」について、橋川が直截に触れているのは、以下の十行ほどにすぎない。

「この雑誌の歴史は短く、同人の歩んだ精神の軌跡は、いわば友愛と偶然の戯れに似た地点で交錯したにすぎなかったように思われる。一九六〇年夏の激動がこの集りをもみごとに解体させてしまった。井上(光晴―引用者)は解散に反対だったが、吉本にとって解散は自明であった。全員一致が成立しない以上、それは解散であった。/しかし、奇妙にこの集りは、その現実の生命の短さにかかわらず、少くも私にはひどく永かったある時期の集りのような記憶をとどめている。(23)」

橋川の葬儀における、友人代表の吉本隆明の「告別のことば」は、橋川とどうして出会ったかについて触れており、この出会いによって、お互いが如何にして思想的な信頼関係を築き、思想的な同志・友人として共鳴し、信頼を深めていったかが分かる。

「われわれがどこで出会い、なぜ親しみを加えていったかははっきりしていました。それはわれわれが共通にもっていた「思想と文学」のあいだの空間でした。橋川さんは、より多く思想の側に身体の重味をかけて歩んでいました。われわれは文学の側に身体の重味をかけて歩んでいました。けれどその違いはわずかなものに過ぎませんでした。」

「われわれの世代が、別かれ、それぞれの道を遠去かってゆく理由もまた、出会い、親愛の情を抱き、ひとつの根拠地に集った理由とまったくおなじものでありました。それはおおく国家・民族という断崖と階級・大衆という断崖とをどう処理し、どう超えてゆくかの方途によって、それぞれの道をたどったのでした。わたしたちの世代に立ち塞がっているものは、いずれもこの世紀に最大の正義であり、宗教であり、また謎でもあり、迷蒙でもありますから、どの方途を択んでも困難が軽くなるということは、かんがえられそうもなかったのでした。」

吉本は、共通する戦争体験をした二人が、戦後、立ち向かった苛酷な道程と強い覚悟を示す足跡を共感こめて述べている。感銘深く、まさに珠玉のような弔辞である。

邂逅の翌年の一九五九年六月、橋川と吉本の間で往復書簡（『日本読書新聞』）が交わされる。橋川は、「吉本隆明に──近衛も東条も知らぬ若い人、僕は既に旧弊な人間になったのか〈戦中派の往復書簡＝驚くべき世代の断絶〉」を送る。これに応えて吉本は、「橋川文三への返信・驚くべき世代の断絶──戦中派の往復書簡」を返信した。

橋川が、《ぼくは自分の世代的な存在拘束性に悲観しているのではありません。ここでは述べつくせませんが、ぼくはその存在拘束性をこそ信頼しています》と問う。

これに対し、吉本は、《あらたな世代の出現を感じたとしても、貴方のおっしゃるとおり、「自分の世代的な存在拘束性に悲観」はしませんし、その拘束性をすてて妥協しようなどとは、寸毫も考えません》と応える。さらに続けてこういう。

「あなたが提起された興味ある指摘──即ち、敗戦による日本人の発想法の断絶は世界史的にも稀有ではないかということ、また、明治とは明治十年代までを指すということ──は、はなはだ暗示的で、これを延長すれば、昭和というのは十年代までで、それ以後は昭和ではない何ものかへの過程であるのかもしれません。そして、われわれの世代は、まさに昭和の最後を大戦争の体験によって実感した光栄（？）ある世代であるのかもしれません。」[24]（吉本）

橋川の吉本への書簡の末尾には、戦後、いわゆる戦中派といわれる橋川と吉本が共通する体験と、その後の時代情況の中で、如何に当時の思想的課題に取り組もうとしていたかの片鱗がうかがえる。

「ぼくは戦争体験の重大さとそれへの固執とは区別して考えます。経験そのものへの固執がそのまま思想化のエネルギーにならぬことは、鶴見俊輔や藤田省三の力説するとおりだと思います。」

「ぼくらのくぐった経験がいわば思想として普遍化されることが問題である限り、ぼくらがその即自的な素材としての経験において、まさに宇宙的に（！）独自である所以の箇所に、そのエネルギーのすべてを注入することが、実存と普遍の架橋につながることを信じているのです。／（略）結局、ぼくらは、ぼくら自身の「経験」を超えることができるのでしょうか？自分自身の影を越えるように？[25]」（傍点原文、以上橋川）

こう橋川が問いかけると吉本は、《小生は、この一年ばかり、隠微な形で、戦争体験が自分を支配していることを知りました。（略）／数年前、武田泰淳にたまたま話したら、きみたちの方がおれたちより進んでいるさと保証していました。これこそ、あなたのおっしゃるわれわれの宇宙的（！）体験のもたらした既得権の体系でしょうか？》と応じている。

吉本との間に明確な思想的共感、共鳴が著作の中に認められるのは、この往復書簡が交わされた一九五九年六月頃以降のことである。

今井清一が「さかんに傍線が引かれている[26]」と証言していることから、同人誌「現代批評」に掲載され、下獄中も思想を変えなかった日本共産党の幹部たちを非転向の転向として断罪した吉本の「転向論」（一九五八年十一月）を、橋川は熱心に読んだことは明らかだ。

また、少し前の五八年六月、「実感の文学を超えて」では、戦争責任の問題を追及した単独での処女作といえる吉本の『高村光太郎』（一九五七年）から引用し触れている。同著で「反戦とか厭戦とかが、思想としてありうることを、想像さえしなかった」[27]という吉本と共通体験を確認することで、この頃から吉本と共振し、思想的影響を強く受け始めたと思われる。

吉本の「転向論」に強い示唆を受けた橋川は、一九五九年十一月、「「歴史意識」の問題」で「転向論」について言及。つづけて、この「転向論」と同様のテーマともいえる「日本近代史における責任の問題」(一九六〇年二月)を書く。「転向論」以外にも、吉本の「『民主主義文学』批判」、「戦後世代の政治思想」、吉本と武井昭夫との共著『文学者の戦争責任』も採りあげ論述している。

さらに、一九五九年十二月、鶴見俊輔と吉本との鼎談「すぎゆく時代の群像」、一九六〇年八月、「吉本隆明の詩と現実」と題した座談会(藤田省三、江原順、宗左近)に出席。同月、「歴史と世代」では吉本の「戦後世代の政治思想」について触れ、一九六二年には、「吉本隆明像断片」を執筆。

前掲の吉本の「丸山真男論」についての文章(一九六三年)では、それ以前の「擬制の終焉」にも言及しているし、吉本編・解説の『ナショナリズム』の書評(一九六四年)、吉本著『模写と鏡』の書評(一九六五年)もしている。いずれの文章も好意的で、吉本に対する畏敬の念が伝わってくる。

これに対し吉本も、第一章で前掲のように橋川の『序説』の書評(一九六〇年四月)を書いて橋川の仕事を高く評価した。また、それ以前の一九五八年六月「情勢論」、同十二月「中野重治「歌のわかれ」」、一九五九年五月「近代批評の展開」、同九月「もっと深く絶望せよ」、同十月「戦争のこと・平和のこと」、同十一月「「怒れる世代」をめぐって」などで橋川の論考を好意的に採りあげている。この頃はまだ、書く対象も重なる部分が少なくなく、最も近くで交錯した時期であった。

往復書簡が交わされた翌月の一九五九年七月、群馬大学での講演会に向かう列車に吉本と橋川が乗りあわせた。吉本は結婚したばかり、橋川は独身で、流暢な語り手とはいえない吉本がじゅんじゅんとして語ったことは、「ほとんど終始結婚論が主題であった」[28]と橋川は振り返る。

一方の吉本が約十年後に回顧しているところによると、戦争中、これだけは駄目だったことがふたつある。ひとつは世界認識の方法についてなにも学んでいなかったこと、もうひとつは、兵士として家から出てゆくとき、町内会の面々に「元気で御奉公してまいります」といった紋切型の挨拶のもっている重たさをほんとうの意味ではわからなかったことだ、と橋川に喋ったという。

「きいていた橋川文三は笑いながらいった。

――それ転向だな――。

わたしは、独身もののおめえにはわかるまいというようににやにやしながらも、〈野戦攻城〉をモットーにしている橋川文三が、〈それ転向だな〉というのを妙に鋭い印象で聴いた。橋川文三が〈それ転向だな〉といった意味は、なにをいまさら分別くさいことをいうのだ、出征兵士の紋切型の挨拶から、どんな重みをつかみとったとしても、歴史的な体験の総体性にとっては無関係なことであり、どんな意味ももちうるはずがない、というほどのことだったにちがいない。あるいは、もっと私的に、結婚したばかりで焼きがまわったなというほどのやゆだったかもしれない。[29]」（傍点原文）

禅問答のような、深甚で重く即座には理解しにくい会話である。戦後を代表する思想家・吉本隆明と橋川が、正面から向かい合って交わした、火花が飛び散ったような瞬間であった。吉本は橋川の禅問答のような返答を、見当違いと一笑に付すこともなく、忖度し緻密な解釈を試みている。あたかも長く厳しい修行を積んだ二人の禅僧のように、互いの深い思索を推し量りながら、相手の優れた力量を信頼しあっている様子がそこはかとなく伝わってくる。

橋川と吉本の関係は、その後、吉本の「告別のことば」のように、橋川はより多く思想の側に、吉本はより多く文学の側に重きをおくようになっていき、ジャーナリズムのうえで重なることは少なくなっていく。だが、しかし、友人・同志としての歩みは生涯にわたって継続された。

戦後復興の象徴とされる東京オリンピックが開催された一九六四年は、敗戦から約二十年が経過しており、丸山眞男の「超国家主義の論理と心理」からも約二十年がたっていた。橋川はこの年、『序説』につづく評論集『歴史と体験』を刊行。前章で触れた「柳田国男―その人間と思想」や、「昭和超国家主義の諸相」などの日本ファシズム論にみられるように、丸山への反措定が含まれた論考が連続して提出された。

この時点で、橋川は、丸山との思想的訣別を果たしたといえる。そこには、丸山とは、思想的立場を異にしているとの判断が働いていたかもしれない。学問においても既に学び吸収するものが少ないと鋭い直観力で感知し、むしろ、疑念、批判的な部分が増大していく。

丸山の鬼っ子ではあったが、しかし、本来、思想の継承とは、批判的に乗り越えていくものだとすれば、丸山シューレの面々よりも橋川のほうが、本当の意味での、丸山の思想的継承者であったといえるかもしれない。

思想的訣別以降は、橋川が師として挙げた、二人のうちの一人・竹内好を中心とした中国の会に参加。六三年からは、月刊雑誌「中国」の編集委員を竹内好、尾崎秀樹と一緒に担当するようになり、必然的に丸山よりも竹内との交友のほうが増えていく。ただし、一九六〇年の橋川の結婚式には、まだ、竹内好の名前は登場しない。

さて、一九七四年生まれの伊東祐吏は、『丸山眞男の敗北』で、こう述べている。

「私たち自身が民主主義や自由や独立をおろそかにして豊かさを選んだという事実から目をそむけてきた。（略）／戦後民主主義の代表的な存在である丸山眞男は、実は、私たちの戦後の本当の姿を偽り隠してきた張本人である。（略）／これこそが思想家としての丸山眞男の敗北であり、戦後日本の敗北である。丸山の思想は戦争には負けなかったが、戦後に負けたのである。」（傍点原文「おわりに」）

わたしは、この伊東の言説は、良い意味でも悪い意味でも、丸山眞男の圧倒的な影響力を受けていない、いってみれば、丸山の思想的な呪縛から解放されている若い世代からの発言であり、そうでなければできない説得力のある大胆な仮説だと考える。

この説を敷衍すれば、橋川の戦前の思想は戦争には負けたが、戦後の思想は、戦後には負けなかったといえるかもしれない。橋川は、戦後に再生を図り、野戦攻城の苦闘を続けたのである。そして、この地点が丸山と橋川との決定的な思想的訣別を意味していた。

「昭和超国家主義の諸相」で丸山への反措定

橋川文三にとって、戦争体験は生涯にわたって拘泥するほど大きな思想的体験であった。戦前から戦中を通して、日本の国家を誤った方向へと導いた「超国家主義」「ナショナリズム」「昭和維新」への問題関心は、戦後の生涯を貫いて解決すべき思想的課題であった。

日本ロマン派の問題は、副題の「耽美的パトリオティズムの系譜」が示しているように、超国家主義、日本ファシズムの問題とは直接にはリンクすることは少なかった。したがって、一応の決着をつけた『序説』刊行後は、本格的に日本ロマン派の問題を再び採りあげることはなかった。しかし、日本ファシズムの解明は生涯にわたって継続された。

以下の三節では、橋川がアカデミズムの中で社会科学的方法をもって残した思想的遺産ともいえる超国家主義およびナショナリズムに関わる研究を、その主要な著作「昭和超国家主義の諸相」（一九六四年）、『昭和ナショナリズムの諸相』（一九六四～七八年、一九九四年刊行）、『ナショナリズム』（一九六八年）、『昭和維新試論』（一九七〇～七三年）を主な題材として、その流れを追いながら、そこに残された思想的足跡を検討することで、橋川が何を追究し、何をいいたかったのかを探ってみたい。

苅部直によると、丸山眞男の「超国家主義の論理と心理」にはじまる一連の著作で、「近代意識」の成長を抑えこむ日本社会の病理としてとりあげた特質は、ほとんど戦中期の文章で出そろっているという[30]。

このように重要な著作をなすときは、そのエポックメイキングとなる主張が、それ以前に胚胎していることが多い。橋川の場合は、超国家主義について最初に書いた「昭和超国家主義の諸相」以前の、一九六一年～六二年末にかけての一年半～二年余の間に取り組んだ『日本の百年』シリーズの編集・執筆の作業は、のちの一連の日本の超国家主義・日本ファシズムにおける基礎的な部分の特質を把握するのに多大な貢献を果たした。橋川が担当したのは、刊行順に、一九六二年三月十日刊行の「第八巻・果てしなき戦線」（今井清一と共著）、同年四月二十五日刊「第七巻・アジア解放の夢」、同年十二月二十日刊「第四巻・明治の栄光」の三冊。

若き日、文学に傾倒していた橋川は、優れた詩的感性と、文学には深く幅広い蓄積があったが、大学時代はほとんど授業がなかったこともあり、近現代史については本格的な勉学に取り組んだことはなかった。『日本の百年』の執筆に際しては、必然的に近現代百年の膨大な原資料の調査・研究が必要で、近代日本政治思想史の専門研究のうえで、計り知れないほど大きな役割を果たした。

この時期に、専攻する分野の基礎的な予備知識を、原資料にあたることによって身に着けると同時に、その間に何処の時期の如何なる事態に戦時期の悪弊を醸成した問題点、および汲むべき要素があるかを探ることができたようである。

橋川は、「私は資料の博捜を基礎として、こつこつと仕事をつみあげるというタイプではなく、どちらかといえば直観のようなものに頼って、はかない問題にとっくむことの方が多い。資料の捜索もその限りにとどまるのがつねである[31]」という。『日本の百年』は、資料博捜の過程で様々な直観を働かせ、単なる通史の叙述では終わらせていない橋川らしさが散見できる。

この仕事は、今まで比較的評価されることが少なかったが、第七巻（一九三一年九月〜三七年十二月の六年間）、第八巻（一九三七年十二月〜四五年八月の八年間）の二巻については、その後の橋川の主要な著作の超国家主義・ナショナリズム・昭和維新に関わる仕事と時代が重なっているから、浩瀚な知識の修得として役立つことになる。

このシリーズは、一種の通史であることから、橋川の主観は抑制されているものの、橋川らしい感受性や思想性の片鱗をうかがわせるものが随処に垣間見られる。のちの近代日本政治思想史の各種論考の主要な骨子が準備されたといえるほど重要な役割を果たした。

『日本の百年』を一緒に編集・執筆した丸山シューレの松本三之介によると、橋川は第四巻「明治の栄光」（一九〇〇年～一二年の十三年間）も担当。日露戦争後の時代相を描く仕事をしたことが一つのきっかけとなって、この時期の歴史的位相を確かめることができた、と指摘している[32]。橋川自身も同著の「解説」でこういう。

「日露戦争の後、日本社会はもはや「明治の栄光」と呼ぶのが必ずしもふさわしくない形に解体し、国家の未来への信頼も揺ぎはじめるというものであり、いわば国家としての下降期に入るとみなしている。」「日比谷焼き打ち事件に象徴される国家への幻滅を中心として、日本人の心理に忍びよった絶望感を描こうとし、第二章「生存の競争」ではそうした幻滅をとおして急速に大衆化した日本社会の病理的側面を浮かびあがらせようとしたものである[33]」（傍点原文）

このように橋川は、明治期の日露戦争後に日本社会の大きな断絶を見ている。この直観を働かせた考察により、のちの超国家主義論における重要な視点を獲得したのではないかというのが、わたしの仮説である。

すなわち、日本の超国家主義は、明治の国家主義とは断絶していたと視ることで、その端緒を大正期に始まるテロリズムに想定することになる。これは、超国家主義の特質を抽出した延長線上に提出できた橋川のオリジナルな言説である。ここから、丸山眞男が「超国家主義の論理と心理」で示した、超国家主義は明治の国家主義の拡大・強化だとする通説に対する「疑念」が生じ、丸山への反措定への礎石が築かれていく（具体的な反措定については後述）。

また、一九六四年刊行の『歴史と体験』所収の「明治への関心と現代」「明治のナショナリズムと文学」「乃木伝説の思想」『青年時代の乃木大将日記』「明治の未来戦記」「失われた怒り―神風連のことなど」等、一連の明治時代を対象とした六篇も、『日本の百年』第四巻「明治の栄光」執筆の賜物といえよう。

『歴史と体験』は、『序説』につづく橋川の評論集で、一番早い一九五八年四月の「日本ロマン派の諸問題」に始まり、一九六三年五月の「アナーキズム断層」までを収録している。松本健一は、秀作「乃木伝説の思想」を所収しているからと同著を橋川の代表作に推している。また、座談会「怒れる若者たち」を契機に書かれた一連の歴史意識の問題（拙稿「橋川文三における歴史意識の問題」参照）や、三島由紀夫が影響を受けた「テロリズム信仰の精神史」などを収めた橋川の初期の傑作集だ（三島と橋川については、拙著『三島由紀夫と橋川文三』を参照）。

昭和初期を描いた第七巻「アジア解放の夢」にも、橋川らしさが表れている箇所がある。たとえば、大正・昭和テロリズムを代表する「一人一殺」を標榜した血盟団事件に注目。首謀者・井上「日召の急進主義は一種の神秘観と衝動的な実践主義にみちびかれており、合理的な打算と超越的な宗教的動機との混合であった。この彼の個性は、恐慌下の農村において深い挫折感を味わっていた青年たちに強い魅力となった。菱沼五郎、小沼正らは護国堂時代に日召に師事した農村青年だった」(34)と記している。

さらに、二・二六事件で死刑となった北一輝についても、「―順逆不二の門―」と、項目を立て、注目して書いている。のちに北について本格的に論じる祖型が垣間見られる。

「青年時代における進化論的社会主義の思想と、中国革命における無惨な政治的リアリズムの把握と、法華経と結びついた行者的資質とが渾《こん》然として北のカリスマを形成していた。」[35]

これらの箇所は、「昭和超国家主義の諸相」に至る原型が素描され、すでに核の部分ができあがっている。とりわけ、北一輝を「カリスマ」と見る斬新な視点は、この第七巻で初めて提出されたものだ。この問題意識を発展的に追究し、「カリスマ的革命の日本的形態として超国家主義をとらえようと考える」(「昭和超国家主義の諸相」)ことにつながっていく。

第八巻「果てしなき戦線」でも、橋川自身による「解説」の中には、橋川らしい考察がなされているが、いくつか抜粋してみよう。

「(この巻は)南京占領を起点としてはじめられている。すなわち日本の戦争指導の破綻が最初に浮かびあがった時点からはじまっている。この時期の日本の戦争心理の異様さはなによりも南京虐殺に象徴されるわけであるが、その記録は第七巻にゆずられる。」「特攻隊の物語は、人類史におけるひとつの「伝説」として伝える価値をもつかもしれない。それは日中戦争にはじまる日本の政治的リアリズムの喪失を象徴する不条理の現われであった。」

ところで松本健一は、日本の超国家主義を「はじめて定義づけたのは、丸山眞男の「超国家主義の論理と心理」[36](一九四六年)」だといい、片山杜秀は、「その用語法をいちはやく確定し、超国家主義の五文字を世に広めた」[37]のが丸山眞男だと指摘する。

戦後、戦争に対する嫌悪や非難、悔恨、忌避の心情の表明はあっても、戦争を主導した超国家主義の解明、その本質を探ろうとした著作はほとんど皆無だっただけに、丸山の同論は、当時の知識層に圧倒的な影響力をおよぼした。丸山自身が、「自分ながら呆れるほど広い反響を呼んだ」[38]というように、「場外ホームラン」[39]（竹内洋）といわれるほど好意的で大きな受け止め方をされた。

橋川が同論から受けた影響については、拙著『橋川文三　日本浪曼派の精神』で記したので、ここでは詳述しないが、橋川が強い感銘をうけ、自ら丸山に師事したことは既述のとおりである。その丸山の教え子として取り組んだのが、この節で扱う昭和の超国家主義の問題である。

橋川は、一九五八年から明治大学で、近代日本政治思想史を講義する政治学者だった。この専攻分野において、一九六四年十一月、『現代日本思想大系31・超国家主義』の編集を担当し、「解説」として、長文の力作「昭和超国家主義の諸相」を執筆した。通説を引っくり返すような橋川の詮衡により同著には、朝日平吾、西田税、井上日召、大川周明、後藤映範、磯部浅一、村中孝次、影山庄平、橘孝三郎、権藤成卿、北一輝、石原莞爾（東亜連盟同志会）の作品が掲載された。このとき、丸山眞男は、大いに不満に思ったであろうことは想像するに難くない。

一九六四年は、橋川が、生涯において特筆すべき充実した作品を発表した年であった。ほかにも、評論集『歴史と体験』の刊行（六月）、「柳田国男―その人間と思想」（九月）の執筆、さらに、のちの三島由紀夫自刃の予測をしたといわれる秀逸な三島論「夭折者の禁欲」もこの年の三月に発表するなど完成度の高い作品が相次いで提出された。

「昭和超国家主義の諸相」執筆の経緯について、直接橋川から事情を聞いたことがあるという筒井清忠によると、一九五七年から五九年にかけて、日本ロマン派に取り組み、「比類ない傑作」(筒井)をものした橋川は、「否応なく次に、昭和の日本ナショナリズム全体を分析の対象とすることとなっていった[40]」と述べたという。

『序説』は、橋川が「再生する」ために「書かねばならぬ」(松本健一)重要な作品だったが、松本にとって重要だった橋川の作品は、政治思想史家としてのこの「昭和超国家主義の諸相」だったとしている[41]。

同論は、橋川の学問・研究の専門領域における初めてといえる論考であると同時に、該当分野の代表作となった。この思想を扱う学問は、師と仰いだ丸山眞男の専攻からきたものだが、これは橋川の資質および問題意識とそれを解明しようとする志向性に合っていたようである。

鹿野政直は『近代日本思想案内』の中で、「思想の歴史が、政治や経済の歴史」ともっとも異なる点は、「構想力」を競いあうという性質をもつことだとの卓見を述べている。文学に深いかかわりをもち、丸山に「現実オンチ[42]」と揶揄されるほど現実政治に疎い橋川には、「構想力」を取り扱う思想の歴史が適していたようだ。

「昭和超国家主義の諸相」等で用いた方法論について橋川は、「その分析ないし批判が、その対象とされる人物なら人物の全体像を前にして、果して十分に有効な威力を発揮しうるか否かというように分変った関心であった。これは或いは学問的な態度というより文学的もしくは倫理的な態度というべきかもしれないし、歴史論としていえば、実証というより史論に傾くということかもしれない[43]」という。されば、丸山との相違を、本人も認識していたものであろう。

橋川は、執筆に際し、丸山眞男の「超国家主義の論理と心理」（一九四六年）、「日本ファシズムの思想と運動」（一九四七年）、「軍国支配者の精神構造」（一九四九年）を主に参照。これらからは、どちらかといえば、批判的に検討しようとしたのに対し、橋川が独創的な超国家論を提出するに際し、発展的な継承として影響を受けたと思われる著作がある。丸山の三つの作品から七〜十年後に書かれ、丸山の『日本の思想』に匹敵する鋭い問題意識に貫かれた『現代日本の思想』（久野収・鶴見俊輔）だ。橋川は、「昭和超国家主義の諸相」の中で、以下のパラグラフを引用している。

「朝日の遺書は、明治以来の伝統的国家主義の主柱であった元老、重臣、新旧の華族、軍閥、財閥、政党の首脳を、だれかれの別なく、悪の元兇と断じ、かたっぱしから殺してしまえと主張することによって、明治以来の伝統的国家主義からの切れめを明らかにしている。この切れめは、天皇が伝統のシンボルよりも、変革のシンボルとみられはじめたところに最もよくあらわれている。／第二に、ここには外来思想の排撃や直接的テロ行動や志士意識や天皇の赤子観といった昭和の超国家主義の特色が、すべて出そろっており、まだ出ていないのは、国内改革を対外国策にむすびつける本格的超国家主義の主張だけである。」

橋川は、「この評価は、多分否定しがたいものであろう」と賛同している。一九五六年に刊行された同著の「Ⅳ　日本の超国家主義―昭和維新の思想」は、久野収が執筆を担当した章で、橋川は、この論考を熟読したものと思われ、好個の手がかりを得ている。

久野収は、昭和の超国家主義の原型として、まず大正十年の朝日平吾の事件（一九二一年）、つづけて、朝日の影響を受けて原敬を刺殺した中岡艮一の事件（同年）を採りあげたのが特徴だ。橋川も「昭和超国家主義の諸相」で両者の事件に注目している。また、北一輝について久野収は、「私たちは、北の発想そのものをほんとうに学びきり、克服しきったといいきれるであろうか。私たちは、問題としての北の発想を、これから北と全くちがった仕方で解かなければならないのではないか」と問う。橋川は、この問いかけに、正面から応えようとした。

具体的に橋川は、同論で、「北一輝の思想を論ずることは、すなわち日本超国家主義の真髄を究めるということに他ならない」と断じ、詳しく論じている。久野収が同著で示した「北一輝こそは、明治の伝統的国家主義から切れた昭和の超国家主義の思想的源流であった」との言説から、裨益すること多なるものがあったに相違ない。筒井清忠が、橋川の断じる通りだとすれば、「北の生涯にわたる思想と行動の軌跡を追究することは、日本超国家主義発生の社会的・精神的基盤を探る試みに他ならない[44]」と述べるとおりだろう。

前掲のように、『日本の百年』三巻分の執筆過程で徹底的に資料を読み込んだこと、および久野収の「日本の超国家主義」の章を学習しヒントを得たことは、「昭和超国家主義の諸相」を書くに際し、欠くべからざることであった。

橋川は、「昭和超国家主義の諸相」で、丸山眞男の「超国家主義の論理と心理」は、「比類なくラジカルな（原理的な）日本ファシズム批判の視野を開拓したもの」と、最大限に評価する。

そして、日本ファシズム＝超国家主義の無限遡及なとらえ方としては、丸山の同論の分析を想起でき、日本の超国家主義＝ファシズムの根本特質は、天皇制国家原理そのものの特質で、支配の正統性根拠を主権者の「決断」（＝作為）に見出す絶対主義とは異なり、「無限の古にさかのぼる伝統の権威を背後に負」うことで、究極的価値の絶対的体現者とみなされる天皇の支配であった。天皇は神的存在とみなされ、その神性を保証したものは、「これを垂直に貫く一つの縦軸」としての国体という伝統的価値で、「中心からの価値の無限の流出は、縦軸の無限性（天壌無窮の皇運）によって担保されている」（傍点原文）とする有名なテーゼが基礎的な視覚とされたと概説した。

橋川は、この丸山の日本の国家原理の分析は、「画期的なもの」で、ひろく承認されているという。だが、しかし、若干の疑念がいだかれるともいう。「若干の疑念」とは橋川の抑制した言い方で、その内実は厳しい反措定であった。すなわち、丸山は日本ファシズムのイデオロギー的特性をファシズム一般から区別するとき、家族主義、農本主義、大アジア主義の三点を挙げた。

丸山はこうした特徴を、日本超国家主義をドイツ、イタリア等のそれから区別するものとしている。しかし、いずれも、前述の無限遡及の論理をうらづける指標にほかならず、玄洋社時代にさかのぼる日本右翼の標識で、とくに日本の超国家主義を、その時代との関連で特徴づけるものではない、と橋川は反論。そして、以下のように結論づけた。

「丸山は、日本的支配原理そのものの質的特性を分析することによって、そのアルトラ化が独伊等のファシズムのそれと異なる論理を内在せしめていることを明らかにしている。しかし、それはいわば日本超国家主義をファシズム一般から区別する特質の分析であって、日本の超国家主義を日本の国家主義一般から区別する視点ではないといえよう。ないしは、日本の超国家主義的支配と、その明治絶対主義的支配との区別に対応するような、日本ナショナリズム運動の変化を解明するにはあまりにも包括的な視点であるといえよう。」（傍点原文）

ここでの橋川の最も重要な言説は、丸山の主張した視点は、「日本の超国家主義を日本の国家主義一般から区別する視点でな」く、「とくに日本の超国家主義をその時代との関連で特徴づけるものではない」と指摘したところにある。

橋川が丸山の言説に対していだく決定的ともいえる「疑念」とは、《あの太平洋戦争期に実在したものは、明治国家以降の支配原理としての「縦軸の無限性、云々」ではなく、まさに超国家主義そのものであったのではないか》ということだった。そして、《いわゆる超国家主義の中には、たんに国家主義の極端形態というばかりでなく、むしろなんらかの形で、現実の国家を超越した価値を追求するという形態が含まれてい》る。それは、石原莞爾・北一輝・権藤成卿の場合に、「かなり明瞭に気づかれる」とする大胆なアンチ・テーゼを提出した。

これらの言説は、多くの反響を呼んだ。たとえば、『評伝北一輝』五部作などにより、橋川の問題意識を継続して追究したひとりである松本健一は、橋川の「昭和超国家主義の諸相」を読んだことにより、北一輝、磯部浅一、朝日平吾について詳しく知って衝撃をうけたという。同時に、それが丸山眞男の明治国家の支配原理の「拡大・強化」としての「超国家主義」というテーゼに対する反措定でもあることに深い関心をいだき、北一輝研究へのきっかけとなったと述懐している[41]。

橋川の超国家主義論を代表させる考察として、朝日平吾に対する、《いかにいかがわしい人間であったにせよ、「死の叫び声」がその後の日本超国家主義の歴史に「もっとも早い先駆」としての地位を占めることは疑えないはずである》という評価がある。これは、「鋭い指摘というべき[45]」（原武史）であろう。この指摘も、朝日平吾には一顧だにせず、一切論じていない丸山眞男の超国家主義論への反措定となっている。そして、さらに超国家主義の形態としてオリジナルで重要な問題提起をしている。

「私は日本の超国家主義は、朝日・中岡・小沼（正）といった青年たちを原初的な形態とし、北一輝（別の意味では石原莞爾）において正統な完成形態に到達するものと考え、井上日召・橘孝三郎らはその一種中間的な形象とみなしている。その基準は何かといえば、明治的な伝統的国家主義からの超越・飛翔の水準がその一つであり、もう一つは、伝統破壊の原動力としての、カリスマ的能力の大小ということである。」

この橋川の超国家主義論が、丸山眞男の超国家主義論と如何に異なっていたか。端的に確認できるのは、橋川がいわゆる超国家主義者として挙げた朝日平吾、中岡艮一について、丸山は全く触れていないことである。また、血盟団事件の首謀者である井上日召にかんしても、その採りあげ方はぞんざいにしか扱っていない。『丸山眞男集』全巻を通して確認してみても、朝日平吾、中岡艮一の名は一切出てこない。血盟団の井上日召は四つのページにあるが、団員の菱沼五郎はなし、小沼正もない。石原莞爾については、一ページだけである。

丸山眞男の『増補版　現代政治の思想と行動』所収の「軍国支配者の精神構造」とその「補注」には、以下のようにある。丸山が彼らを無法者・浪人とみなし、如何に見下し嫌悪していたかが明白である。

「二・二六事件の取調に対して三井の常務理事池田成彬が随時金銭を供与していた者として挙げたなかには北一輝をはじめとして、中野正剛、……などの名が見られる。」「「無法者」は特定の社会の反逆者であると同時に寄生者であるという二重性格をもっており……」「「無法者」タイプはこの国のファシズムにも重要な役割を演じたが、彼等は「浪人」というその別名が示すようにまさに権力的地位に就かぬ所に特色があり、その代りに権力者のところに不断に出入りして彼等のうす気味悪い配下として彼等から不定の収入を得つつ舞台裏で動いていた。」「井上日召のような、これこそ典型的な精神異常の無法者を荻外荘にかくまって……」[46]

さらに、何といっても、大きく異なっているのは、「補注」からも推測できることだが、北一輝に対する評価の違いである。松本健一によると、「北一輝は、丸山が嫌っていた思想家」[47]だという。また、後藤総一郎は、丸山の「日本ファシズムの思想と行動」における北を「日本ファシズムの教祖」とした位置づけは、「その後十年間近く北研究への積極性をにぶらせたともいわれる」[48]と指摘している。

橋川は、「昭和超国家主義の諸相」の中で、ドストエフスキーを引いて、北一輝との類似性を対比して論じている。その独創的なオリジナリティには、面目躍如たるものがあるが、丸山が批判するように、政治学の専門論文では、まず見当たらない。

安丸良夫によると橋川は、同論で、「奇怪」という言葉をしばしば用いていて、昭和精神史のこの「奇怪」な秘密に正面からとりくんだところに橋川の真骨頂があったという[49]。同意できる考察で、とりわけ、人物には、その傾向が色濃く表れている。

丸山は、「日本ファシズムの思想と運動」で、「なぜファシズム革命がなかったかということはなかなか重大な問題であります」と、日本のファシズム（超国家主義）には、革命がなかったと明言している。

「日本のファシズムはドイツやイタリーのようなファシズム「革命」をもっておりません。前にも一言したように、大衆的組織をもつたファシズム運動が外から国家機構を占拠するというような形はついに一度も見られなかつた……。」

一方、橋川は、「いわゆる超国家主義が、現状のトータルな変革をめざした革命運動であったということである」（傍点原文）とはっきり言明している。丸山説に対する明確なアンチテーゼである。

ここに丸山と橋川との相違が対照的、かつ鮮明に浮かび上がってくる。安丸良夫が、「おなじ対象から「革命思想」をとりだすところに、橋川の立場がある」[49]と指摘するように、橋川の「革命運動であった」との言説は、丸山らが示した従来の超国家主義のイメージを逆転させるほど斬新な着想だった。故に、これを発表することは、当時の時代情況においては、多くの反論が予測され、思想的勇気を必要とした。

ところで橋川は同論の中で、「こうした疑念を私がいだくのは、丸山のアプローチによっては、明治以降における日本ナショナリズムのいわば健全で進歩的なモメントが無視されてしまうのではないか、というような理由からではない」（傍点原文）と一応は否定している。だが、しかし、これは、橋川一流のレトリックの彩《あや》で、すぐ後ろの丸山への反措定を強調しようとする主旨があったのは事実であろうが、一方で、このパラグラフは、橋川の希求する「あたたかい思想」につながる志向性を内包していた、とわたしには思われる。

すなわち、丸山眞男の「超国家主義の論理と心理」などの日本ファシズム論に対する批判に抗する丸山自身の弁明に配慮した発言と思える。なぜなら丸山は、『日本の思想』（一九六一年）の「あとがき」で、日本ファシズムや日本ナショナリズムに関する自分の分析は、日本の精神構造なり日本人の行動様式の欠陥や病理の診断として一般に受け取られていて、明確な誤解は、「もっぱら欠陥や病理だけを暴露したとか、西欧近代を「理想」化して、それとの落差で日本の思想的伝統を裁いた」といったたぐいがあると、強く反発した(50)。

　橋川は、丸山のこれらの反発を意識して、「昭和超国家主義の諸相」を書く際に、上述の「欠陥や病理だけを暴露した」との受け取られ方、つまり、「健全で進歩的なモメントが無視される」のとは異なった箇所からの「疑念」であることを、強調したかったのではないだろうか。橋川が、丸山への反措定を展開し、超国家の「超」の違いを指摘したことに示された「疑念」の言説は、既に多くの人に認められ、今となってはなかば定説となっている。（たとえば、筒井清忠は、後述するように「現在このテーマを扱う若い世代の研究家が一様に橋川の方を問題にしている」という。）

　ここで橋川が、あえて論理の陰に隠しこんでしまったともいえる前掲の発言の裏側には、橋川の論理以前の感性、心情としての丸山への違和感が潜んでいた。つまり、橋川においては、超国家主義あるいは日本のナショナリズムに、一方で、「健全で進歩的なモメント」を、求めようとしていたことは否定すべくもないことだと思われる。

　片山杜秀は、「丸山説のトータルでネガティヴな評価」とは対照的な、橋川の「特殊時代的で幾分ポジティヴでもある国家を超える主義という評価」と判断し、橋川の説は、「丸山の所説の魅力的な反措定たりえている(37)」と説明する。

橋川は、超国家主義、ナショナリズムにも、一方にネガティヴな「つめたい思想」を認めつつ、同時にポジティヴな「あたたかい思想」を希求していたというのがわたしの根本仮説である。

これと共通する問題として、姜尚中は、丸山の「超国家主義」について、橋川があえて異をとなえて、丸山の分析は、「良き日本」と「悪しき日本」の冷徹な二分法を方法として国家主義のイデオロギー構造の病理をえぐり出してはいるが、「日本」の中にあるもっとも人間的に懐しいものと、もっとも嫌悪すべきものとの同時存在」そのものを問題にしてはいない、と指摘していることで、この点は、かなり重要だと強調している。[51]

さらに、姜は、ナショナリズムの「エートス」あるいは「パトス」の根底にあるものを追求しようとする橋川の指摘は、丸山の分析の欠落部分を埋めるだけでなく、現代のナショナリズムの新たな台頭を考えるうえでも示唆的だという。多くの国家論のすすめを説く「ネオ・ナショナリスト」たちが、異口同音に「心」や「魂」といった、ある意味で気恥ずかしくなるような言葉を国民的アイデンティティの中軸に据えようとしているとき、《きわめて優美で繊細な心の作用(たとえば「もののあわれ」)が、しばしばその反対の不気味で醜怪な政治行動と結びついて》しまうという橋川の指摘は、アクチュアルな響きをもって甦ってくると説明している。[52]

そして、橋川のこのような批判は、丸山の耳朶《じだ》に残っていただろうか、と問いかけている。[53] 残念ながら橋川の批判は、丸山には届いていなかったのかもしれない。

橋川は、「昭和超国家主義の諸相」が収録された単行本『近代日本政治思想の諸相』(一九六八年)の「あとがき」で、こう述べている。

「この論考の中で、私は丸山真男氏の日本ファシズム論について、一定の違和感をいだいているることにふれておいた。（略）私は理論的に論述するというより、個々の事例についての記述そのものによって表出するという方法をとったため（超国家主義そのものの理論的規定を十分に進めなかったことと相俟って）、いわゆる丸山説との異同が必ずしも明らかでないという結果になっている。この点を全面的に展開するためには、（略）現在執筆を急がされている日本ナショナリズム、日本国家社会主義、昭和維新などについての論文によって、その点をさらに明らかにしたいと考えている。」

執筆を「急がされている」という「日本ナショナリズム」は、一九六八年に刊行される『ナショナリズム』に、「日本国家社会主義」は、「北一輝と高畠素之」等の論考に、そして「昭和維新」は『昭和維新試論』の連載へと結実していく。そこで、丸山への違和感、丸山説との異同を全面的に展開するとの構想を開陳している。丸山への反措定を継続して提出するとの決意表明だ。

ところで、中島岳志は、大佛次郎論壇賞の受賞インタヴューに答えて、影響を受けた著書として橋川の『昭和ナショナリズムの諸相』を挙げていた。同著は、橋川没後の一九九四年の刊行だが、所収の論文のうち単行本および著作集に収録されたのは「昭和超国家主義の諸相」の一篇のみである。これは、どうしたことだろうか。収録された一篇が該当分野における橋川の代表作というのは衆目の一致するところだが、ほかのすべてが著作集から脱落してしまったことは残念である。

超国家主義、二・二六事件など、橋川以後の該当分野の業績を引き継いで研究しているひとりの筒井清忠は「私の血となり、肉となった、この三冊」の一冊に、自ら編集・解説を担当した『昭和ナショナリズムの諸相』を挙げている[54]。そこで筒井は、一九三〇年代から四〇年代にナショナリズムが急進化した、超国家主義とも称される思想と運動が政治・社会に巨大な影響力をもった体験をもちながら、わが国では内在的、客観的な研究は、戦後、わずかの例外以外なかった。多くの人は、非在証明にエネルギーを注いでいた。冷戦後のナショナリズム研究の再賦活の時代を迎えた時、日本の人文・社会科学は、時代に対応しうる成果をほとんどもちあわせていなかった、と嘆いている[55]。

その、わずかの例外として、自己の戦中体験の内在的解析とその克服を通じて『序説』を著し、さらに、日本におけるナショナリズム研究の歩を進めていたのが橋川文三だったというのである。そこから、「日本ファシズム」研究の代表的著作とされていた丸山眞男の研究への違和感の表明・批判へと進み、新しい橋川的な昭和ナショナリズム研究の視点の確立へとつながっていったと説いている[56]。

橋川の日本ファシズム研究の成果を集めた『昭和ナショナリズムの諸相』を読むことは、筒井に言わせると、日本におけるナショナリズム研究の原鉱石にはじめてまとまった形でふれることになるという。筒井が原鉱石というように、橋川の研究の多くは、まだ研磨されていない原石で放置されたままであったかもしれない。それを磨いて玉にするには、のちに続く多くの研究者と時間が必要であった。筒井は、今日ですら、戦前の日本のナショナリズムを明治から大正・昭和に至るまで一貫した連続的なものとして見る議論は残存している。だから、一九六四年の時点で橋川が出したものがいかに斬新な視点であったか。それ自体が日本ナショナリズム研究における一種の「革命」で、丸山スクールから出発しながら、丸山型近代主義の基本的枠組を突破《ブレイクスルー》したとしている[57]。

筒井は、戦後日本の最大の思想的課題は、日本を敗戦にまで突き進ませた昭和超国家主義の解明で、丸山眞男の『現代政治の思想と行動』はその一つの秀れた成果だが、その内側にまで入りこんでとり出して見せる所まで行ったのは橋川の仕事だけだったと評価。鋭敏な丸山はそれを悟ったから結局橋川に嫉妬していたのだと指摘。現在このテーマを扱う若い世代の研究者が一様に橋川の方を問題にしているのは、右の何よりの証左だ、と現在の思想史の研究状況を提示している(58)。

同著所収の「昭和思想」は、同著では最後年の一九七八年に書かれている。一九六四年に初出の論考以来、約十五年にもおよぶ研究の成果で、橋川の著作家人生で最も長く拘泥したのが、この分野における問題で、執拗な分析を試みている。

同著については、筒井清忠の「解説」が意を尽くしているので詳細はそちらに譲りたいが、主要な部分を、筒井の解説を参考に考察してみたい。

筒井は、「昭和超国家主義の諸相」では、明治国家が禁じていた「人間らしく生きること」を希求した個人主義が大正・明治ナショナリズムの根底にあったといい、橋川はこうした青年たちをとらえるには明治末期の自我の状況を問題にする必要があり、和田久太郎らのアナキストや倉田百三らの求道者たちと同じ心情を大正・昭和のナショナリストたちはもっていたとして、最終的には権藤成卿や石原莞爾の東亜連盟論の検討を通して超国家主義には、現実の国家を超える視点があったという破天荒な結論を導いたと説いている。

「昭和超国家主義の諸相」で掲げた論点を整備し、体系化の作業を行ったのが「昭和維新の論理と心理」（一九七〇年）で、二・二六事件は昭和維新の終焉であったというユニークな結論に導かれていて、これは、皇道派の内部に十分な目配りのきいた橋川ならではの結論だった。しかし、この視点はその後の研究者に十分継続されたとはいえないと指摘している。

「国防国家の理念」（一九七〇年）の革新官僚については先駆的研究で、まだ十分理解されていなかった時点で、奥村喜和男の議論に全体主義的な大衆社会論の萌芽を読みとっている所など、とくに鋭角的な分析だと解説。橋川のこうした分析をもとにして、革新官僚が昭和十年代に行ったことが現代日本の政治・経済機構の重要な源泉となっていて、現在では一般化している研究・認識が徐々に行われていったと筒井は説明する。

「昭和維新とファッショ的統合の思想」（一九七四年）は、一連の橋川の昭和ナショナリズム研究の最終的総括論文で、「日本ファシズム」は結局、「ファシズムに値するほどの異常性を表現したものではなく、近代日本の伝統的な官僚制の異常な戦時的適応」が、「敗戦後における戦争責任追求の曖昧さとも結びついている」という指摘も重要だという。

北の天皇思想と、二・二六事件関係の青年将校すべての天皇観とが同一のものであったかは大きな問題だとする指摘は、筒井本人が、のちに二・二六事件の青年将校たち一人ひとりを、北型の改造法案を信奉する人々とそうでない人々に弁別する図式を発案する際に大きなヒントとなったと述懐。総括的には昭和の急進的ナショナリズムと日本の平等思想とのある種の共通性を析出しえたことが、橋川の研究の最大の成果であったと指摘している。

その半面、マイナス面として、「大川周明」（一九七五年）は、当時は「興味をそそる大川周明像はまだ書かれていない」という状態で、先駆的意義は極めて高いものがあるものの、今日の研究水準からすると事実関係の誤りと思われる部分があるともいう[59]。

ところで、松本健一は、橋川のいう北一輝や石原莞爾によって構想された「革命運動」としての超国家主義が、実際に、敗戦までの日本の支配的イデオロギーとなっていたかというと、そうではなく、北の革命運動としての超国家主義は、二・二六事件で「叛乱軍」として鎮圧され、石原の満州国独立は東条英機ら軍官僚によって乗っ取られたとしている。そして、敗戦で終止符が打たれたのは、「無責任体系」としての天皇制国家だったが、政治オンチの橋川は、政治的契機を視野のうちに入れずに「革命運動」としての超国家主義が成り立っていたと述べている[60]。一理ある発言であろう。

安丸良夫によると橋川は最終的に、「結局日本ファシズムは、ファシズムに値いするほどの異常性を表現したものではなく、近代日本の伝統的な官僚制の異常な戦時適応にすぎなかった」という結論に導かれているから、これでは、結果的には丸山説との区別は消失してしまっていると処断している[49]。

けれども、ここは、必ずしも「結論」ではなく、丸山が縷々として説いた「日本ファシズムの矮小性」を援用したもので、橋川は、安丸のいう「結論」のすぐ前で、「戦争指導の矮小性は、敗戦後における戦争責任追求の曖昧さとも結びついている……」と述べ、そして、すぐあとに「……とすれば、そこに根源的な責任追求の立場は確立しにくくなるからである」と指摘している。これを考慮すれば、この箇所こそが、橋川のここでの趣旨（結論）と見るべきだろう（前述の「敗戦後における戦争責任追求の曖昧さとも結びついている」とする「昭和維新とファッショ的統合の思想」に対する筒井の説も参照)。

また、橋川は、従来用いた呼称「超国家主義」ではなく、ここでは「ファシズム」と呼んでいる点にも注視すべきである。すなわち、丸山のいうマイナス評価としての「日本ファシズム」を対象としたこの「結論」には、松本のいう政治的契機が視野に入っているから、決して無自覚ではなかったことになる。とすれば、橋川は、この矛盾を承知のうえで、当初の自論(超国家主義論)では、あえてマイナス評価としての「日本ファシズム」を視野からはずし、両極にある相反関係を意識的に抱えながら、つまり、アンビヴァレントな超国家(ファシズム)論を提起していたことになる。

日本初のナショナリズムの著作を上梓――あたたかいナショナリズムを模索

橋川文三は、「昭和超国家主義の諸相」(一九六四年)から四年後の一九六八年八月、超国家主義の問題を引き継ぎながら異なる視点から追究した論考として、紀伊國屋書店から新書版の『ナショナリズム――その神話と論理』を上梓した。これは、橋川にとって初めてで唯一の書きおろしの著書であった

沢木耕太郎は、橋川文三は「体系を持たず、その文章は未完の印象を与えるものがほとんどだった」[61]という。『ナショナリズム』はその典型例と思われるほど、決して十全な作品ではなかった。否、むしろ、一冊の著としては、橋川の体系化、論理力・展開力の脆弱さというマイナス面が、多く露出してしまった著作ともいえる。

しかし、一方で、「体系的な思索には不向きな著者としては、ここでさまざまな綻びをみせつつも、自身の関心（思想軸）のすべてに連動する思索の「ノート」を開示[62]」（松本健一）することで、先駆的に提起した言説は、ナショナリズムを考えるうえでの原点となるものだから意義あるものがあった。

構成は、「序章　ナショナリズムの理念――一つの謎」「第一章　日本におけるネーションの探求」「第二章　国家と人間」の三章である。

渡辺京二は、同著の「ちくま学芸文庫版」（二〇一五年）の「解説」で、《この本が標題に対して異様な構成になっていることは否めない。序章「ナショナリズムの理念」で、近代ナショナリズムの本質が、その語義・淵源を含めて全面的に考察されているのに対して、本文ともいうべき第一章・第二章は日本ナショナリズムの成立のみを扱っており、それも時代的には明治十年代の自由民権運動で終っている。つまり標題は本来『日本のナショナリズム』とあるべきで、しかもそれとしても、その後昭和初期の「超国家主義」となって展開する、いわば日本ナショナリズムの完全発現態はまったく言及されぬまま、叙述は打ち切られている》と指摘している。

その理由は、橋川本人の「あとがき」によると、計画と目測を間違ったために、均斉のとれない、中途半端な記述に終わったが、当初は「少なくとも明治二十年代までを含め」て、その後の超国家主義の精神史への展望をひらくつもりだったようだ[63]。

標題は「本来『日本のナショナリズム』とあるべき」（渡辺京二）というが、第一章、第二章は、そのとおりだと思う。けれども、序章は、「近代ナショナリズムの本質が、その語義・淵源も含めて全面的に考察されている」（渡辺）から、序章の「ナショナリズムの理念」を見る限りでは、タイトルが「ナショナリズム」でも問題ないであろう。したがって、序章と、第一・第二章では、扱っているテーマが微妙に一貫していないことになってしまっている。

「紀伊國屋新書」の原本は、「あとがき」を含め、一九〇ページしかなく、普通二〇〇ページ程度の小冊子である「新書」では、《そもそも「日本ナショナリズムの山頂をきわめる」という当初の意図が「新書」という形式には過大だった》。しかし、「途中で突然打ち切られた未完成の感はあっても、本書が日本ナショナリズムに関する基本文献として今日（二〇一五年―引用者）でも生命を持つことはいうまでもない」と渡辺京二は評価する。

同書は、ナショナリズムをテーマに著した日本で初めての個人の著作で、その先駆者としての役割には大きなものがあった。が、しかし、その後長らく、ナショナリズムをメインのテーマにした著書が書かれることはなかった。

何故、ナショナリズムの本が書かれなかったのか。その理由として、姜尚中は、自著『ナショナリズム』（二〇〇一年）で、「意外にもそれに関する入門的な良書を見つけだすことはむずかしい。これは、ナショナリズムが、自由主義や民主主義、あるいは社会主義などとは違ってグランド・セオリーを打ち出すような偉大な思想家や理論家に乏しかったことにも起因している。ナショナリズムは体系的な原理や思想になじまないからこそ、多くの大衆の心をつかみ、またそのデモーニッシュな威力のゆえに知識人たちの想像力を掻き立て、冷静で客観的な分析や理論化を拒んできたのかもしれない[64]」と推測している。

松本健一は、橋川の『ナショナリズム』刊行以降の日本の思想状況について、二〇〇〇年に、こう書いている。

「ナショナリズムとは何か、というテーマを真正面から捉えようとした書は、意外と少ない。橋川文三の『ナショナリズム』のあとで、記憶に残る書といえば、ベネディクト・アンダーソンの『想像の共同体』（一九八三年、邦訳は一九八七年）ぐらいのものだろうか。／それゆえ、わたしのところにも「ナショナリズム」で一冊書いてほしい、とか、あるいはナショナリズム論を軸に「橋川文三論」を一冊書いてほしい、といった依頼が二、三の出版社から寄せられたりするのにちがいない。しかもこれらの依頼主は、わたしと同世代の編集者ではなく、むしろずっと若い、三十代の人びとだったのである。かれらはいちように、日本では橋川さんの『ナショナリズム』以後、それを越える、そして現在の世界史をおそっているナショナリズムの態様を視野におさめた書がない。それをよみたい、というのである。(65)」

この松本発言は、橋川の『ナショナリズム』刊行のもった意味を、如実に語っている。橋川の同著刊行から、実に三十二年を経過しても、依然としてナショナリズムをテーマとした著作がなかったということである。いってみれば、橋川の著作は、結果的に三十年あまりも先行していたことになる。この先駆者としての働きは、ひときわ光彩を放っている。

橋川が、一九六八年に『ナショナリズム』を書く以前の代表的な日本のナショナリズム論として注目すべき論考は、丸山眞男の「日本におけるナショナリズム」（一九五一年）と、そのアンチ・テーゼとして吉本隆明が、『現代日本思想大系4・ナショナリズム』の「解説」として書いた「日本のナショナリズム」（一九六四年）の二篇が先行していた。

丸山眞男は、著名な同論で、アジア諸国のうちで日本はナショナリズムについて処女性をすでに失った唯一の国で、他の極東諸地域では若々しいエネルギーに満ちているのに対し、日本はその勃興――爛熟――没落のサイクルを一応完結したとする。そして、アジアのナショナリズムを賞賛する反面、日本のナショナリズムはエネルギーをなくしたと処断した。


「あれほど世界に喧伝された日本人の愛国意識が戦後において急速に表面から消えうせ、近隣の東亜諸民族があふれるような民族的情熱を奔騰させつつあるとき日本国民は逆にその無気力なパンパン根性やむきだしのエゴイズムの追求によって急進陣営と道学的保守主義者の双方を落胆させた事態の秘密はすでに戦前のナショナリズムの構造のうちに根ざしていたのである。」（丸山）

同論には、吉本隆明の反論があり、《（丸山眞男は）日本のナショナリズムが民主化との結合をもたなかった脆弱点に帰している。（略）敗戦による大衆の存在の様式の激変は、すでに近世のナショナリズムに根ざした、日本ナショナリズムの「自然」的な還元のもんだいとしてかんがえることができる》と批判している。

さらに、丸山が否定的評価を与えた政治的無関心の「私的利害優先」こそが、実は戦後の民主主義の基底をなしていると吉本は論難した。(66) 丸山が処女性を失った唯一の国として近代化論的なナショナリズムを否定的に捉え、日本には見通しはないとしたのに対し、吉本は丸山とは全く逆に、日本の大衆ナショナリズム論を提起し、その可能性を追求している。

丸山と吉本の言説と、橋川の同著との関係性については、轡田竜蔵が明解に論じている。「橋川は民衆のうちに存在する自然主義的情緒と「上から」の民主化＝国民統合の齟齬に着目する点において、パトリオティズムを「上から」の作為的な国民形成において「前近代」的な障害物とみなした丸山眞男の近代化論的なナショナリズム論とは対抗関係をなしていた。こうした橋川の議論は「六〇年安保」後の時局において、いわば「政治ナショナリズム」的な議論に偏った丸山の「作為」論理の限界を批判した吉本隆明の「大衆ナショナリズム」論への評価へと連なるものだった。[67]」

轡田が指摘するように、橋川は、丸山の論考に対しては、「対抗関係」すなわち批判的に、反対に、吉本の言説には「連なるもの」として賛同している。

橋川は、同書の「序章」で、ナショナリズムの理念とは何かについて、古今、そして日本だけでなく西洋の著作まで幅広く渉猟・探索して、その理念の概念規定の困難さを含めて論じている。パトリオティズム（郷土愛）については、ミヘルス等を引用しながら言及し、ナショナリズムと同様と見なされがちだが、区別すべきものだとしている。

この序章で、橋川が先駆的に試みたことは、ベネディクト・アンダーソンの『想像の共同体』に少なからず依拠していると思われる、社会学者の大澤真幸の大著『ナショナリズムの由来』（二〇〇五年）へと引き継がれたといえよう。

そもそも、「ナショナリズムは本来きわめてエモーショナルでかつ弾力的な概念であるため、抽象的に定義することは困難[68]」だと、丸山眞男はいう。橋川は、その困難な課題にあえて取り組んだともいえる。橋川は、「あとがき」で、日本ナショナリズムというテーマに迫るための「序説のうちの序論」で、少々ぜいたくなノートができたと思って自ら慰めるだけと苦闘のあとを弁明している。

橋川の同著を丹念に検証した渡辺京二は、第一章では、開国前後の日本人の国家意識のありかたを、封建諸侯、武士、豪農、庶民の各層について検討していて、「その広い目配り、犀利な分析には、この問題に関する著者の蘊蓄が十分に発揮されており、特に国学が果した役割についての叙述は圧巻」だと解説する。ところが橋川は、いいたいことが多すぎて、想念が湧いてとどまらなく、それは吉田松陰についての均衡を失した長い叙述を見ればわかるという。渡辺は、これは欠点ではなく、こうしたのめりこみこそ、著者特有の魅力だと弁護しているが、吉田松陰論ならともかく、ナショナリズムをテーマとした一冊の著からすれば、「均衡を失した長い叙述」に違和感を覚えるのは、わたしだけではあるまい。

第二章について渡辺は、「明治国家が国民を創り出さねばならなかった事情を説いて生彩を放つ」と評価する。国民のナショナルな目醒めを経て国民国家が成立したのではなく、列強に伍すべき「国民国家」が少数の専制的指導者によって設計され、それに必要な国民は教育によって創り出されたという。また、「明治民法の規定する「家」が、一般庶民の伝統である「家」と異質だった」との指摘も重要で、この章は、自由民権運動が玄洋社などの右翼を生むに至った逆説を述べて締めくくられているが、この逆説は著者の大きなテーマとして、その後に追求されると概説している。

渡辺は、同著を評価するだけでなく、逆に問題点として、開国時、日本民衆がまったく国家意識を欠いていたことを、橋川は福沢などの暗愚視を、批判的保留は施しつつも一応肯定している。しかし、今日では、その暗愚とは、民衆が国家から自立した生活世界を確保していたことの証しだったというべきだと指摘している。また庶民の藩兵への採用についても、長谷川昇の『博徒と自由民権』が、奇兵隊の場合とは違った様相を提示しているという。これらは、刊行後、四十七年経過したことで指摘しうることかもしれない。

橋川の『ナショナリズム』から圧倒的な影響を受けた著作として、二〇〇一年に刊行された姜尚中『ナショナリズム』が登場する。これは、松本健一が、前年に、ナショナリズムとは何か、というテーマを真正面から捉えようとした書が少ないと嘆いた以後に書かれた最初の本格的な著といえよう。橋川の書からは、実に三十三年後のことである。それまでの空白の三十年余が信じられないほど以後は、関連本が連続して登場する。

姜尚中は、橋川から影響を受けたことを、自ら書いている。

「コンパクトにまとめられ、しかも今日でも読み応えがあるのは、橋川文三の『ナショナリズム―その神話と論理』(略)である。とくに第2章の「日本におけるネーションの探究」は、近代日本が、普遍的な郷土愛の伝統から「より抽象的な実体」としての政治的共同体への忠誠と愛着へとどのように「離陸」し、「ナショナリズムという謎にみちた新しい幻想にとらわれることになったのか」、その矛盾にとんだ経緯をそれこそ光彩陸離に叙述している。本書を通読された読者ならば、本書が多分に橋川から影響を受けていることがわかるはずである。」(69)

姜尚中は、同著だけでなく、橋川の国体に関するエッセイからも、着想のキッカケになったとし

て、「国体論・二つの前提」と「国体論の着想」の二篇を挙げている。(70)

橋川は、ナショナリズムとは何かについてのインタヴューに答えて、興味深く、そして一般にいだかれるイメージを覆すような驚くべき発言をしている。

橋川によると、ナショナリズムの原動力には、無権利状態に置かれている多数者の、平等化の要求が基礎にあり、差別され、下層に置かれている人たちにナショナリズムの人間主義、隣人愛に敏感なエネルギーがたくわえられている。これが運動の本来のエネルギーとして主体になるべきで、沖縄県民、被差別部落、その他社会的に差別されている人たちが、本来のナショナリズムのにない手になるはずだ。日本では、国家主義、国家イコール政府主義に吸収され組織されてしまい、ナショナリズムというと、すぐ国家主義になってしまったという。

さらに、ナショナリズムに対するアレルギー反応、マイナス評価に対して、ナショナリズムをヒューマニズムと考えたい。ルソー、ドストエフスキーなどが、共通にいっていることは、隣人を愛することができない人々が、インターナショナリズムやコスモポリティズム、西欧主義を持ち出す。そういう意味で、ナショナリズムはヒューマニズムだといいたい。実は、似たタイプの人間同士の間に、幸福な人間関係をつくり出すにはどうしたらいいかという思想や態度が、ナショナリズムを形成している。政治的ナショナリズム、軍国主義、大国主義と結びつくナショナリズムとは別なものとして考えなくていけない、と橋川独自の見解を述べている。(71)

ルソーを引きあいにしていることからして、橋川の没年(一九八三年)に原著が刊行された『想像の共同体』で、ベネディクト・アンダーソンが、「自由を保証し象徴する」ものとして述べた「国民は主権的なものとして想像される」や、国民は完全に平等なものとみなされることを含意した「国民は一つの共同体として想像される」に近い言説かもしれない。

これらの橋川発言は、一九六九年のことだが、現代におけるナショナリズムのイメージ、たとえば丸山の近代化論的なナショナリズム論とは、およそかけ離れた発想である。丸山が、すでに処女性を失ったとして日本のナショナリズムをマイナス評価したのとは対極にあり、ナショナリズムを、悪しき国家主義、軍国主義として、そこに「病い」のみを見ることに対して、橋川は懐疑的であった。

橋川の発言は、ナショナリズムにも、「つめたい思想」ではなく、「あたたかい思想」を希求しようとしていたことの証しである。

姜尚中は、前掲の『ナショナリズム』で、《ナショナリズムにまつわるあの両義性、つまり「病い」というイメージと、逆に「救い」というイメージの相克は、（近代）そのものの抱え込んだ両義性ではないかという問いかけである》（「ナショナリズムの近代」）と卓見を述べている。

姜尚中によると、ナショナリズムの抱えもつ「病い」については、精神医学者で作家のなだいなだが、『民族という名の宗教――人をまとめる原理・排除する原理』で触れ、社会学者のアンソニー・ギデンスも『国民国家と暴力』で述べ、また、エティエンヌ・バリバールは、よりラディカルに、「ヒットラーの人種主義はナショナリズムの極みである」と断言しているという。

姜によると、このように、ナショナリズムに「病い」を見る人が多い一方で、ナショナリズムに「救い」を求め、理念化した人の代表に、橋川も名を挙げている政治思想史家のアイザイア・バーリンがいる。彼は、「ナショナリズムとは、普通ならば寛容で平和的であるかもしれない国民意識が火のように燃え上る状態のことである。（略）詩人シラーの理論でいう曲げられた小枝のようにはね返り、自分たちが劣等だとは認めないという反応を示した」[72]と論じているという。

この言説は、橋川が前述のナショナリズムのイメージとして語ったものと酷似している。ナショナリズムは、姜尚中のいうように、「病い」と「救い」があざなえる縄のように局面の変化に応じて両者が突出してくる。したがって、姜尚中がヒントを得たという以下の橋川の言説がその本質を鋭く抉っている。

「その一方のみを抽象して他方との絶縁をはかることは、論理的には可能かもしれないが、現実には不可能と考えるほかはないような、ある宿命的な共存関係がその両者の間に認められる」[73]

ナショナリズムの捉え方をめぐって丸山と橋川は対立している。姜尚中よると、丸山は日本のナショナリズムの中に「幸福なナショナリズムの形態」があった時代が「歪み」、侵略的国権主義や盲目的な超国家主義に変質していったと捉えている。これに対し、橋川はそのようにのみ考えるのは「政治的にも不毛にみちびきやすい」と述べ、むしろ「近代ナショナリズムの原型」そのものの中に要因があったとして、こう述べる。

「自由民権運動以降の日本ナショナリズムは、それがしばしば指摘されるように、あまりにも速かにその中の民権的契機を喪失し、侵略的国権主義の方向のみを肥大させたといわれることが事実であったにせよ、そのことは、それ自体としていえば、日本ナショナリズムの健全さでも、不健全さでもなく、本来、近代ナショナリズムの原型そのものの中に、そのような要因があったのである。」(「ナショナリズムの源流」)

姜尚中は、愛国心について論じた『愛国の作法』でも、愛国心の栄光と病理を知り尽くしていた橋川は、愛国心が、政治という権力をめぐる抗争に、「幻想的な完結性」を与える伝統的な技術ではないかと疑っていたという。そして、愛国心という言葉が醸し出す「宿命的な共存関係」に触れ、《愛国心は平和で牧歌的な「パトリオティズム」とは違って「祖国に対する血みどろの献身をさえ要求する」(橋川文三)ことがあることは否めない》ないと、必ずしも一面的とはいえない愛国心のマイナス面も視野に入れた橋川の言説を紹介している[74]。

ところで、孤島の対馬生まれの橋川は、『ナショナリズム』の中で、「隠岐コンミューン」をめぐるエピソードを、「ほとんど自由と平等と友愛を原則とする「ネーション」の純粋培養形態といってよいものであった」と共感をこめて以下のように紹介している。ここは同著の中でも広く注目を集めた箇所である。

「維新史の過程に生じたこのエピソードは、日本ナショナリズムの運命を考えようとするとき、無限に興味ある論点を提供してくれる。たとえば、もしこの隠岐のコンミューンに似たものが全国各地に凡そ百くらいも次々と出現し、中間的権力機構をそれぞれに排除して全国的にゆるやかなコンミューン連合ができたとしたなら、その後の日本国家はどうなっていたろうか、というように空想してみることもできるからである。」

浅羽通明は、『ナショナリズム』(二〇〇四年)で、このパラグラフが、橋川の『ナショナリズム』における「全巻の白眉ではと思われる」と高く評価した。また、山内昌之が、「重要なのは、この

〈橋川の―引用者〉書物がイデオロギー対立の激しい六〇年代終わりに公にされたこと」で、「〈民衆の自己権力〉としてのコンミューンを天皇制の存在意義に結びつける議論の大胆さは、誰にでも真似できることではない[75]」と記すように、その独自で大胆な仮説は注目を集めた。

橋川が、この挿話を知ったのは、橋川の同著によると、E・H・ノーマンの「一般に、隠岐島の事件は、維新後数年間における日本の経験の縮図である」（『日本の兵士と農民』）との箇所からだ。けれども、ノーマンが、隠岐の事件に触れているのは、わずか十三行ほどにすぎない。また、ノーマンは、この事件を「コンミューン」とは呼んでいない。この事件を「隠岐島コンミューン」と名付けたのは、竹内好である。竹内が、「近代とは何か」で、「ノーマンは、隠岐島コンミューンの人民側の文献がないことを指摘する一行（略）で、ほとんど日本の学問全体を批判している」と書いたのが、嚆矢である。橋川は、この論文も読んだ可能性が高く、ノーマン・竹内の両者からヒントを得て、このエピソードを採りあげたと思われる。

そして、橋川の『ナショナリズム』により、この事件は広く知られることになる。橋川が、「隠岐島コンミューン」を一種の革命運動とみなし、日本におけるコンミューンの原初形態であり、日本のナショナリズムを象徴させる出来事として鮮やかに喚起させたことは、多くの人々の反響を呼んだ。

たとえば、判沢弘は、「〝優しい革命〟隠岐騒動」（一九七一年）と題した小文で、島民が、騒動の敵方の一行に、糧食や酒を贈っているエピソードを紹介して「何という優しさであろう」といい、《「隠岐騒動」のなかに見るある一種の「やさしさ」「やわらかさ」は、なるほどとうなずかれるも

のではなかろうか》と、この騒動を、「優しい革命」と呼んでいる。(76)

これは、橋川が生涯にわたって追い求めた「あたたかい思想」に通じる捉え方であろう。

また、五木寛之は、「歴史の闇に消えた隠岐騒動」(一九八七年)と題した講演会で、「橋川さんは、(略)非常にロマンチックな憧れをこめて、どこかの文章で語って」いて、「隠岐の側の島民たちは銃も発射しておらず、テロもやっていません。それが一方的に、自分たちが純情を託した明治新政府によって蹂躙されていく。その優しい人々の無念さというか、そういうものを隠岐をはなれるにあたって、しみじみと感じながら帰ってきた(77)」と話している。

この「隠岐コンミューン」について、橋川の言説に示唆を受けて、継続して追究したのは、北一輝の場合と同様に松本健一である。松本は、『孤島コンミューン論』に所収の「隠岐島コミューン揺曳—自治政府樹立とその持続」(一九七二年)と、約二十年後、さらに本格的に論じた『隠岐島コミューン伝説』(一九九四年)の二著で、詳細にわたって調査・研究をした。「隠岐島コンミューン」について、最も深く論究した人といえよう。

ただし、松本は結論として、この橋川の「隠岐のコンミューンに似たもの」が百くらいも出現し、それが全国に「ゆるやかなコンミューン連合ができたとしたら」との構想については、橋川の「主体の物語、もっといえばロマンチックな夢にほかならない」と断じている。その理由として、「そのようなコンミューンは隠岐にしか生まれなかった」等、四つの理由を挙げて論証。橋川の構想は「文字どおり空想にちかいだろう」として、そのことが橋川の「「ネーション」概念それじたいをロマンチックにしている」と概説している。

渡辺京二も、橋川が「「隠岐コンミューン」に託した夢は、やはり一九六八年というこの本の著作年代に限界づけられていたというべきか」と斟酌している。

今となっては、マイナス面が多く挙げられてしまっているにせよ、しかし、橋川は、この「隠岐島コンミューン」においても、そこに、「あたたかい思想」を見い出せないかと模索していたものであろう。

あたたかい思想としての『昭和維新試論』を提起

「昭和維新」も、超国家主義、ナショナリズムにつながる、自らが生きた昭和のいまわしき日本ファシズムを解明するという、生涯にわたって探求してきた橋川の、簡単には解決できない、重要なテーマのひとつであった。したがって、最も長く拘泥せざるを得なかったもので、一九六四年に「昭和超国家主義の諸相」を執筆以来、一貫して追究してきた重いテーマであった。

その追究の過程での、ひとつの成果が『昭和維新試論』として残されている。橋川の昭和維新へのアプローチの方法に対し、鶴見俊輔は、同著の解説で、戦後、「昭和初期のナショナリズムを軍国主義と一つのものと見なす傾向をとったのに対して、橋川の著作家としての活動は、そのはじまりから、この戦後の出発点そのものをうたがい、もっと複雑な思想の流れがもとにあったことへの絶えざる証言としてなされた」との卓見を述べている。

『昭和維新試論』は、橋川没後の翌一九八四年に刊行されたことから、著者晩年の作との印象を受ける。が、実際は、『ナショナリズム』（一九六八年）刊行から二年後の、一九七〇年六月から、友人井上光晴が個人編集する季刊雑誌「辺境」に連載された。橋川が四十八歳から五十一歳にかけての作品である。連載は、一九七三年十月まで続き、三年四カ月にわたって書き継がれた。

途中で中断したままだったので、連載終了後、橋川は、未完部分を書き足しての出版を試みた。しかし、作業は進まず、連載終了から約十年後、せめて補筆と「あとがき」に取り組もうとしたが、脳梗塞のため逝去。そのため、補筆、あとがきなしの刊行となり、橋川自身の掲載誌への書きこみの訂正を加えたのみで出版された。

同著の構成は、一・渥美勝のこと、二・渥美の遺稿「阿呆吉」、三・「桃太郎主義」の意味、四・長谷川如是閑の観察、五・青年層の心理的転位、六・樗牛と啄木、七・明治青年の疎外感、八・戊申《ぼしん》詔書、九・地方改良運動、十・田沢義鋪のこと、十一・平沼騏一郎と国本社、十二・日本的儒教の流れ、十三・癸亥《みずのとい》詔書、十四・北一輝の天皇論、十五・国家社会主義の諸形態、である。

こうしてみると、起承転結を明確にし、項目全体を貫く論理展開により確たる結論にいたるというより、昭和維新をめぐる橋川の直観から発した問題意識を断片的に論じているとの印象をぬぐいえない。この著でも、昭和維新の思想を体系的に論述するのではなく、たとえば、沢木耕太郎が、「ひとつひとつの珠はひめやかな美しい光を放っている」が、それを「繋いでいた糸がはっきりとは見えてこない」[78]と比喩するようなものかもしれない。

橋川は、『昭和維新試論』の中で、昭和維新（者）とは何かについて以下のようにいう。しかし、このような言説が、昭和維新＝日本ファシズムとみなされ、日本の病理とされた従来の概念規定と如何に異なっていたか、すぐに気づかされることである。

「何故に本来平等に幸福を享有すべき人間（もしくは日本人）の間に、歴然たる差別があるのかというナイーヴな思想である。」「いわゆる維新者たちの人間性に多く共通してみられるものが一種不幸な悲哀感であるということになる。朝日平吾がそうした例の一人であることはたしかであろう。彼は強気の反面、いかにも感傷的な不幸者の印象をただよわせている。しかし、それはまた当時、右翼へ、左翼へ、もしくはアナーキズムへ奔《はし》った青年たちの多くに共通する要素でもあった。」（「序にかえて」）

松本健一は、昭和維新（運動）といえば、日本ファシズムの別称、つまり反革命であるというのが、当時の（いまでも）日本のアカデミズムにおける固定観念であった。これに対して、橋川は、渥美勝の精神像を通して、人間的幸福の探究上にあらわれた思想上の一変種と捉えようとするものだから、アカデミズムからすれば、無謀というに近い試みだ、という。[65] 然り、橋川は、あえて「無謀というに近い試み」に挑んだ。その先駆者としての問題提起には、それなりの勇気が必要だった。つまり、「千万人といえども吾往かん」の気概と覚悟がなければ、「無謀な試み」はできなかった。このような試みは『序説』や『ナショナリズム』でも一貫していた。

昭和維新は、昭和期の戦前から戦中に暴威を振るった日本ファシズムの元凶とされ、いまわしく、否定すべきもので、その病理を摘出することに主眼がおかれ、従来は、いってみれば「つめたい思想」とみなされていた。これに対し、橋川は翻って、百八十度逆転し、「人間的幸福の探究上にあらわれた」思想として、そこに、「あたたかい思想」を模索していたのである。

中島岳志によると、橋川は、昭和維新ナショナリズムを悪しきファシズムとして片付けるのではなく、彼らが苦悩し煩悶するざわめきに耳を傾け、そこに人間としての極めてナイーブな問いが存在することを嗅ぎ付けた。そのような感情や時代の気分が生まれたプロセスを明治期に遡って追求し、極めてオリジナリティーの高い精神史をつむぎ出したのが橋川で、戦後、自らの心を捉えた戦中の思想を忌わしいものとして破棄するのではなく、そこになおも存在する重要な問いを、内在的に分析しようと試みたと洞察する。

そして橋川は、自らの心の闇の中に近代日本を生きた青年たちの苦悩と叫びを見出し、そこから問題の所在を明らかにしようとしたのであり、「この作業は、戦前・戦中のナショナリズムをタブー視し、それを全面的に否定しようとした戦後アカデミズムの中では、異彩を放っていた[79]」と、中島は賞揚する。

「不合理ゆえに吾信ず」とは、埴谷雄高の著書名だったろうか。合理的ではないもの・ひとへの強い関心と執着は、橋川の生涯を貫く大きな特質のひとつだ。そうした人々への拘泥が端的に表出されたのが、『昭和維新試論』ではないだろうか。

安田善次郎を暗殺した朝日平吾や、渥美勝に触れて、橋川は、「狂愚というか、ある悲痛味をおびた人間性は、私などの心にも染みとおってくるところがある」(「渥美勝のこと」)と書いている。辻井喬は、「あるいは橋川は、自分も狂愚と見られかねないとの危惧を抱き続けていたのかもしれません[80]」と推察している。橋川の心情をくみとった発言だ。

また、前田愛は、『昭和維新試論』でとりあげる安田善次郎の暗殺者朝日平吾にしても、橋川が執着した人物たちは、歴史の歯車とは噛みあわぬぎくしゃくしたものを抱えこんでいた存在か、あるいは歴史の辺境へと排除され、見捨てられていた異様な存在だった。そのような人物たちの側に立って、客観的な歴史記述を見つめかえして行く困難な課題を自分に課しつづけていたのが橋川だったと、機微に触れた発言をしている。(81)

そのひとり、渥美勝について橋川は、一～三の三章にわたる破格の長さで扱っている。それが、如何に並外れた印象を、ひとにもたらすものだったかを示すように、芥川賞作家の岡松和夫は、『昭和維新試論』を読んで、渥美勝という初めてその名を聞く人物を大きく採りあげているのに驚いたという。(82)

さらに、《(橋川は)、「奇人的無能者に近い」生涯を送った渥美への思い入れを続け、彼が何故大学を中退したのかを時代思潮から考察し、母の死のショックについても書》いているように、橋川の筆によって初めて思想史の中の明るい舞台に運び入れられた人物らしいが、「昭和維新」の中心に立つ人物でもない。しかし、橋川は、渥美には「昭和維新」に至る原初の維新者の心情が認められるという。そうしたことから岡松は、以下のように推察している。

「日本神話を自己の生命の根源としてつかみとる渥美の詩人性について橋川が熱く論じる時、私は橋川の文学性に感心すると同時に、橋川が自分の生涯で近づき得なかった理想型を前にして、讃歎しているようにも見えるのである。性来詩人性を多く持っていた橋川が論理の狭い手段でしか発語できない自分とは違う、純粋詩人ふうの心性と行動に心を動かされたのではないかという勝手な想像である。(83)」

このように、岡松は、文学性に長けた小説家らしく、橋川と詩的感性を共有できる者ならではの傾聴すべき見解を述べている。

ところで、橋川文三は、既述の如く丸山眞男に『軍国支配者の精神構造』を、雑誌「潮流」にいた編集者時代に担当して書いてもらった。発表当時、評判となった丸山の代表作のひとつだ。同論に対し、橋川は、『昭和維新試論』の中で、丸山説への反措定を提示している箇所がある。それは、この渥美勝に触れた章である。

丸山眞男が、「軍国支配者の精神構造」で分析したところによると、日本ファシズムの中に躍った政治的人間像を抽出して三つの基本的類型を見出し、「神輿《みこし》」「役人」「無法者」（或は「浪人」）を挙げている。神輿は「権威」を、役人は「権力」を、浪人は「暴力」を代表し、国家秩序における地位と合法的権力からいえば「神輿」は最上に位し、「無法者」は最下位に位置する。

このように丸山は分類したが、橋川は、そのうちの神輿について、渥美清と丸山両者の「みこし観」が明確に相違することを問題にしている。両者には、明らかにみこし観の断絶があり、《渥美は直接具体的な祭礼と神輿のことを語っており、丸山はむしろ政治学的分析の用語としてひゆ化されたそれを語っているという前提のちがいはあるのだが、それを捨象してもなお両者のみこし観が相当にかけはなれたものであることは否定できない》という。そして、両者のみこし観が、如何に違うかを次のように対比させている。

丸山の場合には、みこしもそれをかつぐ人間も、またその両者の関係も、いずれもグロテスクな原始的性格のものとして、つまり醜悪なものとしてとらえられている。丸山はさめた冷静な散文の眼でみこしかつぎの陶酔を眺め、そのみこしかつぎがやがて小役人的な管理者たることもあるというところにまで、むしろシニックな観察を行きとどかせている。

これに対し、渥美の場合には、人の心をときめかせるような、アンガージュマンの美しさとしてそれは描かれていて、むしろ、陶酔と昂揚に同一化したい熱望をこめた詩人の眼でみこしを眺めているると説明している。橋川は、みこしかつぎをポジティヴにみている渥美のほうに共感を示しているといえよう。橋川はさらにいう。

「みこしをもし政治現象としてとらえるならば、丸山はいかにもM・ウェーバーに学ぶことの多かった学者にふさわしく、多くの政治的アマチュア（＝群集）が無責任に、ロマンチックに介入するみこしかつぎに似た政治運動を冷やかに拒否しているわけであり、渥美はまた自分のような全くの浮浪者もまた心おどらせて参加しうるような政治と生活を熱烈に求めていたということになる。いいかえれば、渥美は天寵のシンボルとしてのみこしのカリスマに追随し、踊躍《ようやく》することに人間の本来の生き方があると信じ、そのような生き方をその沙漠のごとき放浪者の心理において祈念したわけであろう。」（傍点原文）

「「昭和超国家主義の諸相」で丸山への反措定」の節で論じた如く、丸山は大正・昭和のテロリストの朝日平吾・井上日召や北一輝らを無法者として否定したのに対し、橋川は彼らを国家を超えようと試みた超国家主義者、すなわち革命者としてポジティヴに評価したのとパラレルな関係にある。

さらに、橋川は、「みこしかつぎ」を素材にして、丸山への反措定をつづける。

「丸山はすべてそれらのみこしかつぎを「無法理」（＝浪人＝暴力）としてとらえているが、

より正確にいうならば、それはいずれもアモルフで無規定的なエネルギーをさすものというべきかもしれない。みこしを担ぐ人々すべてのエネルギーを暴力とみることはできないし、とくに渥美のように、みこしかつぎに参加したいと熱望しながら、それを果しえない人間類型までがその中には含まれているからである。／（略）彼（渥美―引用者）は日本民族の生命そのものに同一化し、その生命の流れとともに自由に生きることを願った。」（傍点原文、以上「桃太郎主義の意味」）

ここには、丸山と渥美のみこしかつぎ観の決定的な相違が浮き彫りにされている。このことは、前述したように丸山と橋川の「超国家主義＝昭和維新」観、およびナショナリズムの捉え方にも共通する両者の決定的な相違と重なっている。

些か図式的になるが、極論すれば、同じみこし観・みこしかつぎ観でも、丸山は、「みこしかつぎ」に対してネガティヴ＝「つめたい思想」を見ているが、橋川は渥美を通してポジティヴ＝「あたたかい思想」を見出そうと試みているといえよう。橋川の同著の言説には、渥美を素材にして、丸山の「軍国支配者の精神構造」に対する、ひいては丸山の思想にまで至るラディカル（根源的）な、丸山への反措定が内包していたのである。

歌人の岡井隆は、『昭和維新試論』を読んだ感想をこう書いていた。

「『昭和維新試論』をよみ終って、そのあとが聴きたいよ橋川さんという気分です。「そのあと」のききたき人がつぎつぎに亡くなりゆきて、いままた独り。」[84]

岡井の言は、橋川の同著が必ずしもきちんとした結論には至っていない体系的な脆弱さを暗示しているかもしれない。松本健一は、《岡井隆が「そのあと」がききたい、といったのは、橋川さんがこの『昭和維新試論』において、「維新願望の原型」としての渥美勝という精神像を提出していたからにちがいない(65)》と推測している。ここでいう「維新願望の原型」とは、橋川の以下の言説に確認できる。

「渥美を知る人々の多くが証言しているように、昭和維新の願望をもっともナイーヴに、鮮烈に印象づけた人物が渥美であったとするならば、それは「昭和維新」が、まさに二十世紀初頭、世界的潮流となっていた帝国主義に対する日本人の初心の精神的反応の中にその起源をもっているからであり、そして、渥美のほとんど思想とも行動ともならなかった生き方の中に、人々が自らの維新願望の原型をたえず回顧せしめられたからであろう。」(同前)

松本健一は、同著は《日本ファシズムとほとんど同義語とみなされてきた昭和維新(運動)のなかから、日本人の「人間的幸福」を求めようとする「願望」を救い出そうとする試みにほかならない。学者はふつう、こんな危険なことはやらない。そういう意味では、橋川さんは学者ではなかった》、《橋川さん自身、じぶんは学者であるなどとはおもったことがないだろうし、そうなろうと志してもいなかった。思想の体系化などというものから遠い、という意味では、かれは芸術家に近いのである(65)》と橋川の意を汲んだ発言をしている。とりわけ、学者ではなく、芸術家に近いとの言は、的確な指摘である。

松本のいうように、思想の体系化から遠いとすれば、ひとつのテーマから一冊の著作をものすにあたっては、結果的に大きなマイナスであるには違いない。そして、橋川の著作を読んだあとに、岡井のように「そのあとが聴きたい」との読後感を抱くのは、体系的に著述し、ひとつの明確な結論にまで論理的に導くことの脆弱さにあったかもしれない。けれども、この脆弱さは翻ってみれば強さに転じる可能性もある。すなわち、橋川の「直観」から発する鋭い問題提起、芸術的とも譬えられる感性的で魅惑的な部分を十分に感受することが可能であろう。

鶴見俊輔は、橋川が「昭和維新の思想のみなもとに、朝日平吾のみではなく、渥美勝をも見出してその思想的肖像を共感をもってえがく時、彼の中に、ふきさらしの戦後の日本におかれた彼自身の孤独な姿があったとしても当然であろう」と、同著の解説で深い斟酌を示している。鶴見のいう戦後の「孤独な姿」は、拙著『橋川文三　日本浪曼派の精神』で考察したところだが、この時代の苦節十年は、のちの橋川の思想的基盤を築いた。

鶴見は、橋川の思想の特徴を、「つめたい思想」から「あたたかい思想」を希求するに至る戦後の苦闘の足跡として鮮やかに描写している。それを示す鶴見の以下のパラグラフは、橋川の生涯にわたって見ることのできる一頭地を抜いた考察である。

「戦後は彼にとって、解放とはちがう面をそなえていた。戦後の表どおりにおかれた輸入思想を、つめたい思想として彼はうけとった。戦後の進歩思想の流れの中にいて、これに対して何か肌合いがちがうという感じは、保田与重郎を中心とする戦時の日本浪曼派思想の再検討をうながし」た。「思想にあたたかさを求める彼の心の向きは、戦後に進歩派の学者たちのかえりみずにすぎた不能率な日本人のあたたかい心情の系譜として、西郷隆盛、乃木希典、（略）、渥美勝をさがしあて、これらの人びとの無能と失敗とをはっきりと見ることをふくめて、その肖像をえがいた。」

ここで大事なことは「無能と失敗とをはっきりと見ることをふくめて」、その肖像を描いたと指摘した箇所である。

橋川が、戦後の進歩思想の流れの中で、「肌合いがちがう」すなわち、「つめたい思想」と感じるまでには、戦後の輸入思想とりわけマルクス主義との格闘があったはずである。この格闘を経たからこそ、「肌合いがちがう」、「つめたい思想」という結論に至り、そこから日本ロマン派・超国家主義との格闘へと向かっていったと見るべきだろう。

中島岳志は、橋川が生涯で積み残した課題は、二十一世紀の現代日本においてこそ問われるべき問題で、格差社会が拡大する中、青年たちの「スピリチュアルな自分探し」が偏狭なナショナリズムへと傾斜していく現象は、今日の日本における最大でかつ緊急の課題で、この問題を放置すると、「昭和維新」運動に近い形の暴力やテロが起きかねないと警鐘を鳴らす(79)。そこで、『秋葉原事件』『朝日平吾の憂鬱』『血盟団事件』等の著作で注意を喚起し、現代にも共通する課題を追求している。これは、三十余年という歳月を超えて、今なお、橋川の志・思想が息づいていることを暗示している。

さらに、中島岳志が、「私は、この橋川が残した課題を、生涯をかけて引き継いでみたいと思う」と明言していることは、橋川の先駆的に問題提起した思想的営為が、体系的な脆弱さを露呈しつつも、時代を超えて引き継がれていることになり、充分な思想的な生命力を保持していることの証しであろう。

第四章　竹内好らと「中国」を創刊

——近代日本と中国・アジアの思想解明へ

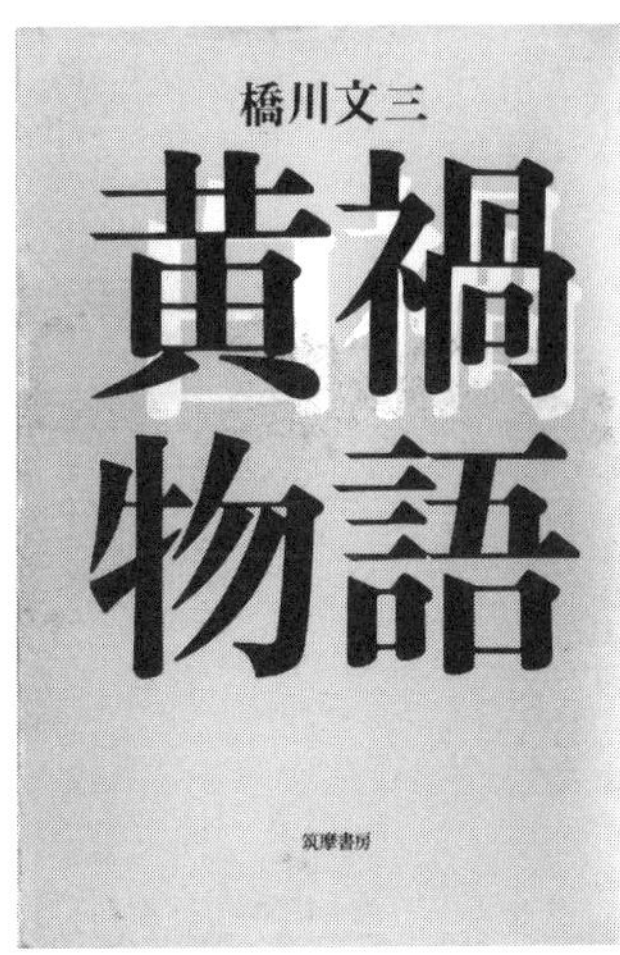

『黄禍物語』1976年刊

竹内好に親炙（竹内好らと雑誌「中国」を発行）

丸山眞男の思想と学問に限界を感じ、思想的な訣別をしたあと、橋川文三が師と仰いだのは竹内好であった。

丸山との思想的訣別後の橋川の後半生は、極論すれば、竹内好と共にあったということができるほど密接な交友関係が築かれていく。橋川にとって、竹内好の存在が如何に大きなものであったか。それは、竹内没後、目に見えて生気がなくなり、執筆する原稿の量がこの間に減少していったことに端的に表れている。

橋川が、師としてあげる丸山眞男と竹内好の二人は、思想的立場も、その専攻分野も異なっていたが、しかし、住んだ場所が近隣だったことから、意外なことに生涯にわたって密接な交誼があった。交誼は、一九五二年、丸山が武蔵野市吉祥寺に住み始め、竹内好も一年ほどあとに近くに引っ越してきて、「すぐ近くに住む畏友」[1]（丸山）になったことに始まる。

こうした事情も助けとなってか、丸山との思想的訣別後も橋川は、私的には師である丸山眞男に礼節を軽んじることなく、例年開かれる恒例の丸山シューレの「丸山眞男氏を囲む会」にも顔を出している。

橋川文三と竹内好が最初に出会ったのはいつだろうか？

両者とも、初めて会ったときのことは書いていない。そこで、残された資料から推測してみよう。竹内好の日記の一九六〇年三月五日の項に、「橋川文三氏の結婚式が同時刻に同所にあり、その出席者数名にあう」とある（同所とは学士会館）。この結婚式に際し、橋川は、丸山眞男夫妻の媒酌で式を挙げたが、その席に竹内は出席していない。また、「氏」と記しているから、まだ面識がなかったようだ。以降の日記では「君」、さらに親密度が増すと、「橋川」、「橋川文三」とのみ記されるようになる。

尾崎秀樹は、「橋川文三と雑誌『中国』」で、橋川、竹内との出会い、そして、その後親しみを深めていく過程に触れている（以下同）。尾崎が橋川を知ったのは、一九六〇年三月頃からもたれた岩波書店発行の月刊雑誌「文学」主催の研究会だった。「戦争下の文学・芸術」を検証する共同研究が、六〇安保の昂揚と挫折の中で組織され、竹内好を中心に若手では橋川、尾崎、安田武ら、竹内の世代からは平野謙らが参加した。岩波書店の会議室で不定期の会合を開き、その成果は、六一〜二年にかけて、特集「戦争下の文学・芸術」を「文学」で四回にわたって掲載した。

橋川は、共同研究には熱心だったが、すでに『日本浪曼派批判序説』を公刊していたせいか、それ以上つけ加えるものはないといった態度で、「文学」への新稿の執筆には腰が重かった。それでも、『序説』では触れなかった伊東静雄に言及した「日本ロマン派と戦争」を二回にわたって書いた。

安田武も、この研究会で、橋川、竹内と「頻々と顔を合わせ」親しくなったが、そもそも橋川の名を初めて耳にしたのは、橋川の『序説』の連載が「同時代」で始まった一九五七年、竹内好に教えられたという(2)。

竹内好の日記には、橋川は「文学」主催の会を通しては出てこないが、この会で面識を得て親しくなった可能性が高い。橋川が、竹内の日記に、直接会った人として登場する最初は、結婚式のすぐ後の「一九六〇年三月二十九日(火)／夜、雑誌会館で魯迅友の会。橋川文三君講師。帰りに橋川君を送る」で、橋川は、竹内好主催の魯迅友の会の会合に、講師として話をしたようだ。

その次に、竹内の日記に出てくるのは、一九六〇年、五月二十九日、「思想の科学の拡大評議会に出る。(略)今井、橋川とあう」で、翌六一年八月二十日にも、「思想の科学」の総会で橋川と竹内は顔を合わせている。

一九六一年四月二十五日には、「夜、中公社で満州国研究会の第一回。橋川、野村、尾崎、他に中公の和田、常田。藤田だけ欠席」(野村は浩一、尾崎は秀樹、藤田は省三—引用者)とある。この満州国研究会は、翌六二年九月頃まで、月一回のペースで開かれている。

橋川文三は、自ら執筆した『日本の百年』第七巻「アジア解放の夢」(一九六二年)の「解説」で、同著は、《満州事変勃発(一九三一年九月十八日)から南京攻略(一九三七年十二月十三日)までの六年間に起こった諸事件が扱われている。この時期は、日本の近代史において「異常」という印象をもっとも強烈にあたえる時代であろう。(略)／この混沌とした状況が何によってもたらされたかという問いにたいしては、一般的には「満州事変」と答えることができる。事実この事変の勃発を契機として、その後十五年にわたる日本人の凄惨な受難の歴史が表面化した》と概略を摘記している。

そして、「竹内好氏を中心とする「満州国研究会」の人びとから多くの便宜や刺激をあたえられた」と、折りよく、あたかも橋川のために設けられたような共同研究会に触れている。

竹内好の年譜の一九六〇年十一月十一日に、「普通社（社長、八重樫昊）の共同研究「日本のなかの中国」の第一回で、尾崎秀樹の案をきく（研究会は一九六二年まで続く）」とあるのが、後の「中国の会」の前身である。

この尾崎の企画案に、「発案者の私以上に共鳴し、積極的に動いてくれた」（尾崎）という橋川は、今井清一、野村浩一、藤田省三を誘い、賛同した野原四郎は、安藤彦太郎、新島淳良らを誘い、研究会に列した。共同研究会では、胡蘭成、宇都宮徳馬、山中峯太郎、川合貞吉など様々な人から中国体験を聴いてもいる。

活動の一端として、竹内好の日記の一九六二年三月十三日の項に、「普通社の会。橋川君の佐々木到一についての報告」とある。（橋川は、翌年、佐々木到一著『ある軍人の自伝』の編集と解説を担当。増補版（一九六七年）では「九、南京攻略」を入れ、「追記」に「あまりにもひどいとこの記録の内容」に、「私たちが目をおおってはならない事実[3]」と記している。）

「江戸橋の普通社へはじめて行く。新しい出版計画について打合せのためである。新書版のシリーズを出して、それに小型の雑誌をはさみ込みにしてゆくという計画」（竹内日記・一九六二年十月九日）が、中国の会の月刊雑誌「中国」へと発展する。

一九六三年二月、「日本のなかの中国」研究会を、「中国の会」と改称。前掲以外のメンバーには、飯倉照平、京谷秀夫、光岡玄、矢沢康祐、山田豪一らがいた。

「中国の会」発足と同時に、雑誌「中国」創刊号を『中国新書』の別冊付録として、普通社から刊行。竹内好は、編集責任者、編集スタッフは橋川文三、尾崎秀樹の計三人で、それぞれ本職があるので無報酬だった。のちに飯倉照平らへと引き継がれ、廃刊時には山下恒夫らが担当していた。

この「中国」創刊に竹内と共に加わったことで、丸山眞男との思想的訣別後の、橋川の思想的方向性、思想的同伴者が明確になった。

三人で第六号まで編集し、竹内は第一号から「中国を知るために」を連載して呼び物となったが、橋川と尾崎は、ほとんど誌面には顔を出していない。これは橋川と尾崎が話し合って黒子に徹しようと、覆面で登場したからで、竹内好をふくめて編集委員三名は、第六号までの巻頭言と編集後記を分担。橋川が、担当したのは、第四号と第六号の巻頭言、後記では第一号、第六号を書いた。

第一～六号は、一九六三年二～六月の間に発行されたが、普通社の倒産でストップ。一九六四年六月、『中国新書』は、勁草書房が引き継ぐが、月刊雑誌「中国」は、第七号から自主刊行となった。その際に、「一、民主主義に反対はしない。二、政治に口を出さない。三、真理において自他を差別しない。四、世界の大勢から説きおこさない。五、良識、公正、不偏不党を信用しない。六、日中問題を日本人の立場で考える」という「とりきめ（暫定案）」が提出された。これは、「関係者の間ではかなり有名」[4]（橋川）で、暫定のまま解散まで存続した。

一九六四年六月刊の第七号以後も、編集会議には三人で相談、後年、尾崎は離れたが、橋川は、竹内と共に若い編集部員と一緒に企画を練ることもしばしばで、廃刊となる一九七二年十二月号（第一一〇号）まで続いた。

第一号の本文は二四頁、グラビア四頁、定価五十円の小冊子だった。当初はB６判を横に使った型で、この間は約五百人の会員への頒布が主で、市販ルートにはのせなかった。一九六七年の十二月号（第四九号）からA５判に改め、徳間書店を発行所として市販に移している。

「中国」第一号では、中野重治、田宮虎彦、高尾しげお、高田敏子、第二号では、松岡洋子、伊藤桂一、第三号では、瀬戸内晴美、川合貞吉、第四号では杉浦明平らの名が見える。「中国」創刊は、橋川が四十一歳の時で、必然的に、竹内好との交友が日常的に多くなり、その分、丸山眞男との交友は減っていく。

竹内好は「中国文学月報」の編集経験があり、尾崎秀樹も、伊藤律の紹介で中部民報東京支局に就職、また同人誌「文藝日本」の編集にも携わっている。橋川も、前述のように編集経験は豊富だった。尾崎は、会議を何度も重ねたが、「編集会議はたのしかった。ああでもない、こうでもないと話あったすえに常識的な線に落着いたが、案そのものはなかなかのものが少なくなかった」と、のちに述べている。

丸山眞男は、「（竹内好は―引用者）単に自分だけで評論活動するのでは満足できなくて、編集も発行もする組織者です。欧米でいう意味でのエディターですね。（略）多くの人が大学教授対文学者という二分法で、文学者竹内好というように見るんですが、ぼくはそこにエディターという第三の契機を入れて、三角関係のなかに位置づけないと好さんの本当の姿は見えない(5)」という。

丸山が、竹内好の「本当の姿」とする編集者としての側面は、橋川にも共通している。この編集者としての竹内、橋川は、丸山眞男の分類(6)によれば、「体系建設型」ではなく、「問題発見型」で、橋川の場合は、のちの著作『順逆の思想』『黄禍物語』でも活かされていく。

橋川の編集者としての業績は、編集作業そのものが裏方であることもあり、顧みられること少なかったが、職業としての編集者を辞め、政治学者としての生活を送るようになってからも継続している。わだつみの会での機関誌「わだつみのこえ」の初代編集長、月刊「中国」の編集委員の仕事は、もっと評価されても良いだろう。

一高の文芸部委員をして以来一貫しており、編集の仕事が好きで、性に合っていたのかも知れない。黒子として目立たなかったが、両方の雑誌で、企画・編集だけでなく、座談会の司会役を務めたり、さらに執筆と八面六臂の活躍をしている。

雑誌「中国」での執筆者としての登場は、一九六四年九月号(第一〇号)に筆名入りでエッセイ「曖昧な感想」を掲載。この号を境として、編集者としてだけでなく書き手としても活躍するようになる。本格的な執筆の最初は、一九六八年一~四月号に、「福沢諭吉――近代日本指導層の中国認識1」を、「中国」第五〇号から五三号までの四回にわたって連載した。(後述)

この主力を傾注した論考を契機として、橋川は、丸山と思想的訣別後は、本質的な問題、最も書きたかったこと、そして竹内が問題提起した課題に取り組み、その発表舞台を「中国」に求めることになる。

こうしてみると、松本健一が、橋川の竹内好への接近は、一九六〇年ごろから、まず人間的な交際の面において顕著になった、とする通りである。さらに、松本は、「中国の会」、中国語学習、そして碁やスキーといった趣味的な領域にまで及び、たんに人間的な交際の面に限られず、橋川の〈歴史〉の方法にまで影響を与えていった、(7)と述べている。

後年の「人間的な交際」を代表する「火曜会(8)」は、安田武の提案で竹内好を中心に一九六九年一月から始まり、竹内の最後の発病近くまで続いた。月一回、新宿のバー「風紋」「英」などに集まった。常連は竹内、安田、橋川のほか、田村義也（岩波書店）、高瀬善夫（毎日新聞）、岡山猛・中島岑夫（筑摩書房）、金子勝昭（文藝春秋）、野田祐次（合同出版）、新井直之（共同通信）、玉井五一（創樹社）、石田雄（東大教授）、松本健一（評論家）ら。

作家の井上光晴、安岡章太郎、評論家・石垣綾子、詩人・宗左近らが顔を見せることもあった。編集者が多いが、一社を除き、異なる会社なのが特徴。

このメンバーを中心に、夏は海へ、冬はスキーへと出かけた。橋川は、出席率がよく、ほとんどの会、海、スキーに参加し、竹内からスキーの個人指導を受けている。

次に、竹内は橋川の「〈歴史〉の方法にまで影響を与え」（松本健一）たということについて考察してみよう。

橋川は、処女作『序説』に見られる如く、そもそもは、戦後六年目の一九五一年、日本ロマン派に関する竹内好の論考を読んだとき、橋川の脳裏に竹内の名前が強く印象付けられたと思われる。橋川の著作の中に竹内が登場する最初は、一九五七年、『序説』の第一章「問題の提起」で、竹内の論考から以下の箇所を引用している。

「戦後にあらわれた文学評論の類が、少数の例外を除いて、ほとんどすべて「日本ロマン派」を不問に附しているさまは、ことに多少でも「日本ロマン派」に関係のあった人までがアリバイ提出にいそがしいさまは、ちょっと奇妙である。」（竹内好「近代主義と民族の問題」）

このパラグラフは、橋川に強い示唆を与え、『序説』執筆の後押しをする役割を果たした。橋川は、また、第三章「日本浪曼派の背景」で、竹内を、日本ロマン派の問題提起の唯一の継承者と書いている。

「竹内は『コギト』に名をつらねはしたが、作品は発表しなかった。古い『コギト』の広告ページに竹内の名前を見るのは一種異様な感じである。私は現在、日本ロマン派の問題提起をもっともオーソドックスな形で継承している唯一の人が竹内ではないかと思っている。むしろ、竹内と保田を含めた形で、文明批判の体系としての日本ロマン派の意味をキチンと考えておくべき時期が来ているし、あるいは少しおそいくらいだと思っている。」

橋川の『序説』によると、この頃から、学界やジャーナリズムで、民族の問題が新たな照明をあびるようになり、政治学、歴史学、文学などの学会が民族の問題を議題としたり、一九五二年一月の「中央公論」が「アジアのナショナリズム」を特集。しかし、「日本ロマン派」そのものが問題として提起されたのは、おそらく竹内の前掲の発言をきっかけとしたもので、それ以前には正式な批判の口火は切られていないという。

ただし、日本ロマン派に対する批判がなかったわけではなく、反対論が左翼派から出るであろうが、橋川の知る限り、この竹内論文の以前に、日本ロマン派を確実に主題とした批判の文章は少ないという。また、たんなる罵言と軽蔑と嘲弄でなしに、竹内のいう「相手の発生根拠に立ち入った」批判を望んでいた。しかし、その点では、ほとんど満足させられたことがなく、その批判の多くが、「極端にいえば、ザマ見やがれの調子である。これでは相手を否定することはできない」と述懐している。

先行する日本ロマン派に関する発言のなかでは、「近代文学」同人よりも年長の世代である中野重治が、竹内とともに、問題の本質に対して正しい勘をもっているように思われ、中野と竹内の二人に如何に力付けられたかを書いている。

「私はこの中野の率直な言葉によって、ふと小さな安堵感をいだいたのを覚えている。かつて私たちの見たあの明かな体験像は、たんなる幻影にすぎなかったのかという疑念にとらえられたとき、竹内や中野の発言は私を安心させ、鼓舞した。それほど私にとって、日本ロマン派の問題は重要であった。」（同前）

このとき、橋川は満腔の共感を覚え、その心奥に、竹内と中野の名が深く刻印されたはずである。その後、丸山眞男と思想的訣別していく過程で、中野に向かわず竹内に向かったのは、何故だろうか。そこには、文学と評論・思想との違いもあると思うが、詩人でもあった文学者・中野ではなかったことは、橋川の思想的選択があったのかもしれない。橋川は、そこで文学を封印・断念したとも考えられるからである（これについては、拙著『三島由紀夫と橋川文三』を参照）。

橋川は、竹内の「（保田が）天皇をいい出したのは後の段階なんです。最初考えていたのは、神というと大袈裟になるんだがね、なにかそういう絶対的なものを追求していた……そういう意味での保田与重郎批判はまだ出てないんですよ、そこの分析が、日本ファシズム論としてまだできてないんじゃないか」とする発言に研究の必要性を再確認したといえよう。

また、「竹内好が『近代文学』（一九五四年十二月号）で語っているような事実——保田が大阪高校在学中、パリパリのアジ・プロ小説を書いて懲戒をくらったことなども、事実としても知られていなかったし、それが知られた後においても保田批判の新たなデータとしてつっこんで考察されているようすもない[9]」ことから、竹内の示唆を受けて、タブー視されていた日本ロマン派を俎上にのせ、『序説』を「書かなければ」と改めて意を強くしたのであろう。

ところで、橋川と丸山、そして竹内は、大東亜戦争をどのように捉えていたのだろうか。なぜなら、この問いは、その後の三人の思想形成を推し量るのに恰好のメルクマールとなっているからである。

丸山眞男は、「竹内君は僕の親友だから決して悪口は言わないけれど、最も違うのは一二月八日の受け取り方ですね。彼はすごい解放感ですからね。あれほどの知性を持った人が、僕よりちょっと上だけれど、ほとんど理解できないな」「別に威張るわけじゃないけれど、僕らは支那事変が泥沼化してどうにもならなくなって、太平洋戦争に行ったという解釈ですから。解放感どころか逆なんですよ[10]」という。

一方の竹内好は、「宣言」と略されることの多い悪名高い「大東亜戦争と吾らの決意（宣言）」で、「歴史は作られた。世界は一夜にして変貌した。われらは目のあたりにそれを見た。感動に打顫えながら、虹のように流れる一すじの光芒の行衛を見守った。胸ち《ママ》にこみ上げてくる、名状しがたいある種の激発するものを感じ取ったのである」[11]と書いた。

この竹内の「宣言」は、戦争に向かう昂揚した精神において、戦時下の一高時代に書かれた橋川のエッセイと酷似している。橋川はいう。


「僕は言ひたい。諸君一瞬々々の生活を、かの悲願に結ばしめよと。それは先人の厖大な志の中から、燦然不滅の光を放つてゐる大なる精神に依れといふことなのだ。」「国士といひ、護國といふ、あの志こそは美しい。爾余一切は女々しい。といふのは、あのことばの中には、死の高い香りがしてゐるといふことなのだ。諸兄が生きてゐるなど〻いふ、曖昧な計算を捨てよといふことなのだ。[12]」


松本健一は、「竹内には十二月八日があり、丸山にはなかった、ということである。竹内が戦争の理念に自己を賭け、そのことによって戦争の現実にどっぷりと漬かってしまい、ついには死に赴かねばならなかったのに対して、丸山は戦争の理念なぞというものをはじめから信じていなかった[13]」というが、至当な見解だろう。

竹内と橋川の両者に共通なのは、聖戦の思想であり、戦争にどっぷりと漬かっている。

竹内が自らの戦争を振り返り総括するものとして書かれた「近代の超克」は、一九五九年十一月の作品で、橋川の『序説』（一九六〇年）、吉本隆明の『高村光太郎』（一九五八年）とほぼ同時期である。

一敗地にまみれた橋川と吉本は、敗戦で膝を屈し、戦後、前掲の書を著すことで再生するまでに、十数年の苦難の歳月が必要であった。竹内も「近代の超克」を書くにいたって、上述の「宣言」を清算することになるが、その間、実に戦後十四年もの歳月を要している。

ただし、竹内は戦前の精神形成期を戦争にあまり影響されず、自覚をもって過ごすことが可能だった世代に属していたため、戦中に遺書を書くつもりで書いたという『魯迅』（一九四三年）を上梓している。故に、戦中に醒めた目で、日中戦争を侵略と捉えることが可能で、戦後、丸山の「超国家主義の論理と心理」（一九四六年）のすぐあとに、「中国の近代と日本の近代」（一九四八年）、「近代主義と民族の問題」（一九五一年）など時代を見据えた優れた論考を書くことが可能であった。けれども、解放感を覚えたという対米英戦争＝大東亜戦争に対し、思想的な決着をつけるのには、戦後十数年の歳月を費やした。それは、結果として、再生に資する大東亜戦争の二重性という卓越した捉え方として結実することになる。

竹内好は、戦後になって、この宣言について、自らこう書いている。

「あの宣言は、政治的判断としてはまちがっている。徹頭徹尾まちがっている。しかし、文章表現を通しての思想という点では、自分ではまちがっていると思わない。（略）太平洋戦争の二重性格という仮説や、「近代の超克」論の復元作業などは、人はどう思うか知らないが、自分では賭けの失敗が根本の動機になっている気がする。[14]」

対米英戦争を賛美した「宣言」に対して、「政治的判断としてはまちがっている」という判断は、橋川も同様だ。それは、戦時下の白井健三郎らとの戦争をめぐる論争に際し、橋川が「この戦争は美しい」と主張したことに対して、戦後になって「我が方に利ありとも思えない[15]」との反応にうかがえる。そして、橋川においては、『序説』を書いて思想的に清算する「根本動機」のひとつになった。

橋川は、この竹内発言を受けて、竹内の没後、橋川にとっては唯一の竹内好論ともいえる論考「竹内好と日本ロマン派のこと」で次のように書いている。一九七七年、すでにパーキンソン病の症状が現れ、往年の切り裂くような文体のさえは見られず、些かわかりにくい文章だが、橋川らしさも見受けられる。

「これは重大な問題である。そこには政治（的予言）と文学（的予言）の二重構造が反省されており、その矛盾を一個人としていかに取扱うかということが問われている。（略）そしてあるいはこの反省とその後に生れた「太平洋戦争の二重性格」とか「近代の超克」論の再構成とか、或は別の言い方をすれば、竹内好の戦後の生き方のすべてが含まれていることになりそうである。(16)」

竹内好は、その『近代の超克』で次のように述べている。

「「近代の超克」は、いわば日本近代史のアポリア（難関）の凝縮であった。復古と維新、尊王と攘夷、鎖国と開国、国粋と文明開化、東洋と西洋という伝統の基本軸における対抗関係が、総力戦の段階で、永久戦争の理念の解釈をせまられる思想課題を前にして、一挙に問題として爆発したのが「近代の超克」論議であった。だから問題の提出はこの時点では正しかったし、それだけ知識人の関心も集めたのである。その結果が芳しくなかったのは問題の提出とは別の理由からである。戦争の二重性格が腑分けされなかったこと、つまりアポリアがアポリアとして認識の対象にされなかったからであり、そのために保田のもつ破壊力を意味転換に利用するだけの強い思想主体を生み出せなかったからである。」

橋川は、この竹内の「近代の超克」論は、「さまざまな屈折と増幅をへたものであるが、基本的には日本ロマン派という異常な思想運動の歴史的意味に関連させて考えられるべきものであり、そのためには、日本ロマン派そのものを明治以降の政治と思想の歴史の中で、正確に定位する必要がある」(17)と結論づけている。このように、主に日本ロマン派について論じている。

松本健一は、一九五一年に竹内好が「ウルトラ・ナショナリズムに陥る危険を避けてナショナリズムだけを手に入れることができないとすれば、唯一の道は、逆にウルトラ・ナショナリズムの中から真実のナショナリズムを引出してくることだ。反革命の中から革命を引き出してくることだ」と問題提起したことに対し、提起者の竹内が、直接これに答えようとしたのが、「近代の超克」という論文で、「答えるまでに、十年ちかくの年月がたっている。それほど難しい作業であった」(同「ナショナリズムとアジアの章」)と、長い熟考と模索の跡を斟酌している。

竹内も、吉本隆明や橋川と同様に、戦後、充分には過去を清算しない世の趨勢に抗し、戦前の「宣言」に代表される自らの聖戦思想と格闘し、決着をつけるのに、十数年の歳月を必要としたのである。

柄谷行人によると、竹内と橋川は、ニュアンスは違うが、戦後に否定された「近代の超克」、とくに日本ロマン派の問題を批判的にであれ継承しなければと考えた。竹内は、戦後日本が「アジア」を切り捨ててしまったことを批判。日本ロマン派の中にその契機を読み込もうとした竹内の『近代の超克』は、現在も代表的な文献だという。また、「近代の超克」は二重の意味で重要で、一つは、われわれがなお超克すべき「近代」の中にあるからで、もう一つは、なお戦前の「近代の超克」の問題を本質的に越えていないから、と論述している。[18] 柄谷の指摘は色あせておらず、現在も有効といえよう。

次に橋川が若き日に強い影響を受けた保田與重郎と、保田の高校時代の同級生・竹内好との関係について考察してみよう。桶谷秀昭は、竹内と保田について、こういう。

「竹内は保田與重郎とかなり近くにありながら、「コギト」同人に名を列ねるくらいの近さにありながら、ついにともに歩まぬある決定的な距離をもっていた。竹内は、その距離を肌が合わなかった、といったことばで説明している。（略）時がたってふりかえってみれば、気質とおもったものが、思想にかかわる問題をはらんでいたということもまたありうるのだ。（略）／結論を先にいえば、思想を生みだす過程が、ちがっていたのである。竹内は、生活者としての自覚から出発する。保田にはそれが極端に欠けていた。」[19]

桶谷の結論として提出された、思想を生みだすのに、「竹内は、生活者としての自覚から出発する」とは、竹内の思想の精髄にせまる発言である。

鶴見俊輔は、「橋川さんは直感として語り、資料は資料として示し、この二つをとりちがえることをしなかった点で、保田與重郎とちがい、この点では、竹内好と似ている」[20]という。これは、表現された思想の生命力を左右する重要な指摘である。

岡山麻子は、竹内と保田の関係について、《一九五〇年代における竹内好の「民族」の問題提起と、一九三〇年代における保田與重郎の『日本浪曼派』に至る問題意識は、日本近代が西欧近代から移入し、依拠してきた体系的理論や認識、既存の規範を自明なものとして受容し、思考の前提とすることを拒否する態度において通じている》と述べ、さらにいう。

「『日本浪曼派』に至る保田の既存の文学に対する批判と、戦後の竹内における中国近代論を経由した日本近代批判が、日本的な「進歩」主義の思考態度に対するアンチ・テーゼという問題意識の次元で接していたと言えるわけである。[21]」

岡山は、これらの論考を通して、竹内と保田が日本近代の批判という点で共通していることを、論理的かつ実証的に論じている。

ここには、若き日、保田に心酔した橋川が、丸山を経由して竹内へと近づいていく所以、必然性の素因のひとつが描かれている。要するに、橋川と丸山では、「日本近代批判」という箇所で、根本的に位相が異なっていたのであり、翻って、橋川と保田、竹内とは通底していたのである。

磯田光一は、竹内好の生まれた一九一〇年が、保田與重郎の生まれた年でもあったという事実は、「たんなる偶然の一致という以上の意味をもっている」「この二氏の歩みは、私には二本の双曲線のように見える。そしてこの双生児のような二人の思想家を截然とへだてているもの、それがいうまでもなく〝中国〟という軸である。（略）竹内氏の感性は、どれほど向日性をもったときにも、つねに暗い影を引きずっているように見える[22]」（傍点引用者）と述べている。

磯田が指摘する竹内のこの感性は、戦後の橋川にも共通する感性だ。保田と竹内の両者を截然とへだてている「〝中国〟という軸」（磯田）こそが、橋川が丸山と訣別し、竹内に近づく際に感じ取り、そして獲得していくものであった。

しかしながら、橋川と竹内好の二人は、その資質・体質において、必ずしも近い関係ではなかった。むしろ、大きく異なっていた部分も少なくない。それを、象徴的に示す逸話がある。

三島由紀夫が自刃した翌日、「中国の会」の事務所で、竹内好に中国語を習いに来た橋川に、竹内がいきなり「おい、今日は祝杯をどうする？」と口をきり、驚いた橋川に、竹内はにこにこして、「昨日三島が死んじゃったじゃないか」と念を押したというのである。

橋川は、「私がわかるのは、ただ竹内が文学者として、三島の「文学」を認めていなかったことである。とくに漢語の錯綜する三島の文章を竹内は一種の人工語とみなし大へん面白く思わなかったということである[23]」と回顧している。

拙著『三島由紀夫と橋川文三』で詳述したように、三島の文学と思想に造詣深く、互いを深く理解しあった良き対立者ともいえる橋川に対し、竹内とは、ことほどさように、文学者・三島に対する評価・嗜好が大きく異なっていたのである。

六〇年安保の際、「民主か独裁か」と声高に唱え、理論的行動家として政治運動に深く関わった竹内と、丸山眞男に「現実政治についてのセンスも興味もない[24]」と揶揄されるほど政治運動家に不向きで、現実政治には縁のなかった橋川とは、この点でも対照的であった。

「伝説の編集者」と呼ばれ、橋川、竹内と親しく接した嚴浩も、「竹内好の資質・体質と橋川文三のそれとは、私は異質だと感じてきた。この感じ方、もちろん当てにはならぬが、両者の接近、というより橋川の竹内への接近と私は見ていた[25]」という。

このように、資質や体質が違い、文学や政治に対する見識・嗜好も微妙に異なっていた相手である竹内に、橋川は、どうして接近していったのだろうか。

第一に、《橋川と竹内のあいだには、「戦争体験」を如何に一般的なものとするか、つまり、世代を超えた「理念」へと練り上げ得るか、という問題意識において共通の土俵があった[26]》（丸川哲史）点を挙げることができよう。これは、端的には、『序説』（橋川）と「近代の超克」（竹内）に見ることができ、前述したように橋川は、戦後まもなく竹内好の「近代主義と民族の問題」等で、竹内と通底する問題意識を確認することで、両者は、微妙に交錯しながらも、同じ問題を見つめていたはずである。

第二に、『日本の百年』「アジア解放の夢」の解説にあるように、竹内好を中心とする満州国研究会で、一緒に研究したことが大きいのではないだろうか。この会で、竹内から学んだことは、個別満州国にとどまらず、広く、中国、アジアへとその問題意識が広がっていった。同書の執筆に際しては、必然的に中国・アジアへと視野を広げて考察する必要があったからである。

橋川が、大学ゼミの最中に、口癖のように繰返し語っていたのは、「日本の近現代史を知る為には、中国、朝鮮、アジアの歴史を学ばなければ理解できない」ということであった。これは、丸山眞男には稀薄な問題意識で、逆に、竹内好の影響を濃厚に見ることができよう。

第三に、満州国研究会とともに、それ以前の前述の岩波書店主催の「文学」での共同研究会等で、竹内好の謦咳に接したことである。個別満州国、中国、アジア研究だけでなく、また、竹内との資質・体質における異質性を超えて、竹内の高邁な人格、豊かな学殖および借りものでない思想と行動に強く惹かれるものがあったであろうことは、想像するに難くない。

磯田光一は、橋川と竹内の相違・対立について、最も深甚な考察をしているひとだとわたしは思う。磯田は、橋川が、《日本浪曼派の〝政治的無効性〟を抽出し、それが左翼の急進主義（あるいはユートピア主義）と「等価」であるといいきったとき、橋川氏はきわめてユニークな地点に立つことができた(27)》と評価。さらに、橋川と竹内について、こう述べている。

「この（橋川の—引用者）思想は、昭和十年代のナショナリズムを異なる方向に生かそうとする竹内好とは、有効性の評価において、根本的に対立してくるはずである。ところが両者がかならずしも対立を示さないのは、橋川氏の思想感覚にもうひとつの屈折が働いているためと思われる。すなわち〝政治的無効性〟を〝有効性〟に高めるのが、あるべき政治運動のすがたであるとしても、政治的に無効なものがかならずしも人間的に無意味であるとは限らないという感触が、橋川氏を有効性のかなたに引っぱってゆくのである。／保田與重郎の思想は、政治に利用されることはあっても〝政治的有効性〟をめざさなかった。むしろ有効性を問わないというそのことが、青年の夢想にうったえる要因になったとみられる。(28)」

わたしは、この磯田の言説は、橋川、竹内、保田の三人の思想の内奥に深く潜入し肝胆をくだかなければ獲得することのできない、説得力ある洞察だと思う。さらに、磯田は、丸山から竹内へと向かっていく橋川の思想的変遷の必然性を以下のように説明する。

「こうして保田與重郎をあとづけた触手を、近代日本の全領域に拡大してゆくとき、橋川文三氏の前にみえてきたのは、「近代化」の正統派に属する人びとからみて異端視されたもの、すなわち竹内好が「近代主義」と呼んだものから洩れてしまう領域であった。／（略）福沢諭吉を文明開化のイデオローグとすれば、福沢の路線から押し出されてしまう領域が、橋川氏の関心の対象になったのである。／『順逆の思想』に収められた福沢諭吉論が、もっぱら「脱亜論」に関連した福沢の中国観を問うているのもそのためで、ここに竹内好の影響をみるのは容易であろう。[29]」

「「近代化」の正統派」には、当然、丸山眞男が含まれているであろう。そして「福沢の路線から押し出されてしまう領域」とは、丸山眞男の路線から押し出されてしまう領域でもある。そこが、まさしく橋川のその後の研究対象となったのである。磯田の言説の如く、ここに、丸山ではなく竹内の影響があるのは明らかで、「〈歴史〉の方法にまで影響を与えた」（松本）ことで、橋川の進んだ方向が鮮明に示されている。

丸山眞男から竹内好へ（吉本隆明を経由して）

橋川が、何故、竹内好に近づき、師と仰ぎ、晩年まで同伴したのかを知るためには、竹内好の思想と行動を知る必要がある。

一九五〇年四月、竹内好は、評判となった「日本共産党に与う」を書いた。

本多秋五によると、竹内好はそこで、日本共産党を評して、共産党はコミンフォルムにひたすらあやまったが、その前に共産党が手をついてあやまるべきは日本人民であった、と書いた。また、日本ロマン派は文明開化のアンチテーゼとして現れたという竹内の問題提起は、国民文学論議では、まともにとり扱われず、その無視無斟酌は、共産党主流派の理論家たちにひどく、橋川文三の日本ロマン派研究は、その穴を埋める努力といえる、と述べている。

さらに、竹内の同論は、「公然と、わが国の近代史上はじめて、党外から、反共的でない共産党批判がなされたもの」（山田宗睦）で、当時、文芸批評家がこんな大胆な論文を書いて大丈夫かと危惧した。しかし、竹内好には、書くだけの根拠が充分にあり、すでに文芸批評家以上の、現代中国の研究によって養われた眼で日本文化全体を見直す「評論家」に蝉脱していたと評価する。[30] 竹内好は、そこで、こう書いている。

「人民への謝罪なくして共産主義への忠誠はありえない。ところが、日共の態度は、まったく反対であった。終始一貫、人民へは尻を向けて、コミンフォルムの顔色を窺ってばかりいた。[31]」

この竹内発言が、如何に大きな反響を呼び起こしたかを想起できる吉本隆明の文章がある。吉本は、《竹内好が書いた「日本共産党に与う」という文章は、どんなにわたしを驚喜させたかをおもいおこす。それはわたしに共同性にかかわる思考と行為をおこすときの不朽の規範であったし、いまもそうである。またじぶんの戦争体験と戦争期の思想的体験の遺産は〈無〉あるいは〈負〉であるかという内心の課題を処理しきれずにいたわたしから雲を払ってくれたものであった》と述懐し、さらにこういう。

「かれ（竹内―引用者）はべつのところでマルクス主義者を含めた近代主義者たちは、敗戦後じぶんを被害者のようにおもいなして「血ぬられた民族主義をよけて通った」とも主張している。わたしには大衆の戦争体験を無化して戦後に佇とうとするものはたれも、先験的にじぶんが不具であるということを覚悟のうえで生きるべきであるという意味あいで受けとれた。（略）この態度は労作「近代の超克」にいたるまで変わることも衰えることもない竹内好の思想的肉体であった。わたしはかれのこの思想的肉体が好きであった。[32]」

同じ戦中派の同世代で共産党に入党体験のある橋川文三も、竹内の前掲の文章を読み、「いままでになかったような、びっくりさせるような論旨だった。（略）あの戦争を経過し、あの敗戦を経過した後にもなお日本人はちっとも変わってないぞ、という警告の意図があったことは間違いない[33]」という。このように、吉本と同様の感慨を抱き、そして、竹内の文章に誘掖され竹内好に近づく伏線のひとつになったと推測できる。

次に、竹内好が提起した国民文学論と橋川の関係について考察してみよう。

中野敏男は、国民文学論争の嚆矢をなすとされる「亡国の歌」「ナショナリズムと社会革命」「近代主義と民族の問題」といった竹内の一連の論考が、朝鮮戦争の戦況が苛烈となり、「講和」をめぐる議論が沸騰した一九五一年に書かれたことは、重要な事実で、竹内は、敗戦直後に支配的だった近代主義に抗する形で問題を提出していると適切な見解を示す[34]。

しかし、松本健一は、国民文学論争は「不毛」で、「論争によって生みだされた産物がほとんど全くない」（「啓蒙者の位相の章」）と否定的だが、汲み取るべきものは、全然ないのだろうか。

鶴見俊輔は、竹内好の国民文学論は、《これがきっかけとなって、それまで黙殺されていた日本浪曼派を正面から見すえる橋川文三の『日本浪曼派批判序説』（略）、日本文化の西洋近代とあいふれた層、封建文化の層、民族伝承とかかわる層の三つの層を表現し得た作品として中里介山の長篇をとらえた桑原武夫の「大菩薩峠」（略）などへの道をひらいた。しかし、そういう副産物をのぞくと、論争としても、創作へのうながしとしても、竹内の期待した方向には動かなかったように思う》という。[35]これがほぼ妥当な判断であろう。

本多秋五がいうように、竹内の「近代主義と民族の問題」によって国民文学論争の口火が切られたとすれば、[30]前掲の如く、橋川は、この論考に少なからずのインパクトを受けたのは明らかだから、この鶴見発言は、それなりに頷ける。

前田愛は、生前の橋川に、国民文学論と『序説』との関連を訊ねてみたところ、橋川は、「厳然たる面持ちで否定した。その当座は意外な印象をうけたが、今では私なりにひとつの答えを引きだしている。竹内好を敬慕する念の篤い橋川は、竹内の提唱を不毛な論議に終わらせてしまったかつての日共所感派の国民文学論に苦い怒りを持ちつづけているのではないか」[36]、という。一理ある発言だとは思うが、わたしは些か懐疑的で、橋川の性格からすると正直に答えたものではないだろうか。

ところで、前述のように、一九六二〜三年にかけて、吉本隆明は、「一橋新聞」に「丸山真男論」を発表し批判した。その際、橋川は丸山シューレの中では、殆どただ一人、明確に吉本の側についたが、竹内好はどうしたか。その連載が終わったあと、竹内は同紙から、感想を尋ねられ、丸山、吉本には人間観のちがいがあり、現代のとらえ方について正反対の極を代表する思想家で、「丸山真男は使い分けの達人」だと明言した。さらに、こう述べている。

「不完全な人間が完全な世界を認識するには、不完全を自覚して、使い分けをするほかないという方法意識がうまれる。丸山が福沢諭吉から学んだもの、あるいは福沢に自分を読み込んだものは、この方法意識ではないかと思います。／吉本にとっては、ほとんど予定調和に近いこの丸山ゲーテ的な世界像は、ナンセンスである。[37]」

この竹内の感想は、橋川のように吉本の「丸山真男論」に対し、明確に賛意を示しているわけではない。しかしながら、つぶさに考察すれば、吉本に「共鳴した」と判断して間違いないだろう。松本健一は、この竹内の吉本評価は、丸山政治学が、「現実の思想、または制度の実体を解析するため」には有効だが、同時に、「現実社会そのものの動き、現実的存在としての実体」からは乖離する性格をもっている、とする吉本の批判にほぼ同意していると見ている。さらに、以下のように語る。

「丸山真男のいうファシズムにはじぶんがふくまれていないが、竹内好のいう日本イデオロギーにはじぶんがふくまれているのである。戦争を「思想」に拠って耐えた丸山と、「生活」に拠ってかいくぐった竹内との、戦後における思想的営為は、ここにわかれる。竹内が吉本隆明の「丸山真男論」の論旨に共鳴したはずである、と推測する所以である。[38]」

ここにも、橋川が、丸山と訣れ、竹内に近づいていく素因のひとつが垣間見られる。

さて、橋川文三は、丸山眞男と思想的訣別し、竹内好を師として近づくに際し、竹内の思想と行動に共鳴し、丸山とは異なる「あたたかい思想」を見出したと、わたしは考える。そして、それが竹内好に親炙し、師表と仰ぐ最も大きな理由だった。

橋川とは、資質も体質も異なる竹内に、あえて近づき交友を深めるというのは、単なる偶然性を超えた思想的選択における必然性が介在していたはずである。

竹内好は、終戦の八月十五日をどう迎えたか。ここには、戦後思想をうらなう、重大な対応を垣間見ることができる。竹内は、戦後に「屈辱の事件」と題する文章を書いた。

「八・一五は私にとって、屈辱の事件である。（略）八・一五のとき、人民政府樹立の宣言でもあれば、たといかぼそい声であり、その運動が失敗したとしても、今日の屈辱感のいくぶんは救われたであろうが、そのようなものは何もなかった。高貴な独立の心を、八・一五のときすでに、私たちは失っていたのではないか。(39)」

この「屈辱」とする竹内の敗戦の受け止め方は、丸山眞男とは対極に位置し、解放ではなかったとする橋川に近い。敗戦を「解放」と受け止めた丸山眞男や「近代文学」、日本共産党の人々とは、明確な一線を画していた。ここにも、橋川が竹内に親近感を抱く好個の手がかりが隠されている。

竹内好は戦後間もなくの日記に、《丸山真男という人（東大法学部助教授）の「超国家主義の論理と心理」よむ。面白かった。近来になく面白かった。帰還後よんだ中で随一のものである》（「四六年十月十九日」）と高く評価。橋川も同様の感想を抱き、丸山を師表と仰いだ経緯については前述した通りである。

しかしながら、竹内好は、「日本人の中国観」（一九四九年）の中で、丸山の「近代日本思想史における国家理性の問題」（一九四九年）に対し疑問を投げかけている。すなわち、竹内は同論で、丸山の説は、「後進国の近代化の過程を、はっきりヨオロッパと区別して扱う扱い方においては、これまでの公式的な唯物史観論者より数等すぐれているが、後進国の型に日本と中国では質的な差があることをかれは見逃してはいないだろうか。（略）どうも私には、丸山のような学者さえ、日本人の伝統的な中国侮蔑感が意識下にあって正しい理解を妨げているような気がする」と問う。

これは、竹内が名指しての丸山批判の最初で、抑制しているとはいえ、本質を鋭くついた発言だ。ただし、かくの如く丸山に論及したものの、四年後の一九五三年に竹内は、「本稿で丸山真男氏の意見に批判を加えている部分は、引用の論文に関してだけであって、その後の一連のファシズム論で丸山氏が展開されている論旨には私はまったく同感である」（「解題」）というから、この頃はまだ丸山への異和感や批判者としての自覚は少ない。

ところで、松本健一は、竹内好の「中国の近代と日本の近代」（一九四八年）は、過去の一切の否定を言挙げせずに、新しい価値（近代＝民主主義）をもって変革をおしすすめる戦後民主主義者（近代主義者）に対する批判、と読むことができるはずと指摘する。さすれば、同論は、丸山眞男批判と読むことができることになる。

また、「竹内が丸山に異和感をおぼえはじめるのは、六〇年安保前後のことではないだろうか」（以上、「近代の批判に関する章」）と推測するが、妥当な判断だろう。そして、前述したように、橋川も、この少し前の一九五八年頃から丸山に異和感を覚え、思想的離別が始まっている。

よく知られているように、丸山眞男が《大日本帝国の「実在」よりも、戦後民主主義の「虚妄」の方に賭ける》(40)とうそぶいたのは、安保闘争から四年後の一九六四年ことだ。戦後民主主義の旗手・オピニオンリーダーたる丸山自身が、「虚妄」というのである。

この発言が象徴的に示すように、擬制が終焉したと叫ばれ、「民主主義の神話」が唱えられた六〇年安保前後で、丸山は思想家としての役割を終える。

福沢諭吉の明治前半期と丸山の戦後に果たした役割はパラレルで、福沢は、日清戦争で、明治期におけるオピニオンリーダーとしての役割を終えている。次節で見るように、丸山と福沢は、近代合理主義を信条とし、かつ啓蒙的役割でも共通していて、両者は、相似形を描いている。

さて、竹内好は丸山眞男については、ほとんどというほど本格的な文章は残していない。よって、竹内による丸山批判は数少ないが、前掲以外にも批判の例がある。

丸山が「世界史における現代」（一九五四年）で、価値の多元化の指標を世界史のトレンド（テクノロジーの進歩、大衆の勃興、アジアのナショナリズムの並行現象）から説く発言に対し、竹内は「アジアにおける進歩と反動」（一九五七年）において、丸山説には二つの弱点がある。一つはここからは革命の契機が「現在的」には出てこないのではないか、もう一つは日本人の民族的使命感が切り離されているのではないかと批判した[41]。

このような指摘をふまえて、姜尚中は、問題は、日本の植民地帝国の記憶の忘却であり、この忘却の上に戦後の「日本人」の「国民共同体」の戦後五十年が語り継がれ、丸山のアジアについての学問的な言説もまたそうした忘却と無縁ではなかったし、むしろその上にはじめて生い茂った巨木であった[42]、と冷徹きわまる認識を示している。

橋川が思想的に丸山から離れ、竹内に近づいていく過程で、両者における決定的な相違は、丸山には、中国・アジアに対する視点や問題意識が稀薄で、逆に、竹内には終始一貫して不断の問題意識に貫かれていたということである。

橋川が強い影響を受けた丸山眞男の「超国家主義の論理と心理」（一九四六年）と、ほぼ同時期に書かれた竹内好の論考「中国の近代と日本の近代」（後、「近代とは何か」に改題）は、中国（実質的には東洋）と日本を主要なテーマとしている。ヨーロッパは補助的に扱っているに過ぎず、竹内は丸山眞男を特に意識しなかったと思われるが、後述するように、結果的に丸山批判となっている。

鹿野政直は、東洋にこだわり抜いた点で丸山とは対極との観のある中国文学者の竹内好も、主体の欠如を念頭に日本の近代をトータルに問うた一人で、「中国の近代と日本の近代」において、東洋では「抵抗の歴史は近代化の歴史であり、抵抗をへない近代化の道はなかった」「滔々たる民主化を見すえつつ竹内は、ふたたび別の原理への乗り換えを感じとり、そのような「優等生文化」的体質の根本的な変革を説いた[43]」と概説している。

中野敏男は、丸山の「超国家主義の論理と心理」と竹内の「中国の近代と日本の近代」の二篇は、非常にクリアーな対照性をもっていて、竹内の論考に対し、「ヨーロッパの近代と日本の近代」という対比構図によって超国家主義を論じた丸山論文との批判的対抗関係は明らかだという。

すなわち、中野は、丸山の超国家主義についての所論が、合理的なヨーロッパ近代に対照させながら、日本の近代をひとつの遅れた近代化あるいは歪んだ近代化として位置づけ理解するもので、日本軍の暴虐な振舞が批判的に問題化され、日本の加害責任が問われているが、それもこの近代化の遅れあるいは歪ゆえのもので、負うべき責任は未完の近代化を徹底することで引き受けられるとされる、と説く。

中野によると、これに対して竹内は、「東洋の抵抗」という観点から、ほぼ正反対の方向に議論を差し向けていて、日本の加害責任を踏まえて竹内がここで指示しているのは、「非合理な戦争」について悔恨する丸山らの認識を批判的に意識しながら、問いをむしろ西欧的な近代化と進歩そのものへ差し向け、同じ道を歩もうとしている戦後潮流に抗して、基本認識の価値転倒を図ることであると論じたことで、竹内論文は、丸山が提起する近代的理念の核心部に深く突き刺さっていくとしている。(44)

このように、竹内の「中国の近代と日本の近代」は、明確に丸山への批判と読むことが可能だ。両者が意識すると否に関わらず、一九四八年の段階で、すでに両者の思想の異質性・対立関係は否定すべくもないであろう。

橋川が、丸山から竹内へと思想的変遷するのは、基本的には、この中野の言説の延長線上にある問題意識によるものと推察できる。そこには必然性があるから、この変遷は約束されていたと見ることができよう。

丸山眞男は、竹内好とは、「根本的に許し合った友人とは思っていたんですが……、畏友とか益友とかいう言葉は、ぼくが好さんにたいして用いるかぎり、単なる修飾じゃない。もちろん福沢論にしても脱亜論にしても、ぼくには、そこらのアジア主義者や土着主義者よりもずっとぼくの考えの方が好さんに通ずるものがある(45)」という。しかし、両者には、思想の根源においては確固とした深い溝があったのではないだろうか。

丸山眞男は、『竹内好全集』の監修または編集委員への就任依頼に対し、《松本健一君は大学紛争のとき全共闘側に立って東大教授丸山眞男を批判しつづけて来た人です。と同時に竹内好論の著を書いた人です。その人が竹内全集のために丸山教授と「野合」して名を並べるというのはいかがなものでしょう。さらに、松本君も橋川〔文三〕君も「アジア主義者」としての竹内好を押し出して来た人で、私自身の竹内好観とは非常にズレがあります[46]》（傍点原文）と長文の断りの書簡を埴谷雄高宛にしたためている。丸山のいう如く両者の思想の淵源には、大きな「ズレ」があり、乖離していたのではないだろうか（埴谷は『竹内好全集』の監修、松本、橋川は編集委員）。

鶴見俊輔は、「丸山眞男が最も衝撃を受けたのは竹内さんからなんですよ。逆に、竹内さんは丸山さんからそんなに衝撃は受けてません。（略）ただね、丸山門下はあまり受けてないんだよ」と嘆く。

この「丸山門下」に橋川は、入っていないようだ。鶴見はさらにこういう。

「岩波の雑誌に「超国家主義の論理と心理」が出てるでしょ。それを東大法学部政治学科の学生として読むのよ。その雰囲気の中で読まれる丸山眞男ってのは、戦争中の竹内好の鬱屈した空気ともまったく懸け離れたものですよ。勝利者として読むんだから。結局それが丸山門下に続いてるね。」「丸山の理解力というのは、そりゃ大変なもんですよ。竹内さんに対する打ち込みを見ても、端倪すべからざるものがあるね。だけど、丸山門下には竹内さんを理解する受け皿がないんだ。それはものすごくできるし、人間もいいんだけれども、残念ながら青春の鬱懐がないんだよ。[47]」

この鶴見発言の「丸山門下」にも橋川は入っていないようだ。鶴見は、また、「丸山眞男と竹内好を組として見ること」が、大事だとも語っている。[48] これらの克目すべき言説は、橋川が、丸山のあとに、竹内に近づいていく好個の手がかりになり、その必然性を暗示している。すなわち、橋川にも丸山のように竹内から受けた衝撃があり、しかも、竹内と共通する鬱懐があり、また丸山門下にはない竹内を理解する受け皿が、橋川にはあったということである。鶴見はさらにこういう。

「丸山眞男は自分の談話を引用されることを嫌ったが、その談話に丸山さんの真骨頂があらわれている。反対に丸山門下から丸山にさかのぼるとき、ひらめきはあらわれない。福沢諭吉—丸山眞男、また荻生徂徠—丸山眞男の線上で見るとき／（略）バートランド・ラッセル—ヴィトゲンシュタイン、I・A・リチャーズ—ウィリアム・エンプソンの系譜では門下生に師の学風を新しくする力があらわれる。（略）丸山眞男—丸山門下にあらわれていると言い難い。」(49)

このように、鶴見は、一貫して竹内好に縁遠く、師の学問に新風を吹き込もうとしない丸山門下に対して容赦ない発言をしている。

だが、しかし、わたしは、橋川は鬼っことはいえ、ほとんど唯一の例外であり、橋川には、師である丸山の学風を新しくする力があらわれ、ひらめきがあらわれているように思う。鶴見は、竹内とは、丸山がしたような日常的な交友はなく、また、アジア主義や東洋思想のエキスパートというより、むしろ欧米の哲学・思想に精通している人だった。しかし、竹内好の評伝『竹内好』を上梓し、竹内の人と思想を深く追究した人ならではの、端倪すべからざる一連の発言だ。

丸山眞男の直接の弟子ではないが、多くを学び、少なからずの影響を受けていると思われるものの、批判すべきは批判している苅部直のような人でも、坂野潤治『近代日本とアジア』の「解説」で、同著は、竹内が《夢みた「アジア主義」の虚像に対する偶像破壊にほかなら》ず、《ロマンティックな「アジア主義」論がその後も近代日本研究で横行しているのは、なんとも奇怪である》という。丸山に近い人びとの中に、アジア主義、畢竟竹内好を理解する受け皿がない状態が、依然根強いのは残念なことである。

松本健一は、竹内好と丸山眞男は、戦後思想をリードした人で、丸山は戦後民主主義のエンジン役、竹内は、戦後思想の重しのような人だという。丸山について出版された本の多くは、丸山が戦前にどのような位置にあり、戦後思想をリードする役割を示したのはなぜか、すべての問題が丸山眞男という人物に収斂している。ところが竹内好は、竹内に収斂していくというより、竹内が投げかけた問題を今でも引き受けさせせられる。アジアは、地理的概念でも歴史的概念でもなく、近代への〝抵抗〟としての「方法としてのアジア」という問題提出をする。その上で、アジア主義とは何なのか、日本では近代がどのような歪み方をしたのかと、問題を提出する。すると、竹内に興味がある人々は、この問題を引き受けさせせられるという。(50)

この松本の言説には、橋川が、丸山のあとに、何故、竹内を師とし、思想的同伴者として共に歩もうとしたかを説明するヒントが隠されている。要するに、戦後思想をリードした丸山が、その思想家としての役割を終えるのに伴い、橋川は、丸山という人物に拘泥することなく、丸山と思想的に訣別し、その後、竹内好の投げかけた問題意識（「方法としてのアジア」）を、橋川もまた引き受けて解こうとしたのである。

ところで、橋川文三は、『序説』刊行前の一九五八年、すでに「実感の文学を超えて」で、竹内と丸山を俎上にのせて、論じている。

「竹内は、近代日本の美学的可能性を、その極限にまで検証した方法的達成として、小林と丸山の仕事をあげる。（略）竹内は、この二人の中に、もっとも見事な近代精神の型を見ているのであり、「フィクションが自己目的化すればリアリティは失われるという近代文学の原理が、丸山には貫かれている」という見地から、丸山の論文をもあえて「制作」と規定し、その文体論にまで言及している。」（傍点原文）

橋川は、このような観点が、「専門家」としての科学者、文学者の双方に対して、強烈な「毒」を含んでおり、それは近代文学者に対して恐るべき否定の意味を含むとともに、科学者に対してもしたたかな不信を含んでいるからだという。

橋川が指摘するように、竹内は丸山に見事な近代精神の型を見ている。「科学者に対してもしたたかな不信」とは、竹内の丸山に対する不信と解釈することができよう。

また、橋川は、竹内の意図は、《つねに希望があるという絶望的事態（それを国情といってもいい）の中で、どのような美学的可能を創り出すか、という点にかかる》。これに対し、丸山は、《認識としても実践としてもやはり強靭な自己制御力を具した主体なしには生れない。その主体を私達が生みだすことがとりもなおさず、私達の〝革命〟の課題である》（傍点原文）という。さらに、ここに見られるように、問題はつねに「花」にかえり、「主体」「私達」にかえる。解決はないといってよいのだと橋川は述べている。

このように、橋川によれば、竹内は丸山の方法では解決はないと、見なしているのである。さすれば、一九五一年の段階で、意識すると否に関わらず、竹内には、すでに丸山批判が内包されていたということになる。そして、そのことを、橋川は、一九五八年の段階で察知していたのである。

さらに、橋川は、自らも関わった「実感論争」が終息したといえる一九五八年九月、論争を振り返って、《何がぼくのいう「ぼくらのリアリティ」であるか? むろんそれに答えるには、一定の限界的な「思想」を設定してかかるほかはないぼくは、奇矯かもしれないが、かりに、それを「アジア」と「日本」という名で呼んでみたい[51]》(傍点引用者)と記す。

これは、それまでの橋川には見られなかった注目すべき発言だ。

橋川が、これらの文章を書いた年は、ちょうど丸山眞男のスランプ発言の年であり、また、吉本隆明と邂逅し交流を深めていく年でもあった。ここに、橋川が、丸山と思想的に訣別し、竹内好へと接近していく端緒を垣間見ることができよう。それは、丸山には決定的に欠落していたアジアへの「あたたかい」まなざしである。橋川は、丸山にないものねだりするのではなく、蟬脱転進し自らが志向していく。

脱亜論とアジア主義(福沢諭吉と岡倉天心を論じる)

橋川文三が、丸山眞男と訣別し、竹内好に接近し、竹内好が提出した問題意識を発展的に追究した主要な論考の多くは、雑誌「中国」に掲載された。その主なものは『順逆の思想』(一九七三年)と『黄禍物語』(一九七六年)にまとめられている。

『順逆の思想』を検証してみると、副題に「脱亜論以後」と記す如く、福沢諭吉の思想を代表するキーワードである「脱亜論」に注目している。福沢の『全集』が刊行されたのは、戦前に三回、戦後に一回の計四回で、三番目の昭和のものに初めて「脱亜論」が載った。

丸山眞男は、「脱亜論」について、「僕のにらんでいるところでは、僕の親友だけれど、竹内好なんだな、流行らせたのは。（略）福沢諭吉が今日の日本のあらゆる害悪の元凶ですからね[52]」という。「脱亜論」を最初に注視し採りあげたのは、一九五一年の遠山茂樹「日清戦争と福澤諭吉」だ。以後、五二年＝服部之総「東洋における日本の位置」、五三年＝同「文明開化」、五六年＝鹿野政直「日本近代思想の形成」、六〇年＝飯塚浩二「極東・東亜・近西」、六一年＝岡義武「国民的独立と国家理性」、同年＝竹内好「日本とアジア」、六三年＝同「アジア主義の展望」などが続く。

福沢の「脱亜論」が、日清戦争における思想的なバックボーンを提供した「基本的テーゼであった」とする言説は、服部之総「東洋における日本の位置」により提出された（服部は、「脱亜論」を「福沢綱領」と呼んでいる）。

一九六三年、竹内好は、『現代日本思想大系9・アジア主義』の編集を担当。「解説」として評判となった「アジア主義の展望」を書いた。その中で、「アジア主義の対極ではあるが、アジア主義と微妙に触れあう表裏の関係をもっている」という「脱亜論」の全文を掲載。これらが、「竹内が流行らせた」（丸山）とする根拠であろう。

竹内好は、さらに、「福沢が日清戦争の勝利を文明の勝利として随喜しているとき、したがって福沢が思想家としての役割りをおわったとき、また日本国家が近代国家としてゆるぎなくなったとき、福沢の批判をテコにしてそれ（アジア主義―引用者）が生まれた。その一つは、西欧文明をより高い価値によって否定した岡倉天心であり、もう一つは、滅亡の共感によってマイナス価値としてのアジア主義を価値としての文明に身をもって対決させた宮崎滔天や山田良政の場合である」と述べている。

橋川は、竹内のこうした問題意識に触発され、五年後の一九六八年、雑誌「中国」（一～四月号）に、「福沢諭吉―近代日本指導層の中国認識1」（のち「福沢諭吉の中国文明論」と改題）を四回連載した。その内訳は、1「脱亜論」をめぐって、2初期の体験と『時事小言』、3『唐人往来』と『世界国尽』、4日清提携論とその転位、5『文明論之概略』の中国、6「脱亜論」への転換、7韓国情勢と諭吉、8「脱亜」の思想と現代、である。タイトルに、「中国認識」「中国文明論」とうたっているが、広くアジアまでを視野に入れており、「脱亜論」の深層に切り込んだ佳作だ。

同論で橋川は、《この論文の頭には「有名な」という形容が付けられるのが当然のようにもなっている。／しかし「脱亜論」が果していつごろから有名になったかというと、それも私には必ずしもハッキリしない。（中略）／たぶん「脱亜論」が有名になり出したのは、ごく最近のことかと思われる》と書いている。

さらに、一九六一年刊の『近代日本思想史講座』第八巻「世界のなかの日本」の岡義武「国民的独立と国家理性」と、竹内好「日本とアジア」の二篇を挙げ、《ここですでに「福沢に脱亜論の主張があるのは有名である」（竹内）といわれており、岡論文ではその一節の見出しそのものが「脱亜の時代」となっている》と示している。

「脱亜論」は、その後、実に多くの論者により採りあげられる。最も詳細に検討している一人の平山洋は、「脱亜論」の、にわかな名声に奇異の念を覚えた橋川文三は、同論で、その源流を鹿野の『日本近代思想の形成』（一九五六・六）まで遡っていて、《橋川は遠山による発見までたどることはできなかったが、その名声がごく最近のものであることは鋭く見抜いていた。「有名さ」が定着したのは橋川の発言の僅か一年前に過ぎなかった(53)》と指摘する。

橋川は、前掲のパラグラフの後に、服部之総の「東洋における日本の位置」から、「十年後の日清戦争はこの福沢綱領（＝「脱亜論」）のそのままの実践であった」を引用している。したがって、遠山の論の翌一九五二年発表の服部の論考まで、橋川は、たどっていたことになる。

平山が指摘する如く、橋川は、一九五六年の鹿野政直の論考を採りあげ、ここでも、《すでに自明のもののように言及されているから、さらにそれ以前に遡ることが可能かもしれない。／しかし、その考証はここでは省くこと》にして、《「脱亜論」が今日、象徴的意味をもっていることはあきらかだから、その象徴性を手がかりにして、福沢の中国観の吟味に入りたい》と記す。かくの如く、橋川は、終生、文献的考証に拘泥しないことを一つの眼目としており、ここでも福沢思想の検討・吟味を優先している。

橋川は、また、甲申事変にかなり深く介入した福沢の言論と行動から、福沢が実際政治において活躍すべき人物ではなく、せいぜい明敏有能なアジテーターにすぎなかったと、傾聴に値する観点を提示している。

橋川が、同論で先駆的に言及したこととして特筆できるのは、以下の二点である。

第一に、福沢の「脱亜論」に見られる「脱亜」の言説は、「必ずしもとくに卓抜な内容をもってはいない」もので、なおかつ、これが初めてではなく、すでに、それ以前から同様の内容が数多く提出されていることに着目したことである。すなわち、その論旨は、「この前後に福沢が何十篇となく書いている論文と大差ないもの」と指摘。具体的な例として、二十八項目の論説を註に挙げている。さらに、《福沢の「脱アジア」の考えの明確な定式化は、先に見たように『文明論之概略』あたりから始まっている》とも論じている点である。これらは、橋川が、平山洋や安川寿之輔など[54]の研究者より先鞭をつけ審《つまび》らかにしている。

第二には、「脱亜論」の高姿勢も、対清開戦の主張も、「福沢の激昂から生れたもので、冷徹な政治的リアリズムの所産」ではないとして、「脱亜論」執筆の直ぐ前にあった甲申事変の挫折に起因する「激昂から生まれたもの」と、洞察した点にある。そうしたことから、甲申事変後の福沢の論説は、「現実政治の挫折に激昂して、心情的昂奮に陥った素人政略家のふるまいというほかないが、韓国改革に破れた福沢の心情は、あとはただしゃにむに韓廷背後の大勢力たる清国打倒の執念へと収斂してゆく[55]」との言説を提示した。

また、のちの論考「福沢諭吉と岡倉天心」でも、福沢が「ほとんど自ら手を下して実行に移した甲申事変の結果が裏目に出て、その意図した韓国近代化のためのクーデターが挫折したことにあった。その失敗にはもとより清国勢力が介入していたために、諭吉は韓国はもとより清国に対しても猛烈な怨恨と攻撃的激情をいだいたわけである」とも述べている。

注目すべきは、福沢が「深く介入した甲申事変が一段落した直後」に、同論を発表したことに着眼したことである。「「脱亜論」の語気のはげしさは、当然この事変の余波をとどめている[55]」と、甲中事変と「脱亜論」との因果関係を明示している。意外にも、両者を直截にリンクせしめて説明した論考は、橋川以前の前掲の論考の中には、管見の限りでは見当たらない。

この橋川の言説の延長線上に、「脱亜論」の定説を確立したとされる坂野潤治の『近代日本とアジア』があるということができると、わたしは考える。

坂野は、同著で日清提携論、清韓改造論、大陸進出論の《三つの対外論を同時期に併存する対外論としてではなく、時間的かつ論理的な順序とみなせば、橋川文三氏が『順逆の思想―脱亜論以後』（略）の中で提示された次のような図式になる》と記しているから、橋川の論考を読んだことは明らかだ。坂野は、同著での主張の要旨をこういう。

「福沢諭吉が自己の朝鮮改造論を、朝鮮だけでなく中国をも含めた「アジア改造論」として主張し切れなくなり、遂に「脱亜論」を唱えるにいたった最大の原因は、中国が予想外に強力であり、かつその朝鮮支配を強めようとしたために、朝鮮に親日派政権を樹立するという彼の朝鮮改造論が遂に失敗に終わったところにあった。壬午事変により中国の軍事力の強大さを実感する以前には、朝鮮改造論を「アジア改造論」として描く余裕があったのが、壬午事変をさかいとして朝鮮改造＝日清対決論に変化し、甲申事変で朝鮮内親日派が一掃されるにいたって遂に「脱亜論」を唱えるにいたったのである。」

月脚達彦によると、「脱亜論」に関する今日の定説を提示したのは、この坂野潤治の研究で、坂野は、それまでの「脱亜論」は福沢の「アジア改造論」から「アジア侵略論」への転換を示す論説という通説に対し、「脱亜論」は福沢が支援した金玉均ら朝鮮開化派のクーデターである甲申政変の失敗による、自らの「朝鮮改造論」の「敗北宣言」に過ぎず、福沢の「脱亜論」を彼のアジア蔑視論の開始とか、アジア侵略論の開始という評価は見当違いと明快に論じた、と現在到達した研究状況を要約している[56]。

また、月脚が、《福沢の「東洋」政略論において「朝鮮問題と中国問題とを区別せずに論じることができ」ないという点について、坂野は竹内好の「日本のアジア主義」から示唆を得たと述べているが（略）、実際にこの点に踏み込んだのは竹内の問題提起を受けた橋川文三の「福沢諭吉の中国文明論」（略）だと思われる[57]》というのは適切な指摘だと思う。とはいえ、坂野の言説の骨子は、より広範に上述の橋川の示唆を受けているように思われる。

さらに、橋川による、「脱亜論」における福沢の論理の明快さは、思想家・批評家としてみるとき、「当時他に匹敵するものがなかった[55]」とした評価は、平山洋の「これ程論旨が明快で巧妙にまとめられた文章を書く力量は当時の彼ら（他の社説記者―引用者）にはなかったようだ[53]」とする説へとつながっているようだ。

橋川は、同論で、「脱亜論」の矛盾撞着を以下のように容赦なく弾劾している。

「彼が希望を託したのは、西欧文明と停滞アジアとの中間において、日本は少なくとも中国に比べ、より多く文明への適性をそなえているというかなり大胆な仮説であった。」「福沢のそうした日中文明の比較と評価そのものは到底疑問なしにはうけ入れがたいものであった。そこには、学問的に実証されていないものがそのまま前提化されているという疑いがかなり濃いのである。予めいえば、その結論ともいうべき「脱亜論」は、むしろ一個の思想家の決断という

意味こそはもっていたが（略）、決して十分な学問的根拠をもつものではなかった」[55]（傍点原文）

安川寿之輔によれば、《丸山真男も問題にしている『文明論の概略』第二章の日中文明の対比に論及して書かれた橋川文三「福沢諭吉の中国文明論」は、丸山真男批判として書かれたものではないが、結果として、『概略』を福沢の「原理論」と把握する丸山への批判となっている》[58]という。安川は、また、《丸山真男が福沢諭吉のこの「支那と日本との文明異同」分析を終始支持してたかく評価しているのに対して、橋川は、この分析を「空想的」としりぞけている点で対照的である》と論じ、《その後の「抗日八年戦争」から中国革命の成功にいたる歩みを視野にいれるならば、私は、福沢の「支那と日本との文明異同」比較を誤りとする橋川の見解の方を支持すべきと考える[59]》としているが、いずれも妥当な見解だろう。

だが、しかし、橋川の「脱亜論」（中国論）をめぐる言説の真骨頂は、むしろ、そこにはなく、以下に述べる、それ以前の、そして以後の「脱亜論」をめぐる言説には見られなかった問題提起がなされている点にこそあると考えられる。

橋川は、前述のような福沢に対する批判がなりたつにもかかわらず、それだけでは問題が終わらないところに「脱亜論」のもう一つの妙味があり、それは福沢という人物が単純な「近代主義者」ではなく、また、たんなる欧化礼讃者ではなかったという事実から、《福沢は自らの「脱亜論」の空想性と非現実性を知りながら、あえてその主張を立てたのではないか[60]》（傍点原文）と、橋川特有の推考をする。

そこに、福沢思想が一筋縄ではない所以があり、《「脱亜論」は、福沢におけるもう一つの「痩我慢の説」ではなかったろうか[61]》という大胆な仮説を提出。この言説は、福沢の著作を熟読し、福沢を傑出した思想家として正面から見据えたものならではの発言といえよう。

このような視点は、遠山茂樹や服部之総が、福沢を侵略的絶対主義者と規定して弾劾したり、また、市民的自由主義者として礼賛した丸山眞男などの論者には見られなかった新たな見識であろう。福沢を単純な脱亜論者とすることに疑問を投げかけ、一方で日本には古いアジア的側面が残存していたことを、福沢が知悉していたうえで主張せざるを得なかったことを考察することで、福沢を救済しているとも思える箇所もうかがえる。その仮説をたてた理由を、こう説明する。

「「脱亜論」の書かれた前後において、福沢がいわば二正面作戦を強いられていたという事情にも関係する。その一方はこれまですでに述べたような対外政略の鼓吹であったが、他の一方では、福沢は当時の政治・教育・宗教の諸領域にわたって擡頭しつつあった反動＝復古の傾向に対して、執拗な戦いをつづけていた。（略）すでに西欧文明を採ることに決定した以上、いかなる混乱がその過程において生じようとも、またいかなる皮層な西欧化が氾濫しようとも、いかなる痩我慢がその間に必要となろうとも、断固としてその体面を守れというのがその主張であったことになる。／そして、こういう文脈から見るならば、すでに心を定めて旧文明からの離脱を方針とした以上、いかなるムリが生じようとも、旧文明のシンボルたる中国・韓国との伝統的関係を清算せよというのが「脱亜論」の真意であったことになる。いいかえれば、福沢は日本自体の中に古いアジアが残存し、再生する有様を明確に知っていた。そして、それだけにいっそう強硬に「脱亜」を宣伝しないではいられなかったということである。／有名な「痩我慢の説」も「丁丑公論」も背理的な固執の精神の礼讃である。そこでは明かに福沢はムリなことを主張している。そして「脱亜論」にもまた同じようなムリが説かれている。[62]」（傍点原文）

橋川は、福沢の「脱亜」は、「そのまま後世のでくの坊たちが信奉したような安易な中国蔑視論の模範ではなかった[63]」（傍点原文）と、一定の理解を示し弁護もしている。橋川は、ここで、遠山茂樹、服部之総、鹿野政直らの福沢＝中国・朝鮮蔑視論から引き離すことで、福沢を名誉回復している。また、丸山とも異なる、そして、今まで誰も言わなかったこと、すなわち、「脱亜論＝もう一つの痩我慢の説」を提起した。福沢は「脱亜論」でムリなことを主張していた、せざるをえなかった、と精妙な見解を示している。

磯田光一は、橋川の思想史の試みは、福沢の合理主義からみて「野蛮」とみえたもの、日本国家が「文明」の名において差別・抑圧し、あるいは侵略の対象としてえらんだものへの、ひそかな共感にもとづく再確認で、むしろ正統的な近代政治学ではとらえきれないアジア的な思想の陰影が、橋川の関心をしばしば呼びおこす[64]、と注目すべき評言を加えている。これは、後述する岡倉天心への拘泥に顕著に見られる。磯田は、さらに、こういう。

「福沢に「野蛮」と呼ばれた中国の側に寄りそって「脱亜論」を批判しながらも、日本に内在する「野蛮」が「文明」を食い破った体験を知悉している橋川氏は、ここでは「文明」の有効性をも評価せずにはいられないのである。右の文中にいう福沢の「二正面作戦」とは、同時に橋川氏の二正面作戦でもあったであろう。氏の方法は、政治における有効性をも回復する場合には、マックス・ウェーバーのいう「責任倫理」に耐え得る次元で政治の本質をとらえ、他方、風土の問題を問うときには、有効性とは無縁な領域に日本浪曼派のドラマを据えるという、鋭い二面性にもとづいていると思われる。（略）〝東京裁判〟で「平和に対する罪」を裁いた連合国の「文明」が、かつてアジアの後進国家を「野蛮」とみて植民地化した「文明」であったことをも、橋川氏は知りぬいているのである。福沢諭吉の「文明」を裁こうとするならば、同時に欧米先進国家の「文明」をも裁かざるを得ないというディレンマを思うとき、われわれは橋川氏のおこなった大川周明の評価の大きさを考えずにはいられない。ここに私は、戦中派世代の体験の問いつめが、近代の世界史への異議申立の契機を持つにいたったすがたを見る。[65]」

橋川は、それまでの思想史研究においては、ほとんど封印され登場しなかった、東京裁判でA級戦犯として連座した大川周明を俎上にのせ、一九六六年に「北一輝と大川周明」、一九七五年には『大川周明集』（近代日本思想大系）の編集・解説をし、大川の人と思想を研究し紹介している。磯田の言説は、貴重な示唆に富んでいると思うが、わたしは、この「大川周明」の箇所に「岡倉天心」を入れたい誘惑に抗しきれない。

竹内好が、「天心の文明観は、福沢とは対蹠的であって、その構造は大川周明のそれによく似ている。もし天心の詩的直観を、論理的に分解して再構成すれば、大川周明の著作の一部または大部分と重なるかもしれない」と述べ、また、「大川は天心の論理を受けついだが、時勢を見ぬく明察は受けつがなかった[66]」との発言をかんがみれば、この箇所に「天心」を入れることは、充分可能だと思われる。

ところで、丸山眞男は、一九五八年、「福沢・岡倉・内村」で、「彼等は学問・芸術・宗教それぞれの領域のテーマをつねにヨリ広い文化的連関において捉え、とくにそれらを国民の精神構造の問題にまで掘り下げて考察した」と三人を評価した。（内村＝内村鑑三）

この論考は、編者・橋川文三の慧眼により、岡倉天心論を集成した『岡倉天心　人と思想』（一九八二年）に再録された。モノグラフとはいえないこの論文が収録されたのは、丸山の岡倉天心に対する独自の解釈によるもので、「ひとの意表をつくような比較をあえて試みたことから、特に天心解釈においてはそれまでとは異なる新しい視点をうち出すにいたった」（松沢弘陽）と、『丸山眞男集』の「解題」にある。

丸山は同論で、福沢は「徹底した散文精神の持主」で、岡倉天心は《生活態度においても、発想様式においても真底からの詩人であった。天心のナショナリズムは前述のように一方では啓蒙精神の尾をひきながらも、他方では深くロマン的心情に滲透されており、それだけでなく政治的ロマン主義の「論理」に特有な陥穽もまた、すでにそこにハッキリ読みとられる》[67]という。この天心に対する解釈は、あたかも保田與重郎にいかれた頃の橋川を指しているみたいに酷似している。

丸山は、天心を、《後年ファシストたちが担ぎ上げた「大東亜新秩序の予言者」という祭壇から「名誉恢復」されて然るべきであり、またそれは大して困難なことではない》と正当に擁護する。

その一方で、《福沢と内村のナショナリズムにくらべて岡倉のそれに体制批判の面が著しく乏しいという問題は、たんにこれを芸術家の非政治性の表現として片付けられるだろうか。（略）福沢の思考の基底に多元的均衡があり、（略）岡倉の合言葉は終始調和と合一と不二一元《アドヴィタ》である》[68]と福沢（・内村）と天心を対比して、天心を論難している。

ここで丸山のいう「多元的均衡」とは、福沢のみならず、丸山自身が希求したプルーラリズム、橋川が丸山に師事した際に、教わったというプルーラルな思想と解釈することができよう。一方の天心における「調和と合一と不二一元」とは、橋川の資質としてあった芸術的な資質、志向を指しているのかもしれない。丸山は、さらに「新しい視点」で、辛辣きわまる天心批判を展開している。

「(天心の)近代批判はたしかに痛烈であり、そうした具体的指摘はたしかに的を射ている。しかし、こうした批判が、ロマン主義の思考を特徴づける「概念の解体」(カール・シュミット)によってエモーショナルに高揚される結果、何がもたらされるか。アジアないし日本は一方で「調和」と「不二一元」という理想の名において内部的対立を否認されながら、他方で対外的にヨーロッパとはまさに「芸術」対「科学」の名において象徴的に対置され、たんなるジャンルの区別にとどまらぬ範疇的な対立関係へと駆り立てられることになる。(略)東洋の内在的発展の論理が右のような近代ヨーロッパとの対抗の図式に結びついたとき、天心の使命観は彼が意識すると否とを問わず、ある致命的な個所でルビコン河を渡っていたのである。[69]」

丸山が、末尾で、「ルビコン河を渡っていた」と、天心を仮借なく断罪したところこそ、丸山の「独自の解釈」で、天心に対する全否定(=致命的)がこめられているといえよう。

丸山の福沢に対する好意的な言説、反対に天心に対する辛辣な批判とを、後に見る橋川の天心への好意的なまなざしとを対峙させてみると、その構図は、あたかも福沢≠丸山、そして天心≠橋川の両者が相似形を描き対峙する図式として見ることも可能だ。

この丸山の福沢論および天心論を読み、次に示す橋川の福沢と天心に関する論考を比較吟味してみると、橋川が、丸山と思想的訣別し、竹内好を思想的同伴者としていく必然性が、はっきりと理解できる。

「中国」廃刊後の一九七四年、竹内好が、「自分の雑誌でやりたくて、力不足でやれなかったテーマ」[70]を、橋川と共同編集したのが『近代日本と中国』だ。そこで、橋川は、「田中義一と幣原喜重郎」と「福沢諭吉と岡倉天心」の二篇を自ら執筆した。

その後者は、とりわけ注目すべき論考で、テーマは「近代日本と中国」と銘うっているが、広くアジアにまで視野を広げて論じており、近代日本とアジアをテーマにした論考として傑作だ。前掲の「福沢諭吉の中国文明論」とともに、竹内好および中国の会と一緒に歩みだして以降の、橋川の代表作のひとつとわたしは考える。これは、日本の近代化とアジアという主要な課題の深層に切り込んだ白眉といえる佳品で、ラディカルな部分が凝縮して論じられている。

橋川によると、福沢諭吉は、政治権力の原理がそのまま人間精神の規範として作用するような社会システムの典型を中国に見出し、そこに文明と相容れない停滞性＝野蛮性の根源を認めた。そして、儒教の権威を撃つことは、中国への伝統的な崇拝心の根拠を断ち、日本人の精神面と政治面における独立の気概を啓発する第一歩で、「脱亜」の主張はそうした戦略的ヴィジョンを後景にそなえていた、と同論で説いている。

また、「諭吉の文明批評の方法は、その啓蒙の効果を求めるに急であったため、一つの文明に内在する生命力というべきものに対してほとんど感受性を欠いていた」と論究。さらに、諭吉と天心との相違を、次のように解明している。

「諭吉は、アジア文明に関して、たとえば天心のように一種敬虔な心情をもって接近するようなこともなかった。漠としたおどろきやロマンティクな神秘感のごときものは諭吉にとって無縁のものであった。そしてそのことは、諭吉が主として教典化した漢籍をとおして中国文明（＝アジア文明）を考察したということによるばかりでなく、諭吉その人の資質的な感受性にもとづくところが少なくない。」

橋川は、同論で、天心が『東洋の理想』でいう《「アジアは一つ」ということばは、西欧のはるかに及びえない高い価値において、アジアの諸民族が一つであることを主張したものであった。諭吉においては「野蛮」という反価値において一つとされたものが、ここではもっとも普遍的な価値において一つとされている》と明察している。そして、一番重要なこと、最も言いたかったことを以下のように述べる。

「諭吉においてはアジアは一つであるがゆえに、そこから脱却すべしとされたものが、天心においては、その一なるアジアの魂にめざめることこそアジア自身にとって、また人類にとっての福音であることが高らかに歌われている。同じ「アジア」が一方では「闇」として、他方では「光」として描き出されているわけである。」

橋川が、ことさらにカギ括弧でくくった「闇」と「光」、この言葉が象徴的に示しているように、諭吉はアジアに「闇」、すなわち「冷たい思想」を見ていたのに対し、一方の天心は同じアジアに「光」、すなわち「あたたかい思想」を見出そうとしていたと思われる。

この言説を敷衍していくと、丸山眞男は、福沢諭吉と同様に、アジアを「闇」として捉え、「つめたい思想」と感じ、翻って橋川は、岡倉天心と同様に、アジアに「光」を認め、「あたたかい思想」を希求していたと理解できよう。

橋川は、天心に「あたたかい思想」を汲み取り、そこに近代日本の行く末として、ひとすじの光明を発見し、あたたかい日本、あたたかいアジアを求めようとしていたのであろう。橋川は、いわば結論として、こう述べている。

「「脱亜」と「アジアは一つ」という二つの思想的言語は、その後さまざまな形で日本人の対アジア態度を規定するシンボルとなった。もっとも通俗的な形では、それは一方では単純な西欧崇拝の合言葉となり、他方ではこれまた素朴なアジア憧憬のスローガンとなった。一つは遠心的な西欧文明へのあこがれを、他の一つは求心的なアジアへの郷愁を表現する二つのパターンがここに生れることになった。（略）ある意味では、日本近代史は、この二つの宣言というか、予言というべきものを二つの中心とする楕円運動のごときものであったということもできそうである。」（傍点原文）

ここには、「脱亜論」と「アジアは一つ」という二つの思想的言語によって、近代日本が歩んだ道が、二つの中心をもつ楕円運動にたとえられることで、その後の近代日本における思想的バックボーンが手際よく示されている。「アジアは一つ」とは、アジア主義を象徴する言葉であろう。橋川は、同論の末尾を次のように結んでいる。

「あの戦闘的な『東洋の覚醒』の中に「西欧の光栄はアジアの屈辱」という有名なことばがあるが、天心はその屈辱を屈辱ともしない魂を目ざすために、何人の眼をもあざむかない「美」

のアジア的普遍性を人々に気づかせようとした。多様なアジアの美は、そうした天心の献身を通して、はじめて一つなるものとして統一されたわけである。」

渡辺京二は、「アジアは一つ」になぜ天心が到達せねばならなかったかと問うならば、橋川文三が「天心その人の生活と思想に立入ることなしには十分に解くことのできぬ謎であり、「そのためには一個の天心伝がほとんど必要となる」と書いたとき橋川は、「ほかの誰よりも正当にアジア主義者天心への通路を指し示した(71)」と正鵠を射ている。橋川は、最晩年に、「岡倉天心の面影」を草しているが、往年の精彩を欠いており、「一個の天心伝」とはいえないものであった。

橋川も、また、竹内好の影響もあって、アジア主義には強い関心を抱いていた。しかし、橋川のいうアジア主義は、竹内が擬似思想として糾弾した大東亜共栄圏的アジア主義への志向とは異なり、主に岡倉天心、大川周明らの思想に限定されていた。それは、《天心の場合、多くのいわゆるアジア主義者とは異なり、本来の意味でのオリエントの広大な地域が、その視野に含まれていたことから見ても、また彼が明治時代にも稀有のコスモポリタンであった(72)》との橋川の言説に、ほぼ尽くされている。

菅孝行によると、『順逆の思想』所収のエッセイ群には「中国の会」との関わり以後の、橋川の中国認識や対アジア意識をうかがえるが、ここでの橋川のナショナリズム評価は、自己抑制のあとが濃厚で、橋川においては、「竹内好的なアジアが、保田的アジアへののめりこみをおしとどめる歯どめの役を果たしている(73)」という。橋川にその意図があったかどうかはともかく、結果的には、その通りだろう。

丸川哲史は、橋川が、「かつての保田與重郎経験を相対化するために、アジアの空間的な広がりで保田の文学的な非歴史性を相対化しようともしていたのであり、ここがいま一番の橋川再評価のアクセントになるべきところ」で、「橋川の分析が、東アジア近代という磁場において、とりわけアジア主義者の行動とそのアジア観に触れた部分などについて、今後さらに再評価されるべきことが多いのではないか」[74]と問う。このように、現在においても橋川のアジアに関する言説が、思想の生命力を維持しており、正確に定位する必要性を喚起している。

『黄禍《こうか》物語』を執筆、竹内好から中国語を学ぶ

橋川文三の『黄禍物語』によると、黄禍とは、黄色人種が世界に禍いをもたらすという思想のことで、白色人種の黄色人種に対する恐怖、嫌悪、不信、蔑視の感情を表現したもので、人種的偏見、人種的差別というカテゴリイに属する現象と説明する。

岡倉天心は、『日本の覚醒』（一九〇四年）で、「我々はアジアの文明のかわりにヨーロッパのそれと一体化するのに熱心だったから、アジアの近隣諸国は我々を改宗者――否、「白禍」そのものの権化とさえみなしたほどである」という。この「白禍」に対峙するのが、橋川が採りあげた「黄禍」である。

黄禍は、前述した「脱亜論」とセットの考えである。なぜなら「脱亜論」が発表された頃、欧米では、ちょうど「黄禍」が唱えられていたからだ。橋川は、《福沢諭吉の「脱亜論」などは、西欧

文明の風を学ぶことによって、後れた中国・朝鮮の悪影響を謝絶せよと主張しているかぎり、奇妙な形をとってはいるが、中国、朝鮮を相手とした一種の「黄禍」論と見ることもできそう》(『同』「日露戦争と黄禍論」)と、その関連を示唆しているから、『黄禍物語』は、『順逆の思想』の続篇と見ることもできる。

そもそもの糸口は、一九六三年八月、雑誌「中国」第六号の編集後記で、橋川が「黄禍論」にふれている。だから、「のちに「黄禍物語」を連載する下地が、すでにこの頃からあった」[75](尾崎秀樹)ことになる。

「「黄禍論」というのが昔あった。今ではそれは中国をさしている。最近欧米から帰国された丸山真男氏の見聞をうかがっても、ヨーロッパではとくにそのムードがひろく見られるとのことである。(略)核戦力の仮空のカーテンが、日中両国民の間に重苦しく垂れようとしている。そして、そんなさい、政府は日中戦争以降の戦死者の大慰霊祭をこの八月に挙行しようとしている。日本は「黄禍論」の正しさを、身を以てまた証明しようとするのであろうか?」[76](傍点原文)

記名はないが、橋川の文章と見て間違いないだろう。そして、この時の問題意識が、その後、『黄禍物語』の連載に結びついていく。すなわち、一九六三年の段階で、すでに『黄禍物語』を書くライト・モチーフが橋川にはあり、この頃から構想を練り、執筆のための資料集めなど下準備を始めていたと思われる。

実際に執筆を開始するのは、七年後の一九七〇年八月号(第八一号)からで、月刊「中国」に、「黄禍物語」を連載した。橋川の悪筆に音をあげた印刷屋の依頼により、二回目から「中国」の編集員のひとり吉田武志（橋川ゼミ出身）が口述筆記した。一回分に丸一日か、ときには二日かかった。連載は、「中国」が休刊となる二カ月前の一九七二年十月号（第一〇七号）まで続き、休載の月もあったが、二年二カ月、十五回にわたって書き継がれた。連載終了から四年後の一九七六年八月、単行本として刊行された。

同書の「はじめに」によると、関係する資料が散漫で、テキストとすべきものがほとんどなく、橋川があてにした書物は、国会図書館には見つからなかったと嘆いている。それほど先例を見ない分野に、問題提起者として果敢に挑み、血路を切り開こうとしたのである。

黄禍論に関する書籍は期待はずれだったが、資料は数限りなくあった。資料収集には中国の会のメンバーも協力し、編集部の尽力により写真や図版も数多く掲載された。が、残念ながら、単行本刊行時に一点を除きカットされた。

物語といっても小説ではなく、かといって学術論文でもなく、橋川にとっても異色の著述で、「雑談ふうに書き綴られた」[77]（金子勝昭）もの。

『黄禍物語』の構成は、「はじめに」「黄禍論前史」「日本における人種理論の紹介とその批判」「日露戦争と黄禍論」「黄禍論と中国の反応」「ジョン・チャイナマンのこと」「黄禍と太平洋問題」「人種論から見た日本ファシズム」「黄禍——妄想から現実へ」「太平洋戦争とレイシズムの組織化」「戦後世界と黄禍論の変貌」「新中国と黄禍論」「新たなる黄禍論のゆりかえし」「あとがき」である。最後は、結論のないまま終わっている。「黄禍」そのものが、現在もなお終わっていないことを暗示しているといえよう。

橋川は、原爆投下やベトナム戦争における黄色人種への差別意識にまで言及し、目次の構成が示す如く、広範囲にわたって縦横無尽に傍証を積み重ねている。

「黄禍物語」の前に、橋川は、編集・解題をした「清沢洌戦争日記抄――アジア関係の記事を中心に」を、一九七〇年二、六、七月号の三回、「中国」に連載した。

清沢洌についていては、『暗黒日記Ⅰ〜Ⅲ』（一九七〇〜三年）の編集・解説・注をしているように、強い関心を示し注目していた。「黄禍物語」でも清沢の「新黄禍論」を採りあげ、黄禍論は満州事変をきっかけとして新たに問題化し、「古い黄禍論は売られた喧嘩である。近頃の黄禍論は当方から売った喧嘩である」との箇所を引用し共感を表明している。

また、清沢は、「アメリカにおける人種的偏見に厳しい批判をいだきつづけてきた人物であるが、終始また彼は日本人の偏狭な優越感に対し身をもって抗争をつづけた。彼の遺稿となった『暗黒日記』をつらぬくものは、日本の立場やアメリカの立場を超えた理想の立場であり、そこから再び日本への熱烈な愛情の表現であった」と、清沢の明朗な自由思想、毅然とした信念、政治的見識を高く評価している。

菊池昌典は『黄禍物語』を、「その定義すら定かならぬ「黄禍」論の非科学的、非論理的書物を読みとおす努力のしんどさに敬意を払わざるをえなかった」が、「調べる極限の文献を駆使し、黄禍論の発生、成立、展開の歴史をとき、さらに本書の特徴のひとつともいうべき、中国と日本の黄禍論のうけとめ方の決定的なちがいについて論及して(78)」いると評している。

山内昌之は、橋川には、歴史研究を政治リアリズムに結びつける稀有の才能があり、加えて、独特なイマジネーションの冴えがその書物に馥郁たる香りを与えていたと評価する。そして、『黄禍物語』は、いかにも橋川文三らしい著述で、二十世紀に世界史最大の戦争と悲劇をもたらした大きな要因である、人種主義や民族差別の深層に切り込もうとした作品だから、橋川の『ナショナリズム』と対になった書物だと、核心をついている[79]。

松本健一によると、同著は、「日本およびアジア・ナショナリズムの展開が西欧世界にどのような衝撃を与え、反作用（リアクション）をひきおこしたかを史談ふうに語ったもの」。さらに、橋川も指摘しているが、黄禍という文脈は、過去になった歴史ではなく、『黄禍物語』が刊行された一九七六年、「経済大国」となっていた日本はまた、黄禍のレッテルがはられはじめていたからで、黄禍論という思想軸は、「二十一世紀をむかえた現在、少しも過去のものとなっていない[80]」と同著の意義を解説するとともに、現代においてもこの問題意識が色あせていないことを強調している。

橋川は、同書の「あとがき」で、欧米には黄禍を標題とした書物が少なくないのに、日本では論文風はあるが、一冊の本にしたものは少ない、これに対し、「少しおかしいじゃないかと思った」ことから、「黄禍物語」を書いたという。ただし、「そういう書物を出すと、まともな研究者・学者にはかぞえられなくなるというのは恐らく洋の東西を問わないかもしれない」と、苦渋にみちた刊行の覚悟を語っている。

当時は、それほど先駆的かつ未開の分野で、ひとり敢然と立ち向かう気概が必要だった。そして「まともな研究者・学者」であるかどうかは、橋川にとって、どうでもいいと思っていた。そうでなければ、当時、このような著書は日の目を見なかったということである。

橋川の著から二十三年後の一九九九年には、橋川も参考にしたハインツ・ゴルヴィツァーの『黄禍論とは何か』（原著は一九六二年）が日本でも出版された。中島岳志は、文庫版の「解説」で、橋川は同書の「記述を参考にして「黄禍論」研究を発展させている」という。

一方、山内昌之は、同書を併読するなら、橋川による書物の独自性もよく分かるはずであると、橋川の『黄禍物語』の卓抜さを示唆している。

山内は、さらに、《それにしても、ジョン・ダワーの『人種偏見――太平洋戦争に見る日米摩擦の底流』（略）のオリジナル（略、一九八六）が出される十年ほど前に、人種偏見や差別の構造に鋭く切り込んだ書物をもったことを、われわれは内外に誇ってもよいだろう[79]》と、国際的に見ても未開拓の分野に、問題提起者として果断に挑んだ橋川の業績を、検証している。

「黄禍論」については、その後、日本でも研究が進められる。橋川の著から十一年後、松村正義『ポーツマスへの道―黄禍論とヨーロッパの末松謙澄』（一九八七年）が刊行。さらに、麻田貞雄『両大戦間の日米関係―海軍と政策決定過程』（一九九三年）、飯倉章『イエロー・ペリルの神話―帝国日本と「黄禍」の逆説』（二〇〇四年）、同『黄禍論と日本人―欧米は何を嘲笑し、恐れたのか』（二〇一三年）、廣部泉『人種戦争という寓話―黄禍論とアジア主義』（二〇一七年）などが続いている。

さて、橋川の『黄禍物語』は、「中国」の廃刊（一九七二年十二月号）の直前に終了することになった。その後、橋川は何を書こうと構想していたのだろうか。そのヒントのひとつは、竹内好中国語教室にある。

橋川が、竹内好のもとで中国語の勉強を始めるのは、一九六九年十一月のことで、四年四カ月後の一九七四年三月をもって終わりを告げている。

当初のメンバーは、橋川のほかに、鶴見和子、市井三郎の三人だが、のちに石田雄、判沢弘らも加わった。竹内の講義は、毎週金曜日の午前十時から正午まで。年中休みなし、夏休みには特訓として部屋を借り、朝から夕方まで勉強することもあった。教室では、会話はなく読むことが中心だったが、朗読と暗誦も含まれていた。竹内は発音と発声にきびしく、音声学の基礎理論から始め、中国語と日本語とのちがいを発声法の実技から説明したという。(81)

橋川によると、一九七〇年四月からの一年間は、資料費・謝費を織り込んだというが、石田雄は逼迫した竹内家の財政援助の側面もあったという。石田雄は、橋川に誘われて一年ほど遅れて参加した。発音の点では鶴見和子が群をぬいており、橋川は読解力と文献資料を引照する点で目立っていた。石田のために厳復の台湾で公刊された著書等を買ってくれたのも橋川だったと回顧している。(82)

橋川は若い頃から語学の才能があり、戦後間もなくの生活苦のある部分を数カ国語の翻訳で凌いだこともあったが、ここでもその片鱗がうかがわれる。

橋川は、「竹内好中文の思い出」というエッセイで、学び始める経緯から、数多くの教材や中国語の発声法など特異な講義内容を詳細に報告するとともに、学んだ際のおどろきの感想を実例をあげて記している。（詳細は略）

この中国語学習は、橋川にとってどのような意味を持ち、その後の仕事にどのように反映されたのだろうか。

橋川は、「中国」へ執筆した論考および中国語の学習の成果等を織り込んだ『順逆の思想』（一九七三年）の「あとがき」に、《雑誌『中国』はいろいろなことを私に教えてくれたが、実は私にとってもっとも多く重要なことを教えてくれたものは、『中国』編集の仕事のかたわら、竹内好さんから中国語の手ほどきをしてもらったことであった。それは私にとって一種の開眼の体験とさえいるものであった。他の外国語学習からはかつて感じたことのない驚きがあったのはどうしてであろう。いくらか飛躍的にいえば、中国語学習によって、私ははじめて日本近・現代史の勉強にとりかかれるという展望をかいま見たように感じた》と書いている。

すでに近現代史研究において、それなりの実績があった橋川が、五十一歳にして「はじめて日本近・現代史の勉強にとりかかれる」とは、いったいどういうことだろうか。中国語を学ぶことにより、中国側から見た歴史を学習し、それにより日本の近現代史を改めて検証しようとしていたものだろうか。

この発言に対し、松本健一は、橋川がその歴史への拘泥のしかたに何らかの変化を感じたからで、それまでは、《〈歴史〉をいわば静止させてその内部に深く潜入する方法をとっていたのに、ここに「中国」という異民族、換言すると異質な〈歴史〉を導入することにより、いわば交叉する時間のうちに自己の歴史的なパースペクティブを切り拓いてゆくことができるかもしれない、とおもったのではないか(83)》と推察している。

中国語学習の成果は、端的には、『順逆の思想』所収の「北一輝と宋教仁」（書き下ろし）に見ることができる。北一輝を高く評価した橋川は、北の盟友・宋教仁との関係に強い関心があった。橋川自身が、同論は、「はじめて中国文の史料を読みながら走り書きしたエッセイである。勿論未熟きわまるものであるが、私のこんごの仕事の（いまは私にだけわかる）出発点のような気持でいる」と発言している。

松本健一は、橋川の「こんごの仕事の出発点」がどこにあったかは、わからない。しかし、「北一輝と宋教仁」、日本と中国という対立構図の設定に、ダイナミックに交叉する時間における正反合一の翹望と、正反合一への論理的、実証的模索を通して自己の歴史的パースペクティブを切り拓こうとする情熱が感じられる。だから、橋川は、自分にだけわかる「出発」を歩みはじめていたのではないかと推測している(83)。

橋川は、新たな出発を画すべく、日中関係史の歴史に拘泥していく。

その出発点を探すと、橋川は、一九六九年、「中国」の三〜九月号に、「伊藤博文―近代日本指導層の中国認識2」（のち「伊藤博文と中国」と改題）を書いている。わたしは、この伊藤博文論の代りに、「岡倉天心論」あるいは岡倉の評伝を執筆してほしかったと思うが、この論考の意図は奈辺にあったのだろうか。

この論考は、伊藤博文を通して日本側から見た「日清戦争」を中心にして論述されている。したがって、まず、日本側から見た日清戦争を素描し、そのあと、竹内好から学んだ中国語を駆使して、中国側から見た日清戦争から十五年戦争までをも視野に入れた研究を、試みようと構想したと思われる。

それは、橋川が弟子である後藤総一郎に、「わたしが中国語を学ぶのは、日本の戦争体験を、その原初としての日清戦争をスタートとして、あの十五年戦争までの歴史的検証作業を日本の側からではなく、今度は中国側から考えてみたいと思うからである[84]」と語ったということから裏付けられ、はっきりとした目的意識に基づいていた。

また、一九七六年、橋川が竹内好に、「ぼくは日中戦争史というのをライフワークのようにして書きたいなと空想してるんですがね。もう間に合わないかもしれないけど」と語ると、竹内は、「いや、間に合う。ライフワークでやるべきだ[85]」とけしかけていることからも実証される。

この橋川の崇高ともいえる構想は、残念ながら、橋川の死によってかなえられることはなかった。だが、しかし、二〇一七年、日本・中国・台湾の研究者が、二〇一四年度に共同で行った研究「日本の軍事戦略と東アジア社会――日中戦争期を中心として」の成果が、『〈日中戦争〉とは何だったのか　複眼的視点』としてまとまり、ミネルヴァ書房から刊行された。「編者の黄自進・劉建輝・戸部良一各氏ら一三人」（朝日新聞）が執筆したとあるから、橋川没後、三十四年の歳月を経て、橋川の目論見の一端が三カ国の研究者によりようやく日の目を見ることになった。

終章　総論・野戦攻城の思想

――教育者・全共闘・西郷隆盛・文体・病い……

『西郷隆盛紀行』1981年刊

教育者としての橋川文三

拙著『橋川文三　日本浪曼派の精神』の献呈に対し、ある大学教授から、「橋川さんは教師としてはどのような方だったのでしょうか。とても興味があります」と問われ、他にも同様の趣旨の返信が幾つかあった。橋川は、教師としての自身に、疑問を抱いていたらしく、清水多吉との対談で、以下のように自問自答している。

「大学で講義をしていたって、俺は一体何をやっておるのか、という意識が絶えずつきまとうわけですね。つまり、歴史をつないでいくための学校とか、教育とかというタテマエで、無用の啓蒙を俺はやっているのではないか、とね。じゃあ、無用の啓蒙を捨てると、しゃべることはなくなるわけですね……（笑）。(1)」

また、奈良本辰也との対談でも、「松陰を読んでいていやになるのは、大学の教師なんかしているということは、非常に間違っているのじゃないかという感じがすることですね(2)」と語る。

とはいえ、夫人によると、休講することはほとんどなかったという。受講者は、「終始ノーネクタイで、沢山の古本をかかえ[3]（後藤総一郎）て登壇し、講義で触れる文献を教卓の上に積み上げ、一冊一冊示しながら「説明される姿は、非常に迫力があった」[4]（遠藤英雄）と振り返る。夕方のゼミでは、終了後、近くの店でのビア論議が恒例で、時には橋川の行きつけの酒場に繰り込み、さらにタクシーで橋川宅まで行き、続きをやることもあった。

大学院時代に教えを受け、吉本隆明に「橋川文三の異端の弟子」[5]と呼ばれた近藤渉は、「先生は教師に不向きにみえた。だがそれは先生が世の大学教授とは根本的に、存在の根底から異質であったというにすぎない。したがって先生は真の教師であった。先生は大学院の学生よりも学部の学生を好んでおられた。（略）先生の御病気の原因は、無智無能なくせに上昇指向だけは強い大学院の学生の存在にもあった」[6]という。

全共闘運動盛んな頃のゼミ生は、「七十年安保・学園闘争の後半、橋川さんは「塾をやりたい」と時々話されていた。これは中江丑吉のことを念頭に置いたお考えであろう」[7]（斎藤憲）と推測し、「先生は私たち学生に対して、超えなければならない人として中江丑吉の名をしばしばあげた」[8]（岡田陽一）という。

一九六九年、大学内の講演会でも橋川は、中江への憧憬を、「生活者として達人であるという印象を与えます。同時に彼は学者と見られることを非常に嫌っております。そして、ほとんどいちども雑誌なんかに執筆しておりません。彼自身の著述は、生前には、ごく限定された書物を知人に配っただけのようです」と語る。これは、橋川が自らを規定したautodidacte（独学者）に通じる。さらに、「普通の人間、中江さん流にいうとコンモンマン・コンモンな生き方をしている人間の中に実は、いわゆる学者先生、いわゆる思想家、評論家先生よりも本物の思想が流れている」(9)と説く。橋川は、中江丑吉を、あるべき教師像としてだけでなく、畢竟するに中江のいう「生活者《コンモンマン》」に想いを馳せ、かくありたいと望んだものであろう。

明治大学の大学院事務局交友課の菅野直行は、橋川の同僚教授から、「橋川教」の信者がいると聞いている。入学試験で橋川を指導教授に選ぶ志願者が大勢いたからだ。「自分が学ぶということを自分の生きざまに重ねあわせていた学生が多」く、「全共闘の後裔とでも言おうか、何かに向けて意識を鋭く研ぎ澄ました学生も在籍」していた。橋川没後の「学生の戸惑いは非常なもの」で、「大学院にきた目標すら見失うほどの落ち込みを示していた者もいた」(10)という。

学部の学生の中にも、早稲田大学に合格したものの、橋川に師事すべく入学した橋川ファンの先輩ゼミ生もいた。後に、山形新聞専務を歴任したゼミ二期生の堀田稔は、大学を出る時、「来者不拒」の色紙を頂いたというが(11)、「来る者を拒まず」は、橋川の生涯を貫く基本姿勢だった。

丸山眞男は、「非常な橋川ファンの読者がいるというのはなぜかという問題がまだ解かれていない、と思うんです。誰かがそれを書かなきゃせっかく著作集を出す意味がないんじゃないか」(12)と問う。その答えとしては、以下の三点が考えられよう。

第一に、後藤正治が、橋川の大学院での教え子・猪瀬直樹著『僕の青春放浪』の解説で、「橋川文三は、戦後生まれの世代にとっては遠い人である。けれども、戦争体験をふまえて独力で構築した日本政治思想論は、いっぱしの知と体験を取得したと思い込んでいる若僧たちを打ちのめす迫力を有していた。放浪に疲れたひとりの若者を吸引する力をもっていた」という点を挙げられる。

第二には文章の魅力がある。神島二郎が、「『対馬幻想行』のような名品があることでも分るように、文章の魅力は全作品を通ずるもので、それがまた、今日の若い人たちを、時代をこえて、今日とはほとんど異質な戦争時代や明治の、そしてさらに古風な精神風景にまで誘《いざな》い、それらを内在的に理解し、超えるところにまで導く力を与えている[13]」とするところである。

第三に、一九六八年、「中央公論」誌上における、三島由紀夫の「文化防衛論」をめぐる論争で、三島をして「ギャフンと参った」といわしめた橋川文三の名を心に刻んだ人も少なくない。たとえば、猪瀬直樹は、「三島由紀夫にシンパシイを抱きながら、でも論破するという政治思想史家なら、僕の抱えている混乱を整理してくれるのではないか。（略）／小学校以来、学校ぎらいだったのに、進んで学問を求めている姿は、自分でも奇異な感じがした」と述べる点も答えになるだろう。

猪瀬は、『序説』を繰り返し読むことで、いま自分が置かれている状況や、戦後とは何か、近代とは何かという見取り図が見えてきたという。さらに、《橋川文三のもとでは、「ナショナリズムとは何か」ということについて徹底的に学んだ。（略）日本的ナショナリズムを解明することによって、日本とは何か、日本人の心の奥底に潜む集合的無意識とは何かが浮かび上がってくるに違いないと確信した[14]》と回顧しているから、橋川から多くを学び、なおかつ、それを活かした人といえよう。

松本健一は、大学で丸山眞男の講義を聞き、私的にも丸山から三十数年間、「丁寧にものを教え、誤りを正し、痛烈に注意を与えてくれる、という意味での先生であった[15]」と書く。その一方で、「吉本隆明によれば、わたしは「橋川さんのお弟子さん」ということになる」とも述べる。松本は、『若き北一輝』などを書いたのも、大きくいえば、橋川文三の超国家主義をめぐる図式の枠内にあったからで、それゆえに、橋川の「弟子」といわれても全然厭な気がしないのかもしれないと説明する。[16]松本は、橋川を「先生」と呼んだことはなく、また、弟子を自認しているわけではないが、しかし、橋川の問題意識の多くとその業績を引き継いでいるところがあるから、吉本のようにみるのが妥当かもしれない。

直接に、教えを受けたことが無いのに、橋川を「先生」と呼んだのは渡辺京二だ。彼は、《弟子でもなく、とくに親炙したともいえぬ私に、発言の資格の欠けることは重々承知ながら、私は五十年代に接した橋川さんに、再び言うなら悲哀と放棄を感じた。先生は（橋川さんは私の「先生」ではない。しかし今やそう呼んでいいのだ）……[17]》と書く。おそらく、はっきりと、橋川から何ものかを教わったという自覚があるからであろう。

野口武彦も、学校で講義を受けたことはないが、「橋川さんが得がたい「師」であったことを、いまはひとしお敬愛の念をこめて思い起こしている[18]」と回想している。

ところで、橋川は、教え子の就職に関しては、殆ど無頓着であった。頼まれれば、快く推薦状を書いたが、その際、「この推薦状がプラスに働くかどうかは保証の限りではありません」と、言い添えることも忘れなかった。

大学院での生徒・大島英夫は、「私たちの大部分は就職の世話をしてもらうということはなかった。それは就職難によるものというよりも、橋川先生がまったくといってよいほど、私たちの将来の経済生活に関心を示さず、世話をする気がなかったからである。先生自身も大学という制度化された世界に身を置きながら、その世界には生涯なじめなかったのである。（略）／制度化された大学と研究内容とは無縁であり、大学に残らなければ研究ができないという時代でもない。それを前提にして私たちは橋川先生を求めたのである[19]」と、大方の院生を代表している。

ただし、橋川が、全くというほど院生の「将来の経済生活に関心を示さ」なかったかについては留保が必要で、厳密に言えば、就職の世話は橋川にとって苦手なことだった。

ゼミ一〇期生の馬場修は、「結婚後子供ができたのにまだ定職に着かないまま学生として研究室に出入りしていたころ、橋川さんは私の生活をたいへんに心配してくれた。生活費はどうしている、子供はどうだと事あるごとに問いかけられ」たという。その後、「ある教授が見かねて私の職を世話してくれたことを聞いたときは、わざわざ声をかけて祝ってくれた[20]」と振り返っている。

たしかに就職の世話を積極的にはしなかったが、だからといって橋川が、冷酷無慈悲だったわけではなく、次のような逸話もある。

塚本康彦（中央大学名誉教授）は、「大学院を満期退学した私は、すでに妻子を抱えていたのに適当な定職に就き得ず、浪々の身を託っていた。初夏の昼下り、山の手線車内で橋川さんに偶会、池袋で一緒に降り、茶を喫しながら窮状を訴えたならば、前述の安川氏と私との、同じ学科の先輩後輩の間柄を橋川さんの方で思い合せ、氏への依頼を確約してくれた。（略）かくして私が現在過分の禄を食んでいられるのも、安川先生の篤い尽力はさるものにて、その端緒はひとえに橋川さんのお陰と手を合せずにはいられぬ気持なのである[21]」と回想する。

また、渡辺京二は、自分の「読書新聞」入りは、実は橋川が推薦者であったそうで、橋川が亡くなった翌年、当時の同僚の吉田公彦（谷川健一・雁兄弟の末弟、エディタースクール創設者）から聞いて初めて知ったという[17]。

ゼミ三期生で、日本読書新聞を経て、青林堂で漫画雑誌「ガロ」の編集後、出版社・北冬書房を起こした高野慎三は、「卒業後、先生の紹介で、日本読書新聞編集部に就職することができ、足かけ四年、執筆者と編集者の関係で先生と接した[22]」と振り返っている。

福島新吾は、「教師としては後継者の後藤総一郎助教授（当時）をはじめ、ジャーナリストなど多くを育てた[23]」と追悼文で述べている。後藤は、橋川の後任として明治大学の教授になり、また、橋川の柳田国男研究を引き継ぎ、『柳田国男論序説』をはじめ数多くの著作を上梓している。

福島の言葉通り、ゼミ生の中からジャーナリズム関係で活躍する人が数多くいる。橋川没年の翌一九八四年、ゼミ卒業生により名簿の作成が行われ、全卒業生約二百名のうち半分ほどの消息と職業が明らかになった。それに、その後卒業した人で知りえた情報を加えて、試みにジャーリスト関係者を抽出してみよう。

新聞社関係では、朝日新聞三名、読売新聞二名、常陽新聞二名、毎日新聞、産経新聞、山形新聞、神奈川新聞、西日本新聞、徳島新聞、日刊工業新聞、電波新聞、日本食糧新聞、水産タイムス各一名の計十七名。

テレビ局関係では、テレビ朝日、朝日放送、テレビ東京の各一名。映画製作では、小川プロの一名。出版社関係では、日本放送出版協会、東京法令出版、ワニマガジン社、三一書房、平凡社、立花書房、リクルートセンター、財界通信社、まつや書房、廣済堂、角川春樹事務所など十余名。

合計すると、三十名以上がジャーナリズム関係に進んでいる。判明した半分ほどだけで、また、橋川が、大学で専門外のジャーナリズム・メディア関連の講義をしたわけではないから、かなり高い率であろう。それは、橋川が、意識的にジャーナリストを育てたというより、問題意識が旺盛で、優秀な学生が橋川のもとに集まってきたということだろう。

橋川ゼミの卒業生には、「書き手」として活躍している人も数多くいる。前掲の高野慎三（一九六三年卒）は、権藤晋のペンネームでの漫画評論や、随筆、映画評論等を数多く手がけ、『ねじ式夜話』『ガロを築いた人々』『つげ義春幻想紀行』『旧街道』『郷愁』『貸本マンガと戦後の風景』等を上梓している。

また、溝上憲文（八三年卒）は、『非情の常時リストラ』で、二〇一三年度日本労働ペンクラブ賞を受賞。『隣りの成果主義』『超・学歴社会』『マタニティハラスメント』『団塊難民』『パチンコの歴史』など十数冊を刊行している。そのほか、主だった人を紹介すると以下の通り。

◎山岸紘一（六九年卒）＝『幕末国体論の行方』◎尾原和久（六九年卒）＝『悲曲の精神』◎松本利秋（七一年卒）＝『国際テロファイル』『極東危機の最前線』『麻薬・第四の戦略物質』『防衛は誰がために』『戦争民営化』等◎岡田陽一（七二年卒）＝『全国地方史誌文献案内（上・下）』、以下翻訳書、中国語訳『中国の生命の樹』『阿Qの王国』『皮影』『中国芸能史』『中国の神話考古』英訳・共訳『近代化への挑戦』等◎川端秀夫（七三年卒）＝一九八五年、中央大学創立百周年記念「長谷川如是閑賞」を「歴史における保守と進歩」で受賞◎宮嶋繁明（七四年卒）『三島由紀夫と橋川文三』『橋川文三日本浪曼派の精神』◎菊池清麿（八五年卒）＝『藤山一郎―歌唱の精神』『中山晋平伝』『日本流行歌変遷史』『評伝　服部良一』『評伝　古賀政男』『流行歌手たちの戦争』『昭和演歌の歴史』等計十数冊◎北林あずみ＝いずれも電子書籍『風となれ、里山主義』『風よ、安曇野に吹け』『桜舞う頃に』『私の文学観』『室生古道』等計十数冊。

一方で、他の大学から、橋川に教えを請うべく、大学院へ入ってきた人の中からも「書き手」が輩出している。信州大学で全共闘の議長をした後に入学した前掲の猪瀬直樹は、処女作『天皇の影法師』のあと、『ミカドの肖像』で第十八回大宅壮一ノンフィクション賞を受賞。『ペルソナ　三島由紀夫伝』『日本国の研究』『黒舟の世紀』『土地の神話』『欲望のメディア』『マガジン　青春譜』『ピカレスク　太宰治伝』等多数を上梓しているのが代表格である。

早稲田大学卒には、鹿野政直門下で、吉本隆明主宰の個人誌『試行』に、吉本が力作という[5]「英将秘訣」論」を連載した前掲の近藤渉は、『〈日本回帰〉の思想』を刊行。中央大学卒には、『石川啄木と北一輝』『憲法「押しつけ」論の幻』『もう一つの天皇制構想』等の小西豊治と、『上海東亜同文書院―日中を架けんとした男たち』『地域と占領』『米軍基地と神奈川』等の栗田尚弥の二人。

慶応大学からは、『戦中史』『戦後史をよみなおす』『日本史論述研究』等の福井紳一がいる。橋川が亡くなる一週間前、橋川宅で開かれたゼミ終了後のコンパで、院生の歌うスペイン人民戦線の歌に、橋川は涙したというが[24]、歌った院生が福井だった。『戦中史』は、橋川の教えをも活かした力作だ。また、『永続敗戦論』『国体論』等の白井聡は、福井の教え子[25]というから、孫弟子ということになる。白井の両著は、橋川の問題意識を引き継いでいるところがあると思う。

さらに、没後の門人とでもいうべき人には、『未完のファシズム』『国の死に方』『見果てぬ日本』等の慶応大学教授・片山杜秀がいる。片山は、橋川が「教えていた駿河台の大学で橋川の残り香を嗅ぎ、ついでに神保町界隈を毎日うろうろする暮らしをすることを願った。それで慶應を卒業すると、一九八六年に明治に入れて貰い、橋川の最後の時期のお弟子さんで、まだ大学院に残っておられた方々と、机を並べることもでき[26]、その修士論文が、『近代日本の右翼思想』第二章の素材になった。ただし、片山は、自身が門人・弟子と名乗ったことはなく、また、その後の著作においては、橋川の影響は限定されているから、門人との判断は慎重にすべきだろう。

以上の書き手の中には、大学、専門学校等で教鞭をとっている人が少なからずいる（詳細は略）。

橋川の弟子の職業は、実に様々で変り種が少なくないが、異色で特筆に値するのは、脚本家・池端俊策（六九年卒）だ。彼は、社会派テレビドラマの脚本を数多く手がけ、NHK大河ドラマ「太平記」「麒麟がくる（二〇二〇年放映）」や映画「復習するは我にあり」「楢山節考」「優駿」（監督作品「あつもの」もある）等を執筆している。また、わたしの同期生には、演歌歌手・小林幸子のマネージャーをし、その後、その芸能事務所の役員を務めた人もいる。後輩のゼミ生の中には、卒後、新潟大学医学部に入学、整形外科医になり、同地で診療しているという人もいた。

さて、立正大学名誉教授の哲学者・清水多吉は、近著『武士道の誤解』『語り継ぐ戦後思想史』で、生前の橋川が全く触れなかったことから、今までほとんど知られていない橋川の教師像を紹介している[27]。清水によると、かつて数名で「寺小屋」という自主講座、自主研究塾を主宰した折、橋川にも常連講師の一人になってもらったというのである[28]。

この「寺小屋」は、全共闘運動衰退後の停滞・無力感のなか、原典講読を掲げてドイツ語「寺小屋教室」を、清水多吉、片岡啓治、船戸満之、守山晃らを講師に、高田馬場のマンションの一室を借りて、一九七二年の夏頃から開講された。その後、ナショナルなものへの関心から対象を日本思想にまで広げ、柳田国男、国学、安藤昌益などの講座も開かれていった。

橋川の弟子・後藤総一郎は、ここで、柳田国男研究講座の主宰講師を務めた。そのメンバーは、大学を出て働き始めた社会人がほとんどだった。同講座は、約十年後に独立し「柳田国男研究会」に発展、同会は『柳田国男伝』等をまとめている。

清水によると、橋川が、「寺小屋」で講義したのは、「水戸学の系譜」「近代の超克」「『葉隠』の顚末」といったテーマだった。受講生はそれぞれ十名前後で、「以後、各大学で教鞭を執られる方々を多く輩出」したと清水はいうが、詳細は不明である。この塾のような「寺小屋」は、橋川の志向に合っていたようだ。

清水にとって印象深かったのは、『葉隠』の講義で、橋川は訥弁で、極めて屈折した言い方、語りの澱み、晦渋さを十分な同情心をもって聞いたという事実を、戦後思想史の一コマとして記録にとどめておいてほしいと回顧している[29]。

清水は、フランクフルト学派等ドイツ思想の研究者として著名だが、後年、近代日本思想史の研究にも進み、『西周』『岡倉天心』『柳田国男の継承者　福本和夫』『武士道の誤解』等を上梓、これらは、橋川の講義を受けた延長線上にあるとの見方もできそうだ。

橋川の講座で人気があったのは、「近代の超克」と「『葉隠』の顚末」のテーマで、「近代の超克」の講義を清水とともに受講したのは、清水と東大の大学院で同期だった廣松渉（東大名誉教授）だ[30]。

廣松は、この講義を受講後の一九七四年、「流動」十二月号から翌年九月号に「〈近代の超克〉と日本的遺構」を連載、一九八〇年に加筆訂正して『〈近代の超克〉論』を上梓した。同著の「絶望の餘焔と浪曼主義的自照」の章には、橋川の『日本浪曼派批判序説』を「記念碑的労作」とする記述と引用がある。また、昭和維新や北一輝にも言及しているから、当時は、日本の思想史にはそれほど精通していなかったと思われる廣松にとって橋川の講義は、裨益するもの多であったであろう。

同著は、「文学界」の座談会「近代の超克」のうち、橋川や竹内好が未究明だった三木清を含む京都学派の「世界史の哲学」の役割と限界を主題に言及している。哲学のエキスパート・廣松が洋の東西を問わず広範に論じたもので、廣松にとっては唯一の日本の哲学について論じた貴重な著だ。

もうひとつ、気になる小文がある。それは、廣松渉が亡くなる約二カ月前の一九九四年三月一六日、朝日新聞に寄稿した「東北アジアが歴史の主役に——日中を軸に「東亜」の新体制を」と題した文章である。

これは、後に、白井聡が「廣松渉の慧眼」[31]で紹介しているが、発表当時の読者は、「なぜ左翼の中の左翼である廣松渉が右翼的な大東亜戦争肯定論をぶつのか」と戸惑った。廣松門下も同様で、高弟・熊野純彦は、発表当時「暗然とするおもい」を抱き、「その後いくつかの擁護論も登場したけれども、現在もなお釈然とせず、むしろ痛ましくおもう」[32]という。

しかし、廣松の「新しい世界観や価値観は結局のところアジアから生まれ、それが世界を席巻することになろう」という問題提起を、白井は、「この先見の明には、今日目を瞠らざるを得ない」ものので、「九〇年代半ばの段階で、世界経済の「グローバル・インバランス」の状況とその矛盾がやがて露呈せざるを得ないことを指摘した慧眼には、驚くほかない」と論じた。

白井は、廣松が、近代の超克論や世界史の哲学に強い関心を寄せ、『〈近代の超克〉論』を上梓していることを鑑みれば、不可解なものはないのかもしれない、と洞見している[31]。わたしは、この白井説を敷衍して、寺小屋で「近代の超克」を受講した廣松とアジアに拘泥した橋川との関連を考えたい誘惑に駆られる。過度の推測は控えるべきかもしれないが、この最晩年の心境を提示した廣松の絶筆は、橋川の講義の延長線上、あるいは潜在意識に残されていたものの中から垣間見えてきたものと考えるのは、はたして憶測であろうか。

教師像の最後に、追悼文として書いた拙文は、橋川ゼミの心象風景を伝えているところがあると思うので、その一部を再録することを許してもらいたい。

「昭和四十六年×月×日／ゼミの最中、話がたまたま三島由紀夫に及んだとき、先生は昨年のあの事件の際、「腹が立って腹が立って仕方がなかった！」と、握った手を少し突き上げるような例の動作で怒ったように語る。さらに、「勝手に自分から幕を下ろしてしまって！」と嘆くように言うのが印象的。／筆名入りの本を贈ってもらっていた先生の所へ、事件後、ある古本屋が三島の著書全部を百万円でゆずって欲しいと言って来たが、断ったという逸話も紹介。

昭和四十七年×月×日／夏期合宿の為、上野駅で待ち合わせした橋川ゼミ一行は、列車で仙台へ。さらに石巻へ出、そこから船で牡鹿半島にある捕鯨の町・鮎川へ向かう。鯨油の臭いでむせかえるような鮎川での酒宴の席では、鯨をはじめとした海の珍味が並ぶ。血がしたたってピラピラした鯨サシ、海のパイナップルと言われるホヤを、小生は初めて口にする。先生はそれらについて説明してくれたが、酒がすすむにつれて、「鯨を食べるなんて野蛮だ！」と唐突に言う。／ゼミ生の中に歌舞伎研究会の部長をしているH君が横笛を持ってきており、その席で一曲奏で始めた。先生はそれを聴きながら、「君たちは敦盛を知っているか？」と何か悲しそうに問いかけた。私達もいささかしんみりした気分になっていった。そんな雰囲気を振り払うように、徳島出身のS君が阿波踊りを始めた。かなり酔いの回っていた先生は、にわかに立ち上がり、教えてくれとおぼつかない足どりで躍り始めた。皆なもそれに加わり、その場はにぎやかに更けていった。

×月×日／朝食前、先生はビールを飲みながら、「スッキリしますよ」と勧められるが、宿酔気味の小生はゲップが出そうになる。朝食後、町に出て鯨の解体や鯨博物館を見学した後、船で金華山へ向かう。そこで先生は何処からか何やら金色に光る石を見つけて来て、子供のように嬉しそうな顔をして一同に見せる。金華山から船で石巻へ出、そこでさらに東北を廻る一行と二手に分かれる。仙台からまっすぐ帰る私達は、食堂車でビールと食事を先生にご馳走になる。岡倉天心ゆかりの地五浦に寄ろうかなと言っていた先生は、結局帰ることにしたらしく、ウィスキーのポケット瓶を出して一杯始めた。少ししてから先生は中国語の本を取り出し、辞書を片手に何やら調べ始めた。「先生が厳しいから予習していかなくては！」と、照れながら言う。その先生とは、竹内好さんのことであった。

×月×日／「先日、電車に乗っていると吉本（隆明）さんに遇ってね！」とゼミの冒頭、先生は嬉しそうに話し始めた。電車で桜上水へ帰宅の途中、よく似た人がいるなと思っていると、向こうが気がついたらしく、「橋川さんではないですか」と話しかけて来たという。春秋社の編集者で共通の友人だった岩淵五郎さんの命日に当たり、深大寺まで墓参りにいくところで、先生も同行することにしたそうだ。墓参りした後、近くの茶店でビールを飲みながら話していたところ、ショートピースをしきりに喫いながら酒を飲む先生に対して、健康によくないとたしなめられたそうだ。一時、伝え聞いた眼にクマができるほどの疲れた様子はなく、随分健康に気を遣っているなと思ったと感心した様子。」（「隣人」第三号）

全共闘運動と橋川文三

全共闘さわぎの時、丸山眞男は橋川文三に電話をかけ、「きみのところはどうなんですか」と聞くと、「自分は台風の目みたいなもの」で、「無風地帯です」と答えたという。丸山は、それに対し、「まわりはみんなやられてるのに、台風の目というのは非常にうまいことをいった」「いつも決断しないわけでしょう。だからおのずから台風の目みたいになっちゃった」と述べ、さらに、注目すべき発言をしている。

「彼は全共闘からも民青からも全然攻撃されてない。攻撃されてないどころか、ぼくは不決断主義と関係があると思うんだけれど、あの文体の一種の調子で、あのときの騒いだ学生とどこか共鳴盤があると思うんです。そこのところをやらなきゃいけないのに、友人の文学者あるいは文芸批評家がそれをやっていない。どうして共鳴盤があるのか、たとえば全共闘のなかの反政治主義的政治行動との関係など、いちばん面白いところなのに……。[12]」

わたしも、「面白いところ」だと思う。六〇年代後半の全共闘運動が盛んな頃、東大教授だった丸山眞男の全共闘への対応は、橋川文三とでは対照的で、両者の思想的相違、異質性、さらには対立が表面化している。丸山には、次のように拒絶の姿勢が顕著である。

「ぼくの講義には毎回全共闘の学生の妨害があり、二回目にとうとう学生たちに文学部の建物に連れ込まれて、吊るし上げを食っちゃったんです。その後の講義の時には、妨害にきた学生が、「この授業を東大闘争の討論集会に切り替えさせてくれ」と言う。ぼくは「学生とは話し合うが、授業をそれに切り替えることはしない」といって、ずっと拒絶してきたのです。[33]」

一方、橋川は、どうしたか。当時の橋川ゼミ生らは、「大学紛争の最中、文三さんを槍玉にあげる学生は一人としていなかった[34]」（今井恭一郎）、「私達がゼミ員の頃は全共闘運動のまっ最中であった。おかげで授業は半分程度しかなかったが、先生には結構会っていたような気がする。／当然の如く、ゼミ員の中からつかまる者もいた。私もその一人であった[35]」（山本正史）と証言している。

橋川は、授業の始まる前に、学生に対して討論集会を開きますかと問うたが、討論集会にはならなかったという。また、全共闘の学生が橋川の授業を妨害したり、糾弾することは皆無だったという。

丸山が問う、橋川と全共闘との共鳴盤について、松本健一は、橋川には「現実政治についてのセンスも興味も全くな」（丸山）かったが、それだからこそ、「反政治主義的政治行動」に身をゆだねていた全共闘の学生と「共鳴盤」をもちえた、と答えている[16]（「橋川文三の反措定」）。「反政治主義的」

という点に関していえば、元東大全共闘代表の山本義隆は、「七〇年安保闘争のために東大闘争をやっていたわけではない」[36]（『私の1960年代』）というから、うなずける。

また、松本は、《丸山のいうように、わたしをふくめて六〇年代後半の学生たちは、「政治は汚ない」とおもい、「反政治主義的政治行動」ともいうべき政治に、いわば美を求める行動に身をまかせていた。それが革命的ロマン主義への共感をおぼえ、それらの革命的ロマン主義者の紹介者であった橋川文三に「共鳴盤」を見出していた理由[16]》と説明している。

しかし、当時の学生たちから、すぐさま、別に「美を求めて」行動していたわけではないとの反論が出るであろう。山本義隆は、「私たちは東大闘争の中で、処分や機動隊導入の問題だけではなく、そもそも大学でおこなわれている研究そのものは何なのだろう、そういう研究をおこなうということは普遍的な価値を持ちうるのかということまで問題にしていった」（『同』「加藤近代化路線なるもの」）と述べているから、求めたものの相違は歴然としている。

さらに、松本が「革命的ロマン主義への共感をおぼえ」、それが、橋川との「共鳴盤」だとする説も、容易には賛同を得られないだろう。橋川が一度も論じたことのない「革命的ロマン主義」という不鮮明な語彙を、全共闘との共鳴盤として、当然の如くいうことへの当惑である。これは、松本が、二・二六事件の青年将校と安田講堂を占拠した全共闘とを重ね想った[37]、というときの飛躍とともに違和感を覚える。

他方、桜井哲夫は、橋川と全共闘との「共鳴盤」について、こういう。

「日本の近代化のなかで共同体＝家と故郷からたたきだされたひとびととの一体化、同一化の欲望を、非合理的な衝動として笑うことはたやすい。（略）／自身その欲望の渦のなかにまきこまれた経験をもつ橋川文三が、その現代的な再現ともいえる要素を持つ全共闘運動と「共鳴盤」（丸山真男）を持つのは決して偶然ではなかったのである。」[38]

近代化への反措定という点で、橋川と全共闘が共鳴したとすれば、確かに、「共鳴盤」の一側面を示していると思うが、しかし、これで全てを解明したという感じは薄い。

橋川文三は、どうして、保田與重郎の日本浪曼派に惹かれたかを、「私たちが、ティーンエージャーとして、保田の何にもっともひきつけられたかということを顧みるとき、それはこの『過激な非政治性』ともいうべきイロニイであった」[39]と述べる。そうだとすれば、「革命的」（松本）ではなく、「非政治性」という点で、丸山が指摘する橋川と全共闘の共鳴盤につながる。

磯田光一も、「保田與重郎の思想は、政治に利用されることはあっても〝政治的有効性〟をめざさなかった。むしろ有効性を問わないというそのことが、青年の夢想にうったえる要因になった」[40]という。それは、「有効性のみに存在理由を求める思想は人の魂をとらえない」[41]（桶谷秀昭）からで、全共闘側にも共鳴盤として共通して見られたであろう。磯田は、さらに、好個の手がかりとなる橋川の指摘二点を挙げる。

「当時の青年たちにとって日本浪曼派が反封建運動の一面をもって感受されたこと、あるいは保田の〝近代〟否定論が明治以降の官僚制国家への批判でもあり得たという指摘は、いま読んでもやはり新鮮にみえる」[40]（磯田）

この「反封建運動」と「官僚制国家への批判」の二点は、全共闘側にも共通すると思うが、実証的な説明が必要だろう。まず、橋川は、『序説』で、具体的に、「私たちの体験した日本ロマン派が、当時、一種の反封建運動として感じられた[42]」という。また保田は、《「日本浪曼派は非文化と野蛮と封建的残存への闘争である」と明言しているが、その槍玉にあげられたのは「大正官僚的気質」「官僚風の衒学性」を濃厚に背負いこんだ「唯物論研究会」にほかならなかった》と説く。

さらに、《「官僚」政治に対する農本主義の批判は、保田においては、「唯物論研究会」を含む「大正官僚式」の「アカデミズム」批判としてあらわれた[43]》としているから、この「官僚式のアカデミズム批判」と上述の反封建運動との二点は、以下に示す全共闘側と対応している。

かつて、丸山眞男は、日本の近代化は、権力の頂点の「無責任体制」と、底辺の「村落共同体」の両極における「前近代性」の温存と利用によって可能になったと明晰に分析した。一方、全共闘の山本義隆は、丸山のいう、この権力に「酷似した構造をもつ東大教授会」を全共闘は問題にしたというから[44]、前者の反封建運動については橋川と共通している。

後者の「官僚制国家への批判」についても、山本義隆が、丸山眞男の「「である」ことと「する」こと」(『日本の思想』)を引き合いにして《「理性の府であること」や「教授であること」を絶対化した時、自らの活動を対象化して批判的に見つめることも忘れ、「明治天皇制」権力の「頂点」や「国体の最終の細胞」にも比すべき「東京大学」を見ることを不可能にした[45]》(傍点原文)、とする批判と照応している。

なおかつ、山本は、丸山が批判した「超国家主義」という大日本帝国の無責任きわまる支配体制と同じことが東大で行われていることに、何も言わないのは、「丸山眞男のダブルスタンダード[46]」

だと冷徹な認識を示す。これは、かつて吉本隆明に批判された、「戦争そのものにのめりこみもしないが、それに抵抗することもしないという二重性[47]」や、「使い分けの達人[48]」（竹内好）を想起でき、ここでも同様なことが繰り返されている。

ところで、橋川が丸山に厳しく追及されていたのは事実で、《輪郭の明確なところではなくて、いわばグレンツ（谷間―引用者）になっている、あるいはマージナルな、辺境的な、二つのもの三つのものがそこで競合して、アモルフ（無定形な―引用者）な混沌というか、そういう状態をなしている、そういう領域におまえ（橋川―引用者）は関心を持ちすぎる》《シュミットを手本にしたにしては、おまえは決断的でない[49]》と批判された。しかし、これに違和感を覚えた橋川は、抑制してはいるが、以下のように丸山の決断主義に反措定を提出する。

「決断のない政治は、いわばスキンシップの政治になる。スキンシップは丸山さんのいちばん嫌忌するものでしょう。近代的人間の孤独とその個人の責任において行なわれる悲劇的な決断の永久性、それが丸山さんの信仰かもしれない。しかし、日本人にとっては、果たして決断というものがあったか、そういう決断というものが、そもそも必要なのか、という問題にもなってくる。[50]」

さらに、「決断的でないというのは、さっきいったマージナルな領域を分析するときに、勢いそうならざるをえないという面もあるわけです[51]」と反論する。

橋川と丸山との差異、両者が、およそ、相容れないものを抱えていたことを、野口武彦は、《丸山政治学が言及しているのはたとえば『政治神学』におけるシュミットの決断主義《デツィジオニスム》であるが、橋川はむしろその反面の方に関心を抱いたのである。『政治的ロマン主義』がロマン主義的なものの特性と見なしている「不決断」、決断主義の対立物として切って捨てられた永遠の逡巡と留保こそ、まさに日本浪曼派の情調と同一成分の精神傾向にほかならなかった。丸山政治学がおおむねアポロ的であったのに対して、橋川精神史は歴史のディオニュソス的暗がりにじっと眼を凝らす[52]》と核心をついている。

橋川自身が認めているように、丸山のいうことは、一貫して橋川のある側面を鋭く言い当てている。が、しかし、そのことが何故に悪いかを明言しているわけではない。むしろ、橋川の優れた特質であるかもしれない。そもそも丸山のいう決断が、必要なのかも不明だ。

丸山は、「(橋川は)いつも皮膜を通じて、現実に接している。つまり安保はいいとか悪いとかいう種のことを一度もいっていない」「それじゃ、矛盾した両極のはりつめた緊張のなかに生きる精神だったか、というと、ぼくにはどうしてもそういう解釈はできません。やっぱりさっきの胎児の例じゃないけれど、ヌラヌラしたもののなかに矛盾した要素が共存して浮いている、といった印象の方が強い[12]」と、橋川は、非難と糾弾に晒されている。

橋川は、丸山に、あいまいな不決断主義として批判されているが、同様に、「ぬらくらし、霞のように曖昧[53]」と批判されたのが、日本の軍国支配者である。

「超国家主義の論理と心理」と並び高い評価を受けた丸山の「軍国支配者の精神構造」は、潮流社時代の橋川が、担当して書いてもらった佳作だ。「既成事実への屈服」「権限への逃避」という日本ファシズム支配における無責任体系を的確に素描した論考で、現代の政治現場や社会現象にも旧態依然として根強くみられる鋭い指摘である。

わたしは、同論を優れた論考としてだけ読んでいたが、大沼保昭の「東京裁判・戦争責任・戦後責任[54]」における、ナチに対する丸山の言説を錯誤とする指摘を読み、目からウロコが落ちるような気持ちを味わった。すなわち、丸山は、軍国支配者のあいまいさ、つまり、不決断を糾弾するあまり、ナチスのゲーリングを、「これこそヨーロッパの伝統的精神に自覚的に挑戦するニヒリストの明快さ」と評価し、「これに比べれば東京裁判の被告や多くの証人の答弁は一様にうなぎのようにぬらくらし、霞のように曖昧[53]」として糾弾するという誤りを犯すに至った。決断か不決断というだけの判断基準が、如何に根拠の薄く、あやういものかを露呈させている。

橋川の曖昧さ（不決断）を糾弾する丸山眞男への反措定としては、鶴見俊輔の以下の挿話がヒントになる。彼は、ハーヴァード大学で哲学者ホワイトヘッドの最終講義を聴いた。すると最後に何かひとこと言って終わった。後で確認すると、〝Exactness（正確さ、精密さ）is a fake（偽者、作り物、模造）〟だった。「精密さというのは、一つのつくりものにすぎない。人間がもっているほんとうのものは、ぼんやりしたものなんだ。それこそが、しっかりした、たしかなものなんだ。そういう人生観だね[55]」と鶴見は、傾聴すべき観点を示す。

これを敷衍すれば、決断主義、いわば正確さを標榜する丸山は、偽者、作り物となってしまい、あいまいでハッキリしない不決断主義の橋川の方は逆に、しっかりした確かなものだということになるかもしれない。

わたしは、丸山の「戦争そのものにのめりこめもしないが、それに抵抗することもしない」（吉本隆明）という二重性の方が、不決断な作り物、偽者だと思うが、その潜在的な姿勢が橋川を批判する際にも現れてくるのではないだろうか。

桜井哲夫は、丸山の「決断」至上主義を的確に批判している。

「（丸山は―引用者）思想家、思想を語る者としての資格を「決断」――右せんか左せんかをハッキリさせる――という一点に置いているということである。／したがって、丸山は橋川文三のあいまいな存在様式というものを理解しようとしながらも、つきはなしてしまわざるをえない。（略）橋川の「よくわからない」不決断主義のもつ意味をついに理解しないという点で、丸山が彼の全共闘との対決を結局思想化しえなかったことをこのインタヴューは伝えているのである。（略）／やはり、これは「治者」の論理なのである。丸山真男が「政治」において決定的に重きを置く「決断」もまた〈制度〉の運営のなかにおいてこそ求められる資質なのである。[38]」（傍点原文）

丸山は、「いろいろな時期の橋川君がいわば重層構造をなして彼の「精神」のなかに共存している。だからある人は西欧派といい、他の人は土着派といい、ある人は生真面目といい、他の人は女性遍歴の方に目を向ける。どれも当っているんですよ[56]」という。けれども、丸山のいう橋川の女性遍歴については、拙著で仔細に間違いを指摘した。また、土着派については、本人が明確に否定しているから、「どれも当っている」わけではない。

橋川を土着派と呼んだのは、白井健三郎で、「日本の土着的思考に対する関心があり[57]」（「土着派としての橋川」）と指摘した。しかし、橋川は、土着という「ことば自体嫌いなんですよ」「土着もね、限定して使えば差し支えないと思うんですよ、ただ、最高の理論と最高の心情までがそこに含まれているかのようなまぜっこの形では、使えないことばだと思うんです[58]」というから、橋川を、土着派と呼ぶには無理がある。

西欧派というのは、磯田光一である。こちらは、いってみれば、土着派、国粋派と見られがちな橋川の意外な側面を、見事に言い当てていると思う。

磯田は、《西欧派としての橋川氏の一面は、岡倉天心『日本の覚醒』の翻訳（略）のうちにもよくあらわれて》おり、《天心が日本のことを英文で書いた以上、その英語に表現されたものを可能なかぎり尊重する、という態度も成立するであろう。橋川氏のえらんだのは後者の方法であり、アマテラスを「太陽女神」とし、サムライをあえて「サムライ」のままのこすという訳し方》で示した。

さらに、「橋川氏がカール・シュミットの『政治的ロマン主義』を訳したときと同じように、ヨーロッパ的な語彙をつぶさにたどることによって、日本の細部がかつてないすがたでみえてくるという、一種の秘密の愉しみをこっそり享受していたのではないか[59]」と適切な推察をしている。

ところで、丸山が語る興味深いエピソードがある。

「きみ（橋川）はこうもりみたいで、文学者の仲間に行くと、おれはきみらとちがって政治学を知っているんだという顔をし、それから政治学者の中へ行くと、おれはきみらとちがって、文学がわかるんだというところを見せる――なんていってからかう。（略）本当に悪いことをしました。（略）橋川君は人の前で「何とかぶる」といったハッタリをするタイプの人間とまるでちがうから……。[56]」（同前）

か。

これは、いったいどういうことだろうか。この何気ない言動には、むしろ、丸山の方に、竹内好が丸山を指して「使い分けの達人」と称した際の、丸山の思想性が伏在していたのではないだろうか。

丸山は、戦後、近代化の進んだ西欧を模範とし、遅れた日本とを比較し、戦時中の日本ファシズムを批判、それなりに高い評価を得てきた。しかし、翻っていえば、日本通の人には、「おれはきみらとちがって西欧を知っているんだ」という顔をし、逆に、西欧派の人には、「おれはきみらとちがって、日本がわかるんだ」というところを見せることにつながり、丸山に潜在するダブルスタンダードを象徴するのではないかとの危惧を覚える。

よく知られているように丸山は、『日本の思想』で、欧米社会に比べ、「近代日本の学問とか文化とか、あるいはいろいろな社会の組織形態というものがササラ型でなくてタコツボ型」だと指摘した。日本は、「共通のカルチュアで結ばれたインテリ層というものが存在しないタコツボ型社会」だから、日本の知識人の間に共通の言葉なり、共通の基準が存在しないと断罪した。[60]

この丸山発言に従えば、橋川は、ササラ型に近いから、むしろ褒められてもよさそうなのに、反対にからかわれたのはどうしてだろうか。

丸山の発言どおり、橋川は、政治学の分野でも文学の分野でも、そのカテゴリーを越えて、積極的に発言し、精彩を放っていた。橋川は、大学教授として専攻した政治学だけでなく、文学にも深く精通していた。橋川の友人の小説家・井上光晴が、橋川の文学に対する眼識を如何に高く評価していたか。瀬戸内晴美（寂聴）は、井上から、「橋川は、文芸評論家なんかより、はるかに確かな小説読みだから、読んでもらうべきだ」といわれて、自分の作品が出る度送るようになったという。[61]また、猪瀬直樹が、「橋川先生は、論文も評論も小説も、いっしょのレヴェルで考える人だった」[14]というように、ジャンルを問わず自在に語れた。

丸山のからかいの言動は、丸山も、文学にも深い素養があっただけに、橋川のように、もっと積極的に発言したかったことを暗示しているのかもしれない。ひとつの仮説として、カテゴリーに拘らず、縦横無尽に仕事をしている橋川に、丸山が羨望を覚えていたのではないのだろうか。

『橋川文三著作集』の「月報」における丸山の一連の厳しい発言等については、橋川に対する丸山の嫉妬ではないかとする説を出している人たちがいる。

中島岳志は、「僕はその月報を読んだとき、率直に言えば、丸山が嫉妬しているんだと感じました。（略）丸山が前近代的と切り捨てた部分にあえて光をあて、そこに自分とつながるエートスを読みとろうとした――それを丸山は理解していたはずで、酷評するのも、橋川は何でああいうところに手が届いたのかという、ある種の逆説的賛辞と、僕は受け止めていたんですが」[62]と述べている。また、竹内洋も、同様の説を唱えている。

「丸山が橋川文三（略）について悪口といってもよいほどのきびしい批判（『日本浪曼派批判序説』以前のこと）をしたのも、こう考えられないだろうか。丸山は自己の情念を極力押さえ込み「自己分裂」に耐えた。それだけに、情念を軽々と言語化した橋川へのアカデミック・ジェラシーではなかったか、と。」[63]

さらに、筒井清忠は「月報」の発言に対してではないが、「戦後日本の最大の思想的課題は、日本を敗戦にまで突き進ませた昭和超国家主義の解明にあったと思う。丸山眞男の『現代政治の思想と行動』はその一つの秀れた成果だが、その内側にまで入りこんでとり出して見せる所まで行ったのは橋川の仕事だけだった。鋭敏な丸山はそれを悟ったから結局橋川に嫉妬していたのだ(64)」と書いている。

中島、竹内、筒井の三人ともが、共通して指摘することにわたしも同意する。

三島由紀夫、清沢洌、水戸学、外遊、他

この節では、今まであまり触れなかった橋川の著作、言動を時代順に概説する。

▽三島由紀夫と論争　三島由紀夫と橋川文三には、実は、密接な関係があった。橋川の三島由紀夫論は、『三島由紀夫論集成』（一九九八年）に集約されている。三島と橋川については、拙著『三島由紀夫と橋川文三』（二〇〇五年）で、詳細にわたって検討したので、委細はそちらに譲り、ここでは概略を示すのみにする。

三島と橋川の関係は、一九五九年、三島が渾身の力をこめて発表した『鏡子の家』が、不評を託っていたときに、橋川が東京新聞の「若い世代と戦後精神」で、三島に共感を示したことに始まる。この小論に感動した三島は、一九六四年刊行の『三島由紀夫自選集』の解説を橋川に依頼した。そうして書かれたのが「夭折者の禁欲」で、三島の依頼にそって彼の「精神史的背景」から奇特な戦争体験に触れ、その骨子を「死の共同体」「秘宴としての戦争」と概括、三島の自刃を予測した

ともいわれている。

この解説に深い感銘を受けた三島は、さらに二年後、『現代日本文学館』シリーズの『三島由紀夫集』に、当時四十一歳に過ぎない自らの伝記の執筆を依頼した。そうして書かれたのが「三島由紀夫伝」で、三島の伝記としては先駆的で、その後の三島論、三島伝が主なモチーフとするエッセンスの多くを網羅していた。

この伝記執筆に応えて、三島は橋川に丁重な礼状をしたためている。「此度は見事な伝記をお書きいただき、心から感謝いたしてをります」「真の知己の言を得たうれしさで一杯です。（略）／御高著「日本浪曼派批判序説」及び「歴史と体験」は再読、三読、いろいろ影響を受けました。（略）いつかそんなあれこれのことについて、御教示をいただきたいと思つてをります」とある。しかし、この二人は、生涯に一度も会うことなく、橋川が直接に教示するような場面は無かった。

けれども、一九六六年に三島が執筆した『英霊の聲』は、三島が手紙で「影響を受けました」と書いたように、橋川著『歴史と体験』（一九六四年）所収の「テロリズム信仰の精神史」の強い示唆を受けたものであった。

もうひとつ特筆すべきは、三島が、一九六八年、大きな反響を呼んだ「文化防衛論」を「中央公論」に発表した際、橋川は、編集部から依頼され、反論として同誌に「美の論理と政治の論理」を書いて論破した。三島は、それに応えて、「橋川文三氏への公開状」で、「ギャフンと参つた」としながらも応酬した。が、しかし、それに対する橋川の反論が書かれることはなかった。

▽**清沢洌『暗黒日記』を紹介**　一九七〇年十月、清沢洌の『暗黒日記Ⅰ』の編集・解説・注を担当している。七一年三月、『同Ⅱ』、七三年三月、『同Ⅲ』を刊行。

これは、自らが皇国少年だった戦中にも、冷静な世界認識と状況把握をなしえた人である清沢への強い関心と憧憬が、橋川の根底にあったからであろう。

橋川の同著「解題」によると、清沢の思想はきわめてハッキリしたもので、戦時期の「悲惨と愚行の歴史記述が、日本人の自己教育のために必要であるという考えであった」と指摘。そして「心ある人々にとって日本の敗戦はもはや間近であり、戦後日本の再建構想こそが必要と感じられていた。清沢はその時にこそ華々しい活動を期待される最適任者とみられていた」と付言している。清沢は、日記執筆の動機として「「現代史」を後日書くために……」（昭和十八年八月一日）と簡潔に伝えている。

橋川によると、清沢の日記は、太平洋戦争期の日本人の思想と行動に関する精密なドキュメントで、今日読みなおして特に痛感させられるのは、いかなる悲惨な経験をくぐろうとも、集団としての日本人は少しも変わらないのではないかという清沢の不吉な予測が的中しそうに思われることだという。その意味で決して愉快な記録ではないが、それが三十年前の日本人の姿であったことは否定できず、歴史的観点からいうと、敗戦直後の日本政治については本格的な分析がないから格好の手引書になると推薦している。[65]

当時、埋もれていたともいえる清沢の『暗黒日記』を、橋川が発掘・紹介したことにより清沢研究は次第に進み、北岡伸一『清沢洌』（一九八七年）や、岩波文庫版『暗黒日記』（一九九〇年）、山本義彦『清沢洌の政治経済思想』（一九九六年）、日本図書センター『清沢洌選集』（一九九八年）等が刊行されている。

▽**水戸学の翻訳と解説**　一九七四年一月、中央公論社『日本の名著29・藤田東湖』を編集、百四十枚を超える長文の解説「水戸学の源流と成立」を書いた。同著では翻訳も担当し、藤田東湖『回天詩史』『常陸帯』『弘道館記述義』『東湖随筆』『見聞偶筆』、藤田幽谷『修史始末』、会沢正志斎『新論』の七点、四百字詰原稿用紙で約千枚の現代語訳を行った。古典の現代語訳は初めてで、主要なものはみな漢文のため、「ただ直訳しただけでは無意味となるような、含蓄にとんだ字句が多い」[66]（橋川）ことから、約五カ月をかけての大作業となった。

橋川の解説は、「近代日本の特殊日本的ナショナリズムの性格をかたちづくった水戸学を、その名称の成立から思想的変容、そして「国体論」が生みだされてくる過程を、精緻ではあるがスリリングにたどったもの」[67]（松本健一）だ。水戸学は、難解とされることから敬遠する人が多く、朝日評伝選の『徳川光圀』を上梓した野口武彦は、同著の水戸学部分については、橋川の解説から少なからず援用している[68]。

橋川が、水戸学をやらなければと思ったのは、有名なわりに、内在的な理解がなく、旧水戸学イデオロギーをそのまま信奉する態度が一つめの傾向。二つめは戦後の歴史学研究において、水戸学についての定説をつくったもので、究極的には幕藩体制を擁護する最後の試みと規定するもの。三つめは、平泉澄の弟子たちの日本学協会、それは客観主義的、実証主義的な方法で、水戸学の形成過程、主として初期の水戸学、義公の思想の形成過程を問題にしているが、後期ないし明治以後の水戸学についてはほとんど言及がない。

そこで、水戸学を解放したいという気持があり、水戸学は少数の信奉者が、ファナティックに信奉するものではなく、普通に思想に関心をもつ人が、興味をもってしかるべき一つの学問、思想の流れだということを立証しようとした。そのため、あえて後期水戸学のみを、水戸学とはいわないつもりで、光圀以後の学問、初期水戸学、あるいは中期水戸学、少なくとも手続上それらをやっておかないと、後期のみを水戸学というのはまずい、とその意図を示している。(69)

▽竹内好の死をめぐり吉本隆明から批判　橋川文三は、一九七七年の竹内好の逝去をめぐって、畏友である吉本隆明から、ほとんど唯一といえる批判を受けた。
それは、橋川が、竹内没後に、「死因は食道ガンということであるが、ガンということは最後までご存知なかったらしい(70)」と書いたことに発する。これに対して吉本は、「わたしにはそんなことは信じられない。というよりも竹内好だけが自分ハ癌デアルとかんがえて危惧と不安にさいなまれていたのに誰もかれの心の奥に秘めた実感と孤独なたたかいに触れるものはいなかった」と反論し、さらに、「橋川が書いていることでもうひとつコメントをつけておきたい(71)」と付言した。

それは、橋川が、「武田泰淳さんの死因となった病気に、ほぼ同じ時期に罹られたのではないかとも思うが、そのころはもちろんそんな疑問は誰しももってはいなかったし、第一、竹内さん自身が八月頃、そのからだの不調をあるいは魯迅訳の緊張に、あるいは数年前の酒場での打撲傷に原因するものとされていたらしい。それであるいはハリの治療に通われ、あるいは日本医大にムダな入院をされたらしいのだが、結局それらが致命的となった(70)」（傍点引用者）と書いた部分である。

中でも、吉本が憤懣やるかたない思いを抱いたのは、「日本医大にムダな入院をされたらしいのだが、結局それらが致命的となった」の箇所である。何故なら、その日本医大への入院の労をとったのは、ほかならぬ吉本だったからである。

「もし竹内好の癌が橋川のいうようなものであるとすれば、癌に罹る可能性をもつ人間としてのわたしの認識はまったくちがう。癌デアルコト（あるいは癌ニ罹ッタコト）自体が「致命的」だったので、ハリの治療に通ったことや、日本医大に入院したことが「ムダ」で「致命的」だったのではない。（略）わたしは竹内好が日本医大に診断をもとめるについて関与し、わたしの尊敬している無形文化財をわずらわせたものとして、これをはっきりと書いておく必要を感ずる。」[71]（吉本）

すぐに判断できるように、吉本のいう方に正論がある。吉本は、さらに、「思うに橋川や増田にそのような言葉を書かせたゆえんは、竹内好の周辺がそうかんがえていることの証左であろう。けれどそれはうわべだけ思想的いい子になって通りすぎようとするかれらの悪習とかかわりあるよろしからぬことである。また体裁で他人の病いや死を担ぐことに不同意である」と辛辣に批判した。

橋川は、この頃から既にパーキンソン病による心身の不調を訴え始めており、口ごもることが多く（鶴見俊輔）、「らしい」の表現が続いていることからも、個人で即座に冷静な判断ができる状態ではなかったのかもしれない。おそらく、吉本のいうように、竹内好の周辺、つまり中国の会面々の見解に橋川も促されたものであろう。

▽一年間の外遊　橋川文三は、一九七八年四月から翌年二月まで、明治大学の海外留学制度により、ヨーロッパとアメリカへ夫人と一緒に赴いた。四月から七月までは、大学のある西ドイツ・マールブルクに滞在した。マールブルク大学・化学のヘルナー教授所有の、千坪ほどの美しい芝生の庭がある建物の三階三室を借りて住んだ。

留学先のマールブルク大学では、五月に一度だけ「日本ファシズム」について講演するだけでよかったので、フランクフルト、ミュンヘン、ハイデルベルク、ライン下り、ケルン、ボンなどへ旅行。印象的なのは二泊旅行をしたハイデルベルクだった。大学での講義の聴衆は、およそ四、五〇人で、ドイツにおいては、日本ファシズムにあまり関心がないようだった。

その後、オランダ、フランス、イタリア、スイスなどヨーロッパ各地を旅行。八月には、イギリスに渡り、ロンドンとアシュバートンに半月滞在。イギリスでも各地を散策したが、中でも素晴らしかったのは、二泊したスコットランドの光景と振り返っている。

九月から二月の帰国までの約半年間は、アメリカ・ニュージャージー州に滞在。マリウス・B・ジャンセン教授の世話になり、プリンストン大学東アジア学部で、隔週、同教授ゼミの大学院生四人に対し、中江兆民、宮崎滔天、北一輝、吉野作造、竹内好について講義した。

また、この間、ワシントンへ行きジャンセン教授、平川祐弘教授とともに日本文化を講じ、橋川は日本近代史における民族差別を担当し、関東大震災における朝鮮人虐殺を例とした。そのほか、プリンストン大学では、二、三〇人を相手に「黄禍論」について講演もしている。

一九七九年二月、帰国。外遊について、帰国後、エッセイを三篇ほど書いているが[72]、身辺雑記で、思想的な成果は、あまり期待できない。むしろ、病いが、進行したとの印象の方が強い。橋川は、「外国旅行で疲れたといおうか、あるいは現在の世界を見て自分の認識の程度を知り、あわせてその方法の限界を知るという羽目になった」と心境を吐露している。

未完の西郷隆盛

『西郷隆盛紀行』は、橋川文三が亡くなる約二年前の一九八一年九月に刊行された。これは、『黄禍物語』（一九七六年）以後に書いた、エッセイ集や対談集を除くと、唯一のまとまった単独の書物だ。「あとがきに代えて」によると、「およそ過去七、八年の期間をかけたもの」だが、当初は、朝日新聞社の評伝シリーズ「朝日評伝選」の一冊として企画された。しかし、パーキンソン病による心身の不調により、執筆はかなわず同書を残すことになった。

収録されたのは、一九六八年に書かれた「西郷隆盛の反動性と革命性」が唯一の論考で、他は全て一九七七年以降の対談、講演、エッセイ等。「西郷隆盛と南の島々」は島尾敏雄との対談、「日本の近代化と西郷隆盛の思想」は安宇植との対談、「西郷隆盛と征韓論」と「西郷どんと竹内さんのこと」は講演。「田原坂の春」は評伝執筆のため、田原坂を取材旅行した際の短いエッセイ、「西郷隆盛の謎」は、毛利敏彦『明治六年の政変』の書評である。

一九七五年、「朝日評伝選」の執筆の為、朝日新聞社の川橋啓一と奄美大島へ取材旅行に出かけ、当時、鹿児島県立図書館・奄美大島分館館長の島尾敏雄と対談。七七年には、同じく朝日新聞社の赤藤了勇と、取材のため田原坂から「弾痕の家」を訪問。七九年の初秋にも、赤藤と南九州の山あいを、延岡北方から可愛岳へ、さらに鹿児島の城山を歩き、取材している。これだけ、取材にも時間と労力をかけたが、執筆は遅々として進まなかった。

色川大吉は、橋川が欧米遊学から帰った翌年の一九八〇年一月、スキーに来ていた橋川と遭遇。話が西郷隆盛執筆のことになったので、色川が「止めてしまったら」というと、「いや、ぼくはもう亡くなるんです。あんたのように先が無い。あれだけはやらなくちゃ」と、ぽつりと語ったというから、このときは、書くつもりだったようだ。(73)

しかし、翌年九月の同著刊行時、大学院生だった近藤渉は、『西郷隆盛紀行』を下さる時、先生は「これはぼくの遺書だよ」(74)と言った、と証言しているから、覚悟するものがあったようだ。

橋川は、評伝として完成できなかったことに、内心忸怩たるものがあったと思われるが、それを『西郷隆盛紀行』として刊行するに至ったのは、自身の肉体の不調と同時に、知力の衰えにもさいなまれてのことかもしれない。色川への発言に見られるように、後年の橋川は、心身の衰えを自覚し、周囲の人にもはばからず公言していた。

とはいえ、橋川の西郷の評伝が、書いたとすれば、どのような内容になったであろうかということは、『西郷隆盛紀行』を読めば、評伝選で言いたかったこと、その主題は何かのエッセンスを推測することができる。同書所収の「西郷隆盛の革命性と反動性」は、一九六八年、まだ元気で全共闘運動が盛んな頃に執筆した、西郷の魅力の根源に迫った画期的な論考であった。

先崎彰容は、「革命、すなわち時代の通念や秩序を全否定する気分が、学生運動によって醸成されていたことも、こうしたタイトルをつけた理由だったに違いない」[75]と推測する。また、「当時、西郷は研究者のあいだで否定的に評価されるのが一般的で、（略）近代化への無理解と政治的無能、そして右翼から好かれる保守反動の巨魁である西郷は否定されねばならない——これが研究者の間で共有されていた風潮であった」（同）というから、当時の風潮に異議を申し立て、西郷に「革命性」があると唱えることは、通説を覆すことであり、勇気が必要だった。

ここにも、橋川の先駆性、今まで誰も言わなかったことを問題提起するという特質を見ることができよう。橋川は、同論で、印象深い文章を紹介している。

「西郷起つの報は、自由民権派に大きなショックを与えた。熊本民権派は、ルソーの民約論を泣き読みつつ、剣を取って薩軍に投じた。」（遠山茂樹『明治維新』）

「誰知凄月悲風底／泣読盧騒《ルソー》民約論」[76]。この詩を作った熊本の宮崎八郎も薩摩軍に投じたという事実に驚いた橋川は、保守反動の代表、親分格と見なされた西郷像は、ひとつの側面にすぎず、「一般に最後の封建反動とされる西南戦争が、その参加者のあるものにおいては、ルソーの名において戦われたということをどう考えるかというのが私の問題である」として、従来の固定像を翻し、西郷には、「革命性」を見出せるという大胆な仮説に導いていく。

橋川は、西郷とルソー、「この二人は、いずれもどこか近代的文明主義と肌合いをことにする夢想家であるところが似ている。西郷がファシストの源流とされ、ルソーがまたジャコバン・テロリズムの、もしくは後世のトタリタリアニズム（全体主義—引用者）の始祖とされるのなども、どこか類似性をおびている」[77]とアナロジーしている。

先崎彰容は、《本家フランスでルソーはしばしばヴォルテールと比較され、前者は自然を賛美し近代文明を呪い、後者は人工的に構築された文明を肯定したと見なされている。これを日本流に言い直せば、西郷の「敬天愛人」という東洋思想と、福澤流の「文明開化」の対立という図式になるのではないか。「近代」を批判する点において、西郷とルソーには何か抜き差しならない関連性があるはずだ――橋川はそのように考えた[75]》と、橋川とルソーの関係を手際よく比較対照している。

橋川は、さらに論を進め、「幾分の飛躍をおそれずにいえば、西郷はそこにもっとより徹底した革命を、もっとより多くの自由と平等と文明をさえ夢想していたかもしれない」(傍点原文)から、「西郷を一種独特のラジカル・デモクラット(急進的な民主主義者―引用者)と考えることは不可能ではないはず[77]」と独自の見解を展開する。

渡辺京二は、同著のうち橋川の視座を最もよく語っているのがこの論考で、一九六八年に書かれた同論が与えた影響は非常に大きく、「橋川のこの論文がなければ、西郷は反動士族の親玉という粗大な像のままにとどまっていたかも知れない[78]」と、注目すべき評言を加えている。

渡辺は、その影響のもとに自分なりの西郷論を書いた。それは主に、「逆説としての明治十年戦争」「異界の人[79]」等に示され、橋川が注目したルソーを読んでいた宮崎八郎が率いた「熊本協同体」については、「協同体と中津隊[80]」で論究した。

ところで、橋川が一九七五年に奄美大島を訪れた際の、橋川と島尾敏雄との対談は、実に実り豊かなもので、島尾敏雄が、「西郷が島から受けた影響ですね。これを、誰も本気になって書いた人がいないんです」と問う。すると橋川は、「歴史家というものはそんなことには気がつかない人間だという、逆のテーゼを出すよりしようがないわけ。普通に誰でもが気にすることを、気にしないのが歴史家なんです。ぼくは、そうした歴史家とは、違った歴史をやってみよう」[81]と答え、評伝での意気込み、そして何に注視して書こうとしたかの機微に触れている。橋川は、この島尾との対談で、次のような大きな刺激とヒントを得た。

「ぼくの大きな勘は確かだってこと、島尾さんの話を聞いていて、そう思いました。離島時代の西郷にあたらないと、あとは、維新のピーヒャラ・ドンドンになる。威勢のいいことばかりやる、悲愴なる大英雄みたいなの書いたってだめだという、そのことは、前から感じていた。西郷にとっては、島の時代が大事なんだ。だから、離島時代さえ書ければ……。」[77]

あたかも、「離島時代さえ書ければ」、西郷の評伝の骨子は書けると言わんばかりで、西郷が流謫の場所にいた時代につかんだものを、以下に述べる。

「ヤマトの政治というのは、どうにも嫌だなあと。あれは違う政治なのではあるまいか。いま、徳川幕府と勤皇派とが大変な争いをやっている。しかし、あんなのはおかしい、違っているのではないか、という感じ……。西郷さんは日本列島のはずれで、そうした感覚をつかんだように思われるのです。」(『同』「西郷隆盛と征韓論」)

これも、評伝で橋川が書くであろう大胆な仮説のひとつになるはずであった。この離島時代への注目は、対馬生まれの橋川ならではの、島から日本を見るという両者に通底する視点に繋がっていった。また、西郷の「征韓」論について、以下のようにいうが、橋川の西郷への熱い思いが伝わってくる。

「その後韓国をあのように併合し、さらに中国にあのような侵略を行なったものは、西郷ではなく、まさにその西郷が否定しようとした日本国家にほかならなかったという簡明な事実である。西郷はもともと「近代国家」という思想を理解しえなかったが、その必然的発展形態としての「帝国主義」という思想もまた決して理解しえなかったであろうことはたしかだと私には思われる。[82]」

この発言に対し、松本三之介は、《この弁護論には論理的に飛躍があり、いくつかの前提が必要だが、ここで橋川さんによって理解されていた西郷が、明治国家的な「近代」の否定者であり、そのような「近代」とはまさしく「別の原理」を告知する者としてのそれであったことは明らかであろう[83]》と妥当な指摘をする。

中野剛志は、「橋川文三にとって西郷を書くことは、維新史のみならず、近代日本史全体を書くこと」で、「西郷隆盛の謎とは、近代日本の謎そのものである」と概説。つづけて、「橋川の旅はその終着地には到ることができず、西郷隆盛伝はついに未完に終わった。西郷がどんな夢を抱いていたのかは、結局、分からずじまいである。しかし、それは橋川の限界のせいではない。西郷の思想それ自体が未完だからなのである。そして、この『西郷隆盛紀行』は、西郷問題、いや近代日本という問題がまだ終わっていないことを伝えるのに、十分に成功している[84]」と述べている。

橋川自身、同書の「あとがきに代えて」で、「私は西郷についてもちょっと永久におしまいにならない」（傍点原文）と書いている。また、片山杜秀は、橋川は、「西郷隆盛を日本近代に別種の可能性を与え得た存在とみなそうとしたが、その構想は未完に終わった[85]」という。

上述のように中野剛志は、橋川の前掲書の文庫版・解説のタイトルで、また、先崎彰容は、自身の著の標題で、そして、片山杜秀の三人ともが、橋川の西郷論を評して、「未完の西郷隆盛」だという。

それでは、橋川の構想は未完で完結していないから、無責任という誹《そし》りをまぬがれないのだろうか。これに対する反論を促すものとして、野村浩一は、橋川の仕事総体を指して、「橋川さんの仕事は完結しなかった。むしろ完結を拒んでいた[86]」と述べている。わたしの印象も、これに近いものである。

野村のいう「完結を拒んでいた」とは、いったいどういうことだろうか。それを換言すれば、あえて、安易に完結を目指さずに、自らは問題提起者に専念しようとしていたということではないだろうか。

橋川は、既述の如く、様々な分野において、問題点を見出し、発見し、先駆的な仕事をしている。今まで、あまり問題にされなかったり、及び腰のままで済まされていたが、しかし、重要な課題にあえて取り組み、ジャンルを問うことなく、「野戦攻城」を実践すべく、難題に対しても果敢に挑んでいる。けれども、明確な結論を提出するところまでには至っていない。

沢木耕太郎もまた、「橋川文三は体系を持たず、その文章は未完の印象を与えるものがほとんどだった[87]」という。これは、橋川の主要な著『ナショナリズム』『昭和維新試論』『黄禍物語』にも共通していて、完結したという印象は薄い。しかし、どの著からも、鋭く強烈で不断の問題提起の響きが伝わってくる。

思うに、橋川自身が問題発見者、問題提起者としての役割を、自認していたのかも知れない。だが、しかし、むしろ問題提起の方が、如何に重要で必要なことかを、フランスの哲学者は述べている。

「問題を解決することよりも、問題を見いだすことしたがって問題を提起することの方が肝心なのである」[88]（アンリ・ベルグソン「思想と動くもの」矢内原伊作訳、傍点原文）

蠱惑《こわく》的文体の魅力

橋川文三は、「日本の社会科学者の間にあってめずらしい文章家」[89]（鶴見俊輔）、「社会科学の領域で現下おそらくみごとな「文体」の保持者として唯一の人」[90]（三島由紀夫）といわれる如く、格調高い蠱惑的な文体の持ち主だった。また、題材についても如何に独特だったか、多くの人が声を揃える。

「橋川文三は好んで、歴史上の矛盾にみちた人物たちを描くことが多かった。陰影に富み、歴史的な評価のきめがたい人物たちを。簡単に評価しにくい人物たちの複雑な相貌を的確に捉えて描き出すには、独特の語り口と表現力がどうしても要るのである。」[91]（中村雄二郎）

「橋川さんがとりあげた歴史上の人物は、合理的な解釈の枠組からのがれてしまう、非合理的なエートス、ないしは情念の核心が鋭いメスの一閃でえぐりだされる風情があ」り、「歴史の歯車とは噛みあわぬぎくしゃくしたものを抱えこんでいた存在だった。あるいは歴史の辺境へと排除され、見捨てられていた異様な存在だった。」[92]（前田愛）

文芸評論家の磯田光一は、橋川文三の仕事がいかに文学に近かったかについては、桶谷秀昭や前田愛が、『著作集』の月報で書いているという。[93]そのひとり、桶谷秀昭は、「橋川文三の文章は、昭和の文学史のなかで第一級の文芸批評に伍して遜色がないばかりか、一寸他に類をみない特色のある名文と、ひそかに思つてきた」と評価する。

その一方で、桶谷は、橋川に文学を対象とした文章はかなりあるが、いわゆる文芸評論風の文章はほとんどなく、「実感の文学を超えて」のような文芸雑誌に発表された、最も文芸評論に近いエッセイでもそうで、「それが、思想史の方法による一種の文学論だからといふ理由でそういふのではない。文学とは何かといふ根底の問ひが、内側から接続してあり、文学を文学的に語ることが、文学に屈従し、その奴隷となる陥し穴に落ちることへの醒めた意識をともなつてゐるからだ」と論じる。また、もっと後の文学論は、「文芸批評の手口から自分の書くものが区別されるべきであるといつた表情が、一層はつきりとよみとれ」、一般に承認されている文芸批評の手口というものに対する、それとない揶揄がこめられている、と指摘する。[94]

ここには、橋川が戦争体験から引き出した、「情況の重みに耐えうるその戦争の全重量に拮抗する認識力をひっぱり出してくれる」ような詩は無いとの反省から、詩作を断念したことと共通する、文学に対する取り組み方と志向性を想起できよう。（拙著『三島由紀夫と橋川文三』「補論二、橋川文三と戦後」の章を参照）

さて、橋川には、ある興味深い特質が散見できる。

前田愛によると、あるシンポジウムで橋川は、革命家としての吉田松陰の役割に触れ、「西から、西からと維新革命が起こる、その海つばめの感じの文章を彼は書いている」（傍点引用者）と発言した。前田が胸をつかれたのは、革命家松陰を「海燕」になぞらえた比喩の美しさで、橋川がこのとき思いうかべていたのは、ゴーリキーの「海燕の歌」であったにちがいないとの慧眼を示す[95]。橋川は、特に注釈を加えなかったというから、大方の聴衆とわたしを含めた読者の多くは、何のことやら理解できなかったであろう。

桶谷秀昭は、ある出版記念会におけるスピーチで橋川は、「何々の必要はない、何々ということはたしかにあるが、いまはその必要がない、という否定の論理を切り口上で云うのが、あざやかな印象だった」という。また、東大の五月祭の講演の席上、突如としかいいようのない脈略で、学生たちがプリントした問題提起を「私の感じでは、この問題提起は成り立たない」といってのけた、と回想している[96]。これらは、話したことだが、同様なことは、文章でもいえる。

渡辺京二は、「乃木伝説の思想」の文体が放つ強烈な魅力として、「遂に論断に及ぶや、果敢というか過激というか、わからんならそれでいいと、読む者を突き放さんばかりである。つまり極度に慎重、抑制的であるようでいて、実は激しい一刀両断の衝動が見てとれる。／右に述べたところは橋川の著述全体にわたって言えることだと思うが、特に初期の述作に顕著」だと指摘している。

こうした徴候は、わたしの大学のゼミ中でも感じたことだが、渡辺がいう「一刀両断」に近い例を挙げよう。

橋川は、野口武彦との対談で、「三島は天皇制論者じゃないんだっていうふうにぼくには思えてね。いわゆる天皇制とは違う、なぜかというと彼はホモセクシュアルだからという、ちょっとこれ矛盾しますけれどね[97]」と唐突にいう。ひとは、三島由紀夫の書いたものや、話したことを根拠に語る。しかし、ここでの橋川は、違う。説明を省いて、直観で断言する。

当然、野口から、「もうひとつよくわからないんですけど[98]」との疑問が出る。すると橋川は、「ヨーロッパ、あるいはアメリカならアメリカの場合、ホモセクシュアルのロジックってのはずっと君主制とか、天皇とかそれとたしかにつながりがある、ということは想像がつく。ところが日本の場合、たとえば三島の場合に彼のホモセクシュアルがそのまま天皇につながるかというと、ちょっと違うという気がして、じゃどこへつながるか、うまく言えないんだけど、まあ、彼の『仮面の告白』にあるような、ああいう系譜につながっていそうだな[99]」と語る。しかし、これを読んでも、納得する説明にはなっていないだろう。

また、第三章で記したように、吉本隆明と一緒に群馬大学における講演会に向かう列車内での会話で、吉本の戦中に駄目だった事に関する問いかけに対し、「それ転向だね」との断言にも見て取ることができよう。（一四二頁参照）

このような断言は、橋川の経験則からくる直観に根ざしていると思われ、それが、一刀両断のもつ鮮やかな喚起と余韻になり、蠱惑的な魅力にもなっていると思う。その反面、明瞭な脈絡や説明がないから飛躍といわれても仕方がないもので、「論理的展開力が弱い」（粕谷一希）面が露呈されてもいる[100]。

こうした傾向に対し、鶴見俊輔は、「（橋川は）、文献を手がたくつみかさねる実証の方法と、それからかけはなれて、自分の心情の指さすところをいつわらずにつたえる流儀とが、たがいに混同されることなく、二つながらあった。かけはなれた二つの流儀を混同しないでともに使いこなすところに、橋川文三の特色があり、それは文章だけでなく、考え方の特色でもあった。／この二重の魂は、時代の傾向の中にいて、彼に孤独を守らせた[101]」と、深層に切り込んだ斟酌をしている。

これに従えば、前掲の野口との対談部分は、橋川の心情の指さすところをいつわらずにつたえたもので、問題提起者としての側面が、生の形で表出されたと理解すべきかもしれない。

杉田俊介は、橋川文三論の連載「橋川文三とその浪曼　第二回　保田與重郎と日本的ロマン主義」（「すばる」二〇一九年七月号）で、『序説』の「この異様な密度と難解さはなんだろう[102]」と書いている。その密度を解く鍵としては、橋川の以下の発言がヒントになるだろう。

「書かれたことよりもはるかに沢山のことを心得ているのでなければ、その内容が貧弱なものになってしまうことはいうまでもない。[103]」

ところで、一九八四年六月発行の「思想の科学」臨時増刊号は、橋川没後、管見の限りでは「橋川文三特集」を編んだ唯一の雑誌である。そのうち、松本健一の「橋川文三論」は、たったひとつの総論で、目配りのよく効いた優れた論考だと思う。だが、しかし、その末尾を、橋川は、「歴史の法則」といったものを見出したいために〈歴史〉に拘泥していたわけではなく、魯迅や太宰治などの顔にイメージされる、いわば「永遠の人間」といったものを〈歴史〉に見出したかったのではあるまいか、と締めくくった[104]。

橋川が生涯求めたものを、容易には否定しにくいような、「永遠の人間」という曖昧で抽象的な言葉で表現されている。しかし、わたしは、橋川自身が一度も用いたことのないこの語彙の結論に、違和感を抱かざるを得なかった。

二〇一六年、この違和感を、過不足なく説明してくれるような論考に出会うことができた。それは、田中純の『歴史に触れる』所収の「半存在という種族――橋川文三と「歴史」」で、次のように述べている。

「魯迅や太宰の顔が表わしているものを「永遠の人間」などという超歴史的な理念にしてしまっては、ほかならない「太宰治の顔」、ただし、個人の顔ではなく、その「種族」の顔にそうした相貌を与えるにいたった歴史性こそがまさに見失われてしまうのではないだろうか。このような呼称は「歴史」に対する橋川のこだわりそれ自体の歴史性を曖昧なものにとどめてしまうように思われるのである。[105]」

わたしは、この言説に、それまでの違和感が氷解するような思いを味わった。橋川は、自著の五冊に『歴史と～』[106]と題し、生前最後の著『歴史と人間』のあとがきで、歴史は「知識人最後の信仰」（サルトル）、「学問は歴史に極まり候ことに候」[107]（徂徠）を引くほど歴史に拘泥した。しかし、松本説の結論「永遠の人間を求めていた」では、田中のいうように、橋川が生涯にわたって希求した「歴史」性が欠落してしまうであろう。

橋川のよき理解者・粕谷一希は、「橋川文三は、今日の政治思想史家のなかで、もっとも文士――文学的感受性の点で――に近く、明治以降の優れた歴史ジャーナリストの伝統にもっとも近い風貌をもつといえるだろう。その鋭い感受性とユニークな着想は余人をもって代えがたい[100]」という。されば、代えるべき他の人、すなわち、匹敵する人、たとえられる人はいないことになる。

橋川の生前になした仕事は独自で、その類似性を日本の人物の中に求めることは難しく、模した人を寡聞にしてしらない。けれども、海外に求めることは可能かもしれない。坪内祐三と田中純の二人ともが、橋川とドイツの思想家で批評家のヴァルター・ベンヤミンとの共通性に触れている。坪内祐三は、橋川文三の文章を読んでいると、ベンヤミンの「歴史哲学テーゼ」の美しい断章を思い出すとして、《橋川文三もまた、うしろを見つめたまま前に進んで行く。その過去がたとえ廃墟であったとしても。いや廃墟であるからこそ。／その廃墟としての過去を見すえる作業の手始めが「日本浪曼派批判序説」である》[108]と述べ、その著名で美しい断章を引用している。

「(前半は註を参照) たぶんかれはそこに滞留して、死者たちを目覚めさせ、破壊されたものを寄せあつめて組みたてたいのだろうが、しかし楽園から吹いてくる強風がかれの翼にはらまれるばかりか、その風のいきおいがはげしいので、かれはもう翼を閉じることができない。強風は天使を、かれが背中を向けている未来のほうへ、不可抗的に運んでゆく。その一方ではかれの眼前の廃墟の山が、天に届くばかりに高くなる。ぼくらが進歩と呼ぶものは、この強風なのだ」[109](ベンヤミン)

田中純も、橋川とベンヤミンの両者には、歴史家や歴史学者の歴史ではない「歴史」への拘泥において、共通するものが認められるという。

それを、《「ゲオルゲの最も純粋で最も完璧ないくつかの詩によって避難所を与えられた世代(種族(Geschlecht))は、あらかじめ死を定められていた」と書いたベンヤミン自身が属する、第一次世界大戦勃発時に二十代初頭だった「世代＝種族」と、ほかならぬゲオルゲ派から刺激を受けた日本浪曼派、就中、保田與重郎の圧倒的な影響下で「私たちは死なねばならぬ！」と思い定めた橋川の「世代＝種族」には、詩によって同様に奥深い何かを「傷つけられた」精神の類似があるのではないだろうか[105]》と両者を対比してその類似性を抽出する。そして、次のようにいう。

「「死のメタフィジク」に憑かれた橋川との性急な同一視はもちろん慎まなければならない。しかし、ベンヤミンの「歴史の概念について」が示しているような、危機意識に深く浸透された「歴史」へのまなざしを橋川に見出すことは許されるものと思われる。さらに逆に、ベンヤミンにおける「歴史」への拘泥の根底に、日本浪曼派の呪縛から出発した橋川にとっての「わだつみ」という「半存在」に似て、ゲオルゲの詩の経験と不可分であるような、夭折した親友をはじめとする死者たちの「不在の現前」を見ることもまた不可能ではあるまい。そしてこれらは、死者たちの「救済」というモチーフの共通性へと通じているのである。」

田中の言説は、控えめではあるが、しかし、説得力のあるものである。

一方で、橋川とドイツの哲学者テオドール・アドルノとの類似性をいう人もいる。エルンスト・ブロッホ等ドイツ思想の研究者・好村富士彦は、「社会科学者でありながら個性的文体で独自の思想世界を築いているところや、文学を論じても文学研究者にひけをとらない繊細な感性の持主という点など、アドルノを彷彿とさせるところが彼にはあった[110]」と機微に触れた考察をしている。

日本国内ではなく、ドイツの思想家・批評家、哲学者にアナロジーできるということは、橋川の日本における独自性を物語り、異彩を放っていた証左ではないだろうか。

野戦攻城の思想

橋川が唱えた「野戦攻城」の思想とは何か。

橋川が、生涯に畏友と呼んだのは、鶴見俊輔と吉本隆明の二人だけである。その二人ともが、若い頃、橋川から「野戦攻城」をモットーにしていると聞いたと証言している。鶴見俊輔は、当時のことを記している。

「野戦攻城の志を失わない、という自戒を橋川文三からきいたのは、彼が最初の著書をあらわす前だった。／そのころ敗戦後の日本の復興はすすみ、すでに城内にあるように自分たちを感じはじめていたので、この時の彼の言葉は心にのこった。／太平の時代にあって、彼が乃木希典に心をひかれたのは、乃木が野戦攻城の志を明治の太平の時代に保ちつづけたことによる。／討つべき城とは何か？　それを語るには、彼は詩人でありすぎた。彼には、まちがって政治学者になったというところがあった。[111]」

また、吉本隆明が、「情況とは何かⅥ」で、「〈野戦攻城〉をモットーにしている橋川文三[112]」と書いているように、戦後の一時期、口癖のように橋川自身が盛んに用いていた強い思いである。ところが、『橋川文三著作集』の中で、「野戦攻城」が登場するのは、『橋川文三著作集総索引』を上梓した小笠原善親によると、「ウル・ファシスト論」（一九五九年）の次の一箇所だけである。

「B　そう、戦中派といってもいいが、もうただの戦中派は、ファシストにはなれんのじゃないか。だいぶ俗化した連中が多くなってるんじゃないかな。橋川なんてのが「野戦攻城」精神なんて負けおしみをいってるが、そのくせ人生とは余生とみつけたり、なんてバカなことをぼやいてるざまだもんね。」[113]

この、A、Bによる対話形式の文章は、丸山眞男の『現代政治の思想と行動』（一九五七年）所収の「肉体文学から肉体政治まで」に習ったものであろう。A、Bの両者を自分自身が書くことで、いくぶんユーモラスに対立構造を描けている。『著作集』では、一箇所だけだったが、『現代知識人の条件』所収の講演「戦争体験と戦後世代」では、以下のように話している。

「「余生」というより「野戦攻城」という言葉がありますが、そっちの方が勇しくてぴんときます。戦争がまだつづいているというどうしようもない認識ですね。日々の生活が目には見えない野戦の連続であり、攻め落せそうにもない城塞の攻撃である、というようなイメージです。」[114]（傍点原文）

橋川は、吉本、鶴見との座談会でも、「……戦争は終わったけれども、ぼくらのなかではまだ終わっていないという、要するに爾来「野戦攻城」というわけで、つまり城に帰って休むということはもう一生ないだろうという気持ちが、いまでもあるんです」[115]と語る。

こうしてみると橋川は、「野戦攻城」を、論文なりエッセイでまともに用いたことは一度もないことになるが、公開された日記の中に一箇所だけ書いている。

「戦わなかった生者は不幸である。／僕の中にある野戦の状態！（略）／僕には帰るべき城もない。（それはあるのだ！　とおく歴史と愛の雪煙の彼方に、ついに僕の生の終るところに！）僕は汚れきづつき、粗暴となり……しかも無限にやさしい感情を（一字不明）めながらコドクな野

戦を戦っている。」[116]（一九四九年）

橋川が「野戦攻城」を口ぐせにしていた時期は、戦後間もなくから、およそ十年から十五年くらいに限定されている。それは、深く戦争体験に根ざしていた。そうであるがゆえに、「城に帰って休むということはもう一生ない」という強い覚悟が伝わってくる。一方、若い頃の吉本隆明は、橋川の示唆を受けたのか、この言葉を何度も用いている。たとえば、島尾敏雄との対談で、こういう。

「この『死の棘』を読み返しましてね……。自分を含めてだけれども、戦争の世代のもっている野戦攻城という面も、またぼくらと違ってとても柔軟な、吉行（淳之介―引用者）さんなんかにもよくわかる面も、両方ありますね。野戦攻城派っていうのが、いかに平和の中で窒息しそうになっていくかという、ぼくらの生きにくさみたいな面も含まれている……（略）野戦攻城みたいなものを、みんな奪われてしまった平和の中で、そういう体験をしたことがある世代の人間が、家庭を抱えてどうやって暮らしていくか、そこに起こるすべてのことの必然的な過程が、まことに精密に再現されている。」[117]

この部分だけで判断するのは難しいが、吉本も橋川の「野戦攻城」に共感を覚え、〈野戦攻城派〉として、橋川とともにかくの如く歩もうと試みていたのかもしれない。

田中純は、橋川自身が、晩年に、戦後三十五年を一世代と呼んだことに触れ、《戦争状態と戦争のない日常に違いがなく、あらゆる場所がつねに戦時下の非常事態であるのが、三十五年一世代のあいだ、戦中派が抱え続けた「時間」によって見えてくる「歴史」なのだとすれば、橋川は常時そんな戦場にとどまったのであろう。「野戦攻城」である[105]》と洞察する。

橋川が、様々な分野にわたって論じていることは、田中が「あらゆる場所がつねに戦時下の非常事態」ということに通じており、あたかも、三十五年一世代もの長い間、果敢に野戦攻城のゲリラ戦を挑んでいたかの如くである。

ところで、松本健一は、橋川の「野戦攻城の思想」は、〈状況〉に対しても有効性をもちうるが、それは、〈状況〉を〈歴史〉の中に一時静止させて論じえた場合のみであり、状況に流されやすい橋川は、おおよその場合、失敗した、と評している。そして、稀有の成功例として、「美の論理と政治の論理」を挙げ、反対に、安保闘争にふれた評論や、「現代青年の実存的条件」や、元号法制化論争さなかの元号論や天皇制論は失敗例だと断じた(104)。

橋川が、「状況に流されやすい体質」であるのは、その通りで、状況論のたぐいの論考の中には精彩を欠いた作品があることも、確かかもしれない。

けれども、状況を論じることを指して、あたかも、「野戦攻城の思想」とイコールの如く論じ、そのおおよそは失敗したと批判してしまったのでは、橋川がモットーとした「野戦攻城の思想」を、狭隘な視野に閉じ込めて弾劾するという愚を犯すことになりかねないのではないだろうか。そうではなく、橋川は、状況論に限定することなく、はるかに広い思想分野を対象に、生涯を貫く覚悟として、そして自らを鼓舞するものとして、「野戦攻城」を志したものであろう。吉本隆明は、橋川の没後に刊行された著作集の内容紹介パンフレットで、そのタイトルを「野戦攻城の思想」と題し書いている。

「人々が平等に生活できる社会を実現したい理想が本気であればあるほど、ほんとはまったく相容れないはずの、民族に固有な国家の情念となぜ結合してしまったのか。この尽きない謎を解明しようと、明治・大正・昭和の三代にわたる歴史的な事件と人物を求めて、橋川文三は歩みつづけた。（略）／太平洋戦争と、その敗戦の一瞬の裂け目に、歴史理性と歴史感情の奈落をみてしまった橋川文三にとって、この課題はいわば宿命的であった。かれはこの宿命の課題に没入し、この宿命から脱出する日の、身軽い愉しさを夢に描きながら、私たち同世代のうち、いちばん遠くまで野戦攻城の歩みをすすめた。もっともっと前方に攻略すべき目標はあった。だのにたくさんの才能と夢を抱いたまま急逝した。かれの戦いの跡はすべての心ある人たちによって、検討せらるべきだとおもう。[118]」（傍点引用者）

吉本の言は、短いが、しかし、橋川の思想的営為のエッセンスを凝縮して示した珠玉のような言葉だ。とりわけ、略した部分にある「橋川文三のあたたかい愛惜の歴史感情と、冷静で鋭利な歴史解釈の執刀を受けないものはなかった[119]」とする「あたたかい愛惜の歴史感情」の箇所は、橋川が生涯にわたって、思想にあたたかさを求めたことに通底する視点であり、注目に値する。

また、吉本は、「私たち同世代のうち、いちばん遠くまで野戦攻城の歩みをすすめた」と述べているから、吉本は橋川の戦友ということができ、橋川の生涯を貫く歩みを、畢竟するに、橋川の思想総体を指して、「野戦攻城の思想」と判断していたといえよう。さすれば、前掲の松本説との差異が明確になる。そして、「かれの戦いの跡はすべての心ある人たちによって、検討せらるべきだ」と記すように、今後、少数であれ、橋川の野戦攻城の戦いの跡を、引き継いで検討する心ある人たちに期するところ大である。

吉本の生涯を貫く思想を「自立の思想」だとすれば、橋川の生涯を貫く思想は「野戦攻城の思想」といえるであろう。そして、生涯にわたり取り組んだのは、敗戦の日に《死んだ仲間たちと生きている私との関係はこれからどうなるのだろうかという、今も解きがたい思い[120]》がひとつ。

もうひとつは、鶴見俊輔が「二度読みました[121]」という「私的回想断片」で、戦中派の前半生は《戦争と死を自明なものとしてうけいれ、それ以外の現実を想像することはない存在であった。（略）そういう地点からどのようにしてか私たちは引きかえしてきた。それは三島由紀夫などがさいごまで不可解とした事態であり、それ以来、私などはその生還がなぜそのようなものでありえたかを納得するための作業を後半生の目的とした[122]》と果断な決意をしたところであろう。かくの如く、橋川ほど、戦争体験に拘泥した人は稀であろう。

野口武彦は、「生前の著者は「野戦攻城」という語句をこのんだ」と指摘し、橋川が、自らを「autodidacte」（独学者）と自己規定したのは、「単独の「師」を求めることのかなわぬ領野」に、「生涯かけて攻略をこころみた」ことの、「ひそかな自負の言」とする犀利な考察をしている[123]。

したがって、この「autodidacte」は、「野戦攻城の思想」とセットの考え方で、不可分である。わたしは、野口のいう「師」を求めることのかなわぬ領域に、あえて攻略を試みるという強い志こそが、「野戦攻城の思想」ではないかと思う。

松本健一は、「橋川文三が「歴史」に拘泥しつづけたとはいっても、かれはいわゆる歴史家、もしくは歴史学者だったわけではない。では、かれは政治学者だったのかというと、その肩書もかれの本質にそぐわないような気がする。それに、かれの含羞の精神と怜悧な論理とをもってすれば、小説家としたら高見順、文芸評論家としたら平野謙ぐらいにはなれたろうけれど、それも橋川文三の選ぶ道ではなかった[104]」と書いている。高見順、平野謙という例が、妥当かどうかはおくとして、松本は、さらに以下のように、橋川が自らを規定した「独学者」に触れている。

「autodidacte（独学者）。これが、橋川文三がじぶん自身に下した唯一の定義である。かれは、政治学者、歴史家、思想家、評論家、ジャーナリスト、文学者、詩人といったさまざまな要素をもっていたが、そのどれにも収まりきれない「含羞」の精神を内部に抱えてもいた。[124]」

多くの人が、指摘しているように、橋川の職種を断定することは難しい。だからといって、「独学者」は、何者かの説得力ある答えとはいいがたい。沢木耕太郎は、「独学者」の答えから、注目すべき観点を引き出している。

「橋川文三とは何者なのか。『増補日本浪曼派批判序説』において彼自身が設定した問いは、「独学者」という答えだけでは納まり切れないものを含んでいた。確かに、彼は学者でもなく、思想家でもなく、評論家でもなかった。彼が書いたものは、彼らが書くだろうどのような文章とも異なっていた。では、いったい彼は何者で、書かれたものは何だったのか。それは、一個の詩的な精神が、文学そのものに向かわない時、あるいはなにかの事情によって向かえない時、どのような表現が可能かというひとつの悪戦の軌跡であったように思われる。[125]」

沢木のいう「悪戦の軌跡」そのものが、まさに、橋川の後半生を貫いた「野戦攻城」の苦しい戦いの軌跡であったということができよう。

病いに苦しんだ晩年

一九七四年（五二歳）一月、『日本の名著・藤田東湖』の翻訳と解説「水戸学の源流と成立」を執筆、編集を終えた。これは、翻訳に五カ月を擁す力業が必要で、作業は前年に済ませたと思われるが、まだ衰えは見られない。しかし、同年の後半から、座談、対談、講演が増え始め、合計八回やっている。一方、執筆の回数が次第に減っているから、心身の不調の前兆が感じられる。同年十月、「私的回想断片」を小林秀雄論の一つとして執筆。確かなものの最後のひとつともいえそうで、回想を書き残しておくつもりがあったのかもしれない。

橋川自身が語る心身の変化の最初の徴候は、翌一九七五年（五三歳）、鮎川信夫との対談で、「夏に急に髪が白くなってしまい、いよいよ何かがおしまいになったなあって気がしましてね[126]」に始まる。同年夏、溺れかける。「昔の杵づか」に、手脚の動きが重くなり、胴体が沈んで進まなくなった。……さらに呼吸が苦しくなり、……正しく溺死の危機であった、と回顧している[127]。この年は、座談、対談、講演が十五回にも及ぶ。執筆した比較的長いものは、「大川周明」の解説など数篇にすぎない。軽いものとして、毎日新聞のコラムを十月から十二月まで、週一回書いている。

鶴見俊輔は、「七〇年ごろに道端で会ってしばらくはなしたことがあり、このごろは何か力がなくなってきたと言った[128]」と振り返るが、実際の時期は七〇年より、もう少し後だろう。徐々に、知力・体力の衰えが始まり、それを自覚したものであろうが、五〇歳代前半から中ごろだから、かなり早い。

溺れかけた翌年の七六年（五四歳）、弟のことを、唯一とも言える自伝的エッセイ「私記・荒川巌夫詩集『百舌』について」[129]で書く。いつか、書き残そうと思っていたものであろう。この年、九回の座談、対談をする一方、執筆した原稿が、さらに減り、特に長いものは少ない。同時に、従来の魅力的な文体に翳りが見られるようになる。

一九七七年（五五歳）三月、竹内好が亡くなる。師であり、密接な交友があったことから、精神的な張りを失っていったようだ。同年四月、転向研究会の座談会で、橋川は、「頭の前方にそこだけ円く白くなったところができたのを見せながら、頭の具合がどこか悪くて記憶力が衰えて困る」[130]と話す。同年十月、郷里の広島・向洋にある先祖代々の墓地に、高さ八〇cm横一mほどの墓誌を造り、表面には父、母、弟、妹らの名前を、裏面には弟の詩集『百舌』から「白い盆燈籠」の一部を抜粋して刻んでいる。

一九七八年（五六歳）、海外留学でドイツ滞在中、旅行したハイデルブルクに、一冊の本を置き忘れてしまい、橋川は「どうもその頃から私のもの忘れがつよくなったらしい」と振り返っている。また、ドイツの「ギーセン駅の方向へ帰ろうとして列車を間違え、一つ逆の方向へ行ってしまった」[131]こともあったというから、さらに病気は進行していたようだ。

一九八〇年（五八歳）一月、色川大吉は、二年ぶりで偶然に逢った橋川は二十年も老けこんだように見え、正視に耐えられない衰えだったという。欧米の旅から帰って一時ひどく体が悪かったといい、うまい酒を口にしても舌の半分しか感じない、原因不明の難病に打ちのめされ、自分の前途を見限っていたと回想する。[132]

以前から、頻繁に身体の不調を訴え診察を繰り返すも判明できなかったが、この頃、一高時代の友人であるかかりつけの医師・土肥一郎鉄道病院副院長により、パーキンソン病の疑いがあるとの診断がくだる。決定的な治療法がないため好転せず、死去するまで続いた。鶴見俊輔は、「しばらくして、パーキンソン氏病だと言われているという。動きがゆるくなり、字が小さくなり、今までよりさらに口ごもるようになった[128]」と症状を示す。

一九八一年（五九歳）春、立教大学での熱海合宿で、橋川は、「僕の頭の病気は、どうも脳軟化症の一種で、だんだん進行するばかりで良くなる見込みは、あんまりないんだ[130]」と話したという。その前後のことと思われるが、内山秀夫（慶応大学教授）は、電話でゼミに橋川を招き、『序説』について話してもらうことになった。疲れた様子で現れた橋川は、「日本浪曼派は……」と、三回繰り返した後、「今日はお話ができません」と小さく頭を下げた、と回顧しているから衰えが顕著である[133]。内山教授は橋川没後、橋川の蔵書・関係資料を慶應義塾福澤研究センターへの収蔵に尽力した。

一九八三年（六一歳）、橋川に処女作を届けに行った猪瀬直樹は、手が震え、足どりが覚束ず、味覚を失うという奇病に取り憑かれ、老衰の症状が出ているように見受けられたと証言する[14]。

橋川は、自らが老いて知力・体力が衰え往年の能力を十全には発揮できないことを隠そうとせず、むしろ、痛痒を覚えながらも、さらけ出して生きていた。ここには、橋川の美に拘泥せず老年を生き抜こうとする思想性が表れていると思う。それは、三島由紀夫が老醜を嫌い、美に執着し、いわば夭折を願って自刃した生き方とは対極にあった。

渡辺京二は、橋川は一九七〇年代の末からパーキンソン病に苦しみ、その影響は八〇年代の著述に歴然で、一九八三年執筆の「岡倉天心の面影」では、根岸党について三ページ以上引用、「橋川は引用の名手で、こんな材料をまるごと投げ出すような不細工を自らに許す人ではなかった[78]」と文章の変化に触れている。

桶谷秀昭は、その文体の変化を、「一種の朦朧体のごとき感じ」と好意的に読みとり、「描かうとする対象の微妙なニュアンスにこだはる鋭敏微細な感受性のはたらきと、抽象語による概念的な記述との独特な接合がもたらす或る無理が、著述家としての橋川文三の生理に、一寸想像もつかぬ負担をかけつづけたことによつて、あの早すぎる晩年の身体の不調の原因になつたやうな気さへする[134]」と橋川の病いをおもんばかっている。

一九八〇年四月、「一瞬わが眼を疑ふやうな言葉に出会つた[135]」と、桶谷秀昭が表現する衝撃的な文章「戦中派とその「時間」」を、橋川文三は胸襟を開いて書いた。

「結局あの戦争はあったことはあったが、なかったといっても少しもかわらないことになる。島尾のことばを引けば「〈戦争と戦争状態のない状況と〉もう本質のところは似たようなことなんじゃないですか。もし神というものがいるとしたら、その神の眼から見たら、戦争の状況も、このいまの状況も、そう違わないんじゃないですか。そういう目から見たら、まあ人間どもが、なんかやっている、というふうな。（略）」ということになる。[136]」

これは、三島由紀夫が遺稿となる『豊饒の海・天人五衰』の末尾で、「それなら、勲もゐなかつたことになる。ジン・ジャンもゐなかつたことになる。……その上、ひよつとしたら、この私ですらも……」（略）「そのほかには何一つ音とてなく、寂寞を極めてゐる。この庭には何もない。記憶もなければ何もないところへ、自分は来てしまつたと本多は思つた。／庭は日ざかりの日を浴びてしんとしてゐる。……」[137]と書いた喪失感を思わせる。

敗戦直後、橋川と三島の二人に訪れた虚無感を彷彿とさせ、死を目前にした両者が到達したこの境地にも、共通したニヒリズムが感じられる。

橋川は、つづけて、「あの戦争の死者に対する態度は、簡単にいえば西郷隆盛や木戸孝允が維新時の死者に涙した境遇と同じものである。あるいは古代ペルシアのクセルクセスが、ヘルスポイントで涙を流したペルシア戦争の状況と同じものであるが、ただもう三十五年という一世代がすぎている」[136]と書いている。

この《心境吐露に出会ふとき、それはよくわかると思ふ一方、それは自分をも含めて戦中戦後三十五年の思想的努力の敗北が「まさに完璧な努力の果の運命」であることを明朗に自認する言葉のやうにもひびくのである[135]》と、桶谷秀昭は、橋川における時代の精神を見据えた後の、敗北の自認を察する。

また、磯田光一は、「戦後という時間は、橋川氏が意識的に支えていた理論をこえて、氏の歴史へのこだわりを無視する方向に、若い世代の感性を展開させてしまった」[138]と戦後三十五年の変化を斟酌している。

田中純も、三十五年という一世代分の時間が過ぎた現在、こうした戦中派の「時間」への拘泥がもはや維持しえなくなりつつある、という橋川のメランコリックな現状認識がうかがえると推察している[105]。さすれば、時代の流れには抗すべくもないのだろうか。

その一方で磯田光一は、「同世代の死者たちにたいする感慨が、明治維新のみならず、ペルシア戦争と二重うつしになるとは、いったいどういうことなのであろうか[138]」と疑義をただす。

この答えとして田中純は、《西郷や木戸のみならず、クセルクセスにまで同一化を図るところからは、橋川にとっての「無数の死者」たちが歴史的な限定を失い、古今の戦死者一般に抽象化してしまっている印象を受ける。さらにそこでは、生者も死者も中途半端な「半存在」だからこそ保ちえていた、歴史や国家との緊張関係が弛緩している。（略）このような変化には何か橋川の気力の衰えといったものを認めないわけにはゆかない》と洞察するが、その通りであろう。

さらに、田中が、橋川の晩年の文章は、「知的な格闘の果てに頽れようとする戦士を間近に見るような痛々しさを覚えさせる[105]」というのは、あるいは野戦攻城の果ての苦渋に満ちた姿であろうか。

その反面、橋川の明確な衰えにもかかわらず、橋川らしい肯定的な側面を見出そうとする人たちもいる。渡辺京二は、そのような衰えを示すにしても、晩年に書かれた論述にさえ、橋川の目配りの広さ、博大な知識、センスのよさは際立っていて、引用の多さは、材料をして自ら語らしめるというのが、あるいは晩年の志向だったのか、と忖度している[78]。

鶴見俊輔は、晩年の橋川の「病気が、彼を、東京病（日本病）というむやみな忙しさにまきこまれることから守った。この間に発表した節度のある断片的な文章を読むと、彼が、いつも現代日本ばなれした別のものを見ていたことがわかる。それは、ノヴァーリスの『青い花』、ヘルデルリーンの『ヒュペーリオン』を思わせる[101]」と、橋川の思想の原点に思いをはせた観点を示す。『青い花』『ヒュペリオン』は、いずれもドイツロマン主義の代表作で、なぜか日本ではなく、ドイツの作家・

詩人の作品にアナロジーしている。

また、桶谷秀昭は、橋川の晩年の文章からは、「アモルフ（無定形）なゲミュウト（心情）の純粋放出」や、「自己の感受性の故郷に全身をあげて回帰する衝動」が垣間見える、と鋭利な知見を開示している。[135] 両者の言説は、橋川における、天性のロマンティケルを象徴しているのかもしれない。

一九八三年十二月十七日未明、没。直前まで元気で、姪の結婚式で広島へ行く準備をして、軽く水割り一杯をのんで就寝した。夫人によると、早めにベッドに入り眠りについた二時過ぎ、突然、ゴホッとせきをしたかと思ったら、脳梗塞で呼吸困難になり、あっけなかったという。享年六一。

通夜では、「井上光晴氏が朗々と歌い、松本健一氏が乱舞した」[139]（巖浩）という。橋川宅で行われた葬儀では、司会・今井清一、友人代表として吉本隆明・神島二郎が、教え子代表として後藤総一郎が弔辞を読んだ。

註

（同じ引用先が複数にわたる場合は、随時、本文中に同一の引用番号が、順序に関係なく、複数振られているので注意されたい）

第一章　処女作『日本浪曼派批判序説』を上梓

（1）～（3）磯田光一『海』一九八四年三月号「橋川文三の位置――ある精神史の帰趨」二三八～九頁、二四二頁、中央公論社

（4）鮎川信夫『歴史におけるイロニー』「歴史のおけるイロニー」一三頁、筑摩書房

（5）橋川文三『序説』「一　問題の提起」一一、一五、「日本浪曼派の問題点」二七頁

（6）赤坂長義『思想の科学・橋川文三研究』一九八四年六月臨時増刊号（第四九号）「座談会・若き日の橋川文三」七七頁、思想の科学社

（7）安川定男『丸山眞男座談』第二冊「月報6・丸山さんとの淡い仲」三頁、岩波書店

（8）～（10）窪田般弥『私の保田與重郎』「『同時代』の頃」一四七頁、新学社

（11）桶谷秀昭『思想の科学・橋川文三研究』「『日本浪曼派批判序説』について」一六、一七、二〇頁

（12）丸山眞男『橋川文三著作集』第七巻「月報7・丸山眞男氏に聞く「日本浪曼派批判序説」以前のこと」一〇～一二、一七、二〇頁。丸山は、『政治的ロマン主義』を「読んで不思議なのは、政治的ロマン主義に惚れたところが全然見られない。（略）アダム・ミュラーやフリートリヒ・シュレーゲルにはまったく惚れていない。むしろそこが橋川君にとって都合がよかった」とも語る。

（13）吉本隆明『初期ノート増補版』「過去についての自註」三九四頁、試行出版部

（14）橋川文三『時代と予見』「日本浪曼派と現代」一五二頁、伝統と現代社

（15）～（18）『竹内好全集』第七巻「国民文学論・近代主義と民族の問題」三二～二頁

（19）中野重治『近代日本文学講座』Ⅳ「第二『文学界』・『日本浪漫派』などについて」一七八～九頁、筑摩書房

（20）西田勝『新日本文学』一九五四年十一月号「『日本浪曼派』の問題」一一四～七頁、新日本文学会

（21）橋川文三『時代と予見』「ロマンチシズムとナショナリズム」九一～二頁

（22）丸川哲史（岩崎稔、上野千鶴子、成田龍一編）『戦後思想の名著50』「橋川文三「日本浪曼派批判序説」」二四六頁、平凡社

（23）橋川文三『増補版　歴史と体験――近代日本精神史覚書』「日本ロマン派の諸問題」八一～一一六頁、春秋社

（24）拙著『三島由紀夫と橋川文三』「補論二、橋川文三と

戦後」二一七〜二七頁、弦書房
(25) 橋川文三、カール・シュミット著『政治的ロマン主義』「本書の読者へ」二一九頁、未来社
(26)・(27) 橋川文三『時代と予見』「ロマンチシズムとナショナリズム」九三頁
(28) 橋川文三『雑感集Ⅲ　歴史と人間』「あとがき」三一三頁、未来社
(29) 吉本隆明『増補版　模写と鏡』「戦争と世代」三六五頁、春秋社
(30)『橋川文三著作集』第一巻「日本ロマン派と戦争」一五七頁
(31) 橋川文三『時代と予見』「ロマンチシズムとナショナリズム」九三〜四頁
(32) 仲正昌樹『カール・シュミット入門講義』「『政治的ロマン主義』1――第一回　秩序思考」二八頁、作品社。仲正は、「シュレーゲルに、シュミットと保田が関心を持ち、その二人に橋川が関心を持っているわけです」とも述べている。
(33) カール・シュミット（橋川文三訳）『政治的ロマン主義』「第2章　ロマン主義精神の構造」八八、一一四、一〇三、一〇四頁、未来社
(34) 橋川文三『時代と予見』「ロマンチシズムとナショナリズム」九五〜六頁
(35) 竹内好『近代の超克』「近代の超克」三三四〜六頁、冨山房百科文庫
(36) 橋川文三『時代と予見』「ロマンチシズムとナショナリズム」九六頁
(37) 松本昌次『思想の科学・橋川文三研究』「〝はじめ〟と〝おわり〟」一五八頁
(38) 橋川文三『時代と予見』「ロマンチシズムとナショナリズム」九二頁
(39) 橋川文三『雑感集Ⅲ　歴史と人間』「あとがき」三一三頁
(40) 吉本隆明『週刊読書人』一九六〇年四月四日号「橋川文三『日本浪曼派批判序説』」
(41) 杉浦明平『暗い夜の記念に』「我々はもうだまされない」一〇三頁、風媒社
(42)『磯田光一著作集』第一巻「第二増補版あとがき―回想ふうに」五八五〜六頁、小沢書店
(43) 川村二郎『限界の文学』「保田與重郎論」二九〜三二頁、河出書房新社
(44) 大岡信『超現実と抒情』「保田与重郎ノート」九三、九五頁、晶文社
(45) 吉本隆明『芸術的抵抗と挫折』「転向論」一六八〜一九三頁、未来社
(46) 吉本隆明『週刊読書人』一九六〇年四月四日号「橋

川文三『日本浪曼派批判序説』」
(47) 吉本隆明『鶴見俊輔座談・思想とは何だろうか』(吉本、鶴見、橋川との鼎談)「すぎゆく時代の群像」一二五頁、晶文社
(48) 鶴見俊輔『戦争が遺したもの』「吉本隆明という人」(上野千鶴子、小熊英二との共著)三二七頁、新曜社
(49) 鶴見俊輔、橋川文三著『昭和維新試論』「解説」二六〇頁、朝日新聞社
(50) 井口時男、橋川文三著『序説』「解説・超越者としての戦争」三〇一～二、三〇四、三〇二頁、講談社文芸文庫
(51) 橋川文三『時代と予見』「ロマンチシズムとナショナリズム」九二～三頁
(52) 橋川文三『時代と予見』「日本浪曼派と現代」一四六頁
(53) 橋川文三『序説』「二　日本浪曼派の問題点」二九頁
(54) 菅孝行『戦後思想の現在』「橋川文三」一九四頁、第三文明社
(55) 橋川文三『時代と予見』「日本浪曼派と現代」一六六～七、一四九、一五二、一五三頁
(56) 三浦雅士『文藝春秋』二〇一二年十一月号「六十歳になったら読み返したい41冊・「晩年」太宰治」三一四～五頁
(57)『保田與重郎全集』第十一巻「我國に於ける浪曼主義の概観」二九九頁、講談社
(58) 鶴見俊輔『現代日本の思想』「V　日本の実存主義――戦後の世相」一八四頁、岩波新書
(59)・(60) 橋川文三『序説』「五　イロニイと政治」六四～五頁
(61)・(62) 橋川文三『時代と予見』「日本浪曼派と現代」一四六頁
(63) 橋川文三『現代知識人の条件』「ネオ・ロマン派の精神と志向」二四一～二頁、徳間書店
(64)・(65)『江藤淳著作集』「第5　作家は行動する・神話の克服」二三四、二三七頁、講談社(初出は『文学界』一九五八年六月号)。
(66) 江藤淳『日本読書新聞』一九六〇年三月二十一日号「保田の方法で保田を　古典主義的な均衡の感覚が全く脱落している」
(67)『文学界』一九五九年十月号「座談会・怒れる若者たち」(橋川、石原慎太郎、江藤淳、村上兵衛、大江健三郎、浅利慶太)一三二～一四三頁、文藝春秋
(68) 飛鳥井雅道『京都大学新聞』一九六〇年四月十一日号「敵を敵の側から評価」
(69) 平野謙『近代文学』一九五四年十二月号「国民文学について」(竹内好、猪野謙二、小田切秀雄、服部達、平野謙、本多秋五、佐々木基一、司会・荒正人による座談会)一〇二頁、近代文学社

(70) 桶谷秀昭『保田與重郎』「保田與重郎私誌――あとがきに代へて」二二二頁、講談社学術文庫

(71)『橋川文三著作集』第一巻「日本ロマン派へ接近の頃」二二〇頁

(72) 神島二郎、橋川文三著『柳田国男』「解説」一五二頁、講談社学術文庫

(73)『渡辺京二評論集成Ⅱ』「新編小さきものの死・歴史と日常」三六三頁、葦書房

(74) 野口武彦『現代詩手帖』二〇〇〇年九月号「戦後日本とロマン主義」四二頁、思潮社

(75) 福田和也『保田與重郎と昭和の御代』「第四章 皇神の道義」一五九頁、文藝春秋。および、福田和也『橋川文三著作集』第十巻「月報10・橋川文三との断絶」六～八頁を参照。

(76) 菅孝行は、『戦後思想の現在』「橋川文三」で、《橋川の浪曼派評価にはふたつの基準がある。ひとつは、「私たちにとって、日本浪曼派とは保田與重郎以外のものではなかった」という記述に示される保田＝日本浪曼派という基軸である。もうひとつには、「補論四、日本浪曼派と戦争」に示される伊東静雄を基軸とする日本浪曼派逆照射の構図があげられる》と批判している。また、大澤聡『近代日本政治思想史』「11イロニー 保田與重郎と伊東静雄」(ナカニシヤ出版)も同様の趣旨のことを記している。しかし、伊東静雄をもうひとつの基軸と判断するのは過大な見方だと思う。

(77)『伊東静雄詩集』「夏花・水中花」九五頁、岩波文庫

(78) 橋川文三『序説』「四 イロニイと文体」四九頁、五〇頁

(79) 橋川文三『増補版 歴史と体験――近代日本精神史覚書』「詩人の戦争日記」一五四頁

第二章 あたたかい思想としての柳田国男

(1) 橋川文三『柳田国男』「はじめに」一六～七頁、講談社学術文庫(以下同)

(2)～(4) 橋川文三『橋川文三 柳田国男論集成』「保守主義と転向――柳田国男・白鳥義千代の場合」一七三～六頁

(5) 橋川文三『時代と予見』「若い世代と思想の転回」(浅田光輝との対談)一九頁

(6)『橋川文三著作集』第一巻「ロマン派へ接近のころ」二二一頁

(7) 神島二郎『常民の政治学』「常民学への道――柳田学との〈出会い〉を中心に」一三一～二頁、講談社学術文庫

(8) 神島二郎『磁場の政治学』「3 柳田国男」二二五頁、岩波書店

（9）神島二郎、橋川文三著『柳田国男』「解説」一五二、一五五～六頁

（10）橋川文三『文学』一九六八年八月号「書評・中村哲著『柳田国男の思想』」岩波書店

（11）井口時男、橋川文三著『柳田国男論集成』「解説　世界を巻き添えにしないこと」三四二、三四三～四頁

（12）粕谷一希『戦後思潮──知識人たちの肖像』「橋川文三と反近代」二〇五頁、藤原書店

（13）饗庭孝男『伝統と現代』第34号（一九七五年七月刊）「総特集・思想史の柳田国男」「保田与重郎と柳田国男」一〇一～三頁、伝統と現代社

（14）野口武彦『朝日新聞』一九八六年三月三十一日号「思想戦略そなえた陣容「ロマン派体験」原核に独学」

（15）鶴見和子『橋川文三著作集』第二巻「月報2・橋川さんの柳田国男論」一～三頁

（16）橋川文三『現代知識人の条件』「あとがき」三三三頁

（17）中島岳志『リベラル保守宣言』（新潮社）『保守のヒント』（春風社）『保守問答』（講談社）等を参照。

（18）～（21）三浦雅士『群像』二〇一〇年一月号「孤独の発明」二八三～九〇頁、講談社

（22）神島二郎『ちくま』一九八四年二月号（第一五五号）「橋川文三氏を悼む・溘然と逝いた友へ」二六～七頁、筑摩書房

（23）橋川文三『柳田国男』「第六章　民俗学の世界史的意義」八三頁

（24）赤坂憲雄『季刊　atプラス』第18号（二〇一三年十一月刊）「柳田国男の現代性」（柄谷行人との対談）一〇頁、太田出版。赤坂は、「七〇年代から八〇年代にかけて享受されてきた柳田国男は、吉本隆明と『共同幻想論』によってつくられたものだった」とも語っている。

（25）松本健一『新潮』一九八四年三月号「言葉が人を殺すと謂うこと─保田與重郎と橋川文三─」二五六頁

（26）松本健一『時代の刻印』「伝統的〈日本〉の喪失」二三四頁、現代書館

（27）鶴見俊輔『限界芸術』「芸術の発見」九～八二頁、講談社学術文庫

（28）阿部正路『伝統と現代』第34号（一九七五年七月刊）「総特集・思想史の柳田国男」「小林秀雄と柳田国男──その歴史・伝統への眼」八九～九六頁

（29）吉本隆明『近代日本思想大系29小林秀雄集』「解説」四四八～九頁、筑摩書房

（30）橋川文三『柳田国男』「付　柳田国男拾遺」一四三、一三七頁

（31）後藤総一郎、後藤総一郎監修・柳田国男研究会編著『柳田国男伝』「まえがき」一四～六頁、三一書房

（32）橋川文三『柳田国男』「付　柳田国男拾遺」一四七～

一五〇頁。例えば、詩人柳田が大学時代に農政学に心をよせた内面事情、柳田家へ養子入りした事情、柳田の恋愛詩にあらわれる少女は実在したかどうか、最初の農政学の著述『産業組合通解』の書かれた事情、等を挙げている。

(33)中島岳志『すばる』二〇一四年四月号「いま評伝を書くとは」(大澤信亮との対談)一九八頁、集英社。中島岳志は、原武史との対談でも《いかにして三島が着地した「喜劇」を避けて、その思想体系つくりあげるのかを考えて、保守の研究に向かった。その文脈で生まれた彼の柳田国男研究はあまりうまくいっていませんが、僕自身は、橋川の思索を追体験しながら、保守とは何かを考え、「リベラルな保守」というところに、いまたどりついたと言えるのかもしれません》(『世界』二〇一四年三月号、二八八〜九頁)ともいう。ただし、橋川が、本格的に保守の研究に向かうのは、一九六八年『保守の思想』の編集・解説であり、一九六四年に『柳田国男』を書いた後のことである。

(34)橋川文三『近代日本政治思想の諸相』「あとがき」三八六頁、未来社

(35)丸山眞男『橋川文三著作集』第七巻「月報7・丸山眞男氏に聞く「日本浪曼派批判序説」以前のこと」一四頁

(36)『橋川文三著作集』第八巻「戦中の読書」五八頁

(37)井出孫六『柳田国男を歩く』「青春」一三二、一二六〜三〇頁、岩波書店

(38)橋川文三『柳田国男論集成』「日本保守主義の体験と思想」一二〇頁

(39)橋川文三『歴史と精神』「猛烈なる精神―柳田国男と現代―」(神島二郎との対談)一三〇頁、勁草書房

(40)橋川文三『柳田国男論集成』「壮烈な〝アマチュア〟の自覚――復刻『文学界』私観」一一一頁

(41)・(42)岡谷公二『現代思想』一九七五年四月号「「野辺のゆきき」の位置」一六六〜一七一頁、青土社

(43)『定本柳田國男集』別巻第三「故郷七十年」四五一頁、筑摩書房

(44)大藤時彦『柳田國男入門』「柳田國男入門」七頁、筑摩書房

(45)前田愛『橋川文三著作集』第二巻「月報2・海燕という言葉」六頁

(46)〜(48)橋川文三『柳田国男』「第二章　散文への道」三四〜五頁

(49)鶴見太郎『文芸の本棚』「柳田國男の市民・「郷土」から「パブリック」へ」(大塚英志との対談)一三八頁、河出書房新社

(50)『柳田國男全集』27「青年と学問」三四一頁、ちくま文庫

(51) 橋川文三『歴史と精神』「猛烈なる精神」(神島二郎との対談) 三三一頁
(52)『吉本隆明全集撰』第四巻「思想家・柳田国男論」一一五頁、大和書房。初出は、一九八四年四月から一九八七年六月まで九回にわたって『國文学』に断続的に掲載。
(53) 鶴見太郎『柳田国男入門』「第八章　漂白と現代」一八六〜七頁、角川選書
(54)〜(57) 橋川文三『柳田国男』「第二章　詩と散文への道」三五〜八頁
(58) 橋川文三『柳田国男』「第三章　青春の屈折」四八頁
(59) 橋川文三『同』「付　柳田国男拾遺」一四八頁
(60) 藤井隆至『柳田國男　経世済民の学』「第一章　辻川時代——基礎的経験としての貧困」一九〜二一頁、名古屋大学出版会
(61)『田山花袋宛　柳田国男書簡集』「第1章　柳田（松岡）国男と田山花袋の「青春」」四八、六九、八〇頁、館林市
(62) 岩本由輝『柳田民俗学と天皇制』「I　人間・柳田國男」一三七頁、吉川弘文館
(63) 小田富英、後藤総一郎監修・柳田国男研究会編著『柳田国男伝』「第四章　青春　第一節　和歌から詩へ　註(9)」二七一頁。「中川恭次郎」の註には、「柳田は、橋浦泰雄らをつかって援助を送りつづけた」とある。また、岩本由輝は『柳田國男を読み直す』「有賀喜左衛門と柳田國男」(世界思想社) の中で、一九二七、八年頃、有賀喜左衛門が、岡正雄を交えて柳田に質問していた時、有賀が「何のかといったって婿とか養子なんていうのは捨犬捨猫みたいなもの」と口走った。すると、それまで雄弁であった柳田が急に押し黙り、妙な雰囲気になってしまったというエピソードを紹介している (二〇〇〜一頁)。
(64)・(65) 岡谷公二『柳田國男の恋』「中川恭次郎という存在」九五〜七、一〇〇〜一頁、平凡社
(66) 神島二郎『常民の政治学』「常民への道——柳田学との〈出会い〉を中心に」一三二〜三頁
(67) 橋川文三『柳田国男』「第九章　日本民俗学の姿」一一〇〜三頁
(68)『柳田國男全集』28「民間伝承論・第二章　殊俗誌の新使命」二九八〜九頁、ちくま文庫
(69) 鶴見和子『思想の冒険』「Ⅳ　社会変動のパラダイム」一五三〜四頁、筑摩書房
(70) 福田アジオ『柳田国男の民俗学』「Ⅱ　方法と歴史認識　4 常民」一〇一頁、吉川弘文館
(71) 松本健一『時代の刻印』「伝統的(日本)の喪失」二三三、二二九頁、「民衆思想史の難関」二六七頁、現代書館
(72) 岡部隆志、藤井隆至著『柳田国男　経世済民の学』「一

〇章　農民問題の経済政策」四〇二頁より再引用
(73) 橋川文三『柳田国男論集成』「明治政治思想史の一断面」二六七頁
(74) 橋川文三『柳田國男研究』創刊号（一九七三年二月刊）「座談会　柳田学の形成と主題」（橋川の他、色川大吉、川村二郎、谷川健一、伊藤幹治、宮田登、後藤総一郎）二五～七頁、白鯨社
(75)『丸山眞男集』第九巻「近代日本における思想史的方法の形成」八八頁。第十二巻「原型・古層・執拗低音」一三七頁、「政事の構造」二二二頁。第十五巻「昭和天皇をめぐるきれぎれの回想」一四頁
(76) 松本健一『伝統と現代』第34号（一九七五年七月刊）「総特集・思想史の柳田国男」「丸山真男と柳田国男」一二八～九、一三二頁
(77)～(79) 松本健一『時代の刻印』「ヴェニスの肉塊―丸山真男の「歴史意識の『古層』」について―」四九～五〇頁
(80) 橋川文三『柳田国男論集成』「日本保守主義の体験と思想」二一九頁
(81)・(82) 橋川文三『柳田国男』「第八章　戦争のなかで」九九～一〇〇頁
(83) 谷川健一・後藤総一郎『現代の眼』一九七二年一月号「対談・柳田國男と折口信夫」七六頁、現代評論社
(84) 鶴見太郎『柳田国男とその弟子』「はじめに」一二頁、人文書院。鶴見は、これは「後藤総一郎の指摘である」という。
(85) 鶴見太郎『柳田国男入門』「第四章　思想への態度」八〇～一、一〇四頁
(86) 橋川文三『柳田国男』「第七章　民俗学と民族学の区別」九五頁
(87) 加藤典洋『アメリカの影』「アメリカの影――高度成長下の文学」一〇三頁、講談社学術文庫
(88) 橋川文三、橋川文三編『戦後日本思想大系7保守の思想』「『先祖の話』前文」九九頁、筑摩書房
(89)・(90) 橋川文三『柳田国男論集成』「日本保守主義の体験と思想」二一九頁
(91) 橋川文三『時代と予見』「靖国思想の成立と変容」三八一～二頁
(92) 高橋源一郎『朝日新聞』二〇一五年八月二十七日号「論壇時評・戦後70年　いま取り戻す」
(93) 橋川文三『柳田国男』「第七章　民俗学と民族学の区別」九三～五頁
(94)『柳田国男事典』「3民族・文化・常民　経世済民・学問救世」三〇一～六頁、勉誠出版。柳田は、もっぱら「世のため人のため」と表現しているという。執筆者は、福田アジオ。

(95)『柳田國男全集』28「郷土生活の研究法」九五頁、ちくま文庫
(96)『柳田国男事典』「3民族・文化・常民　経世済民・学問救世」三〇四～五頁より再引用。石田英一郎『偉大なる未完成』、益田勝実『柳田国男の思想』、鶴見和子「われらのうちなる原始人」(『思想の科学』別冊第一号、後に『漂泊と定住と』に収録)を参照。
(97)藤井隆至『柳田国男　経世済民の学』「はしがき」iii頁「序章　調査と方法」五～六頁。および「終章　結語——社会政策学としての「経世済民の学」」四三二頁
(98)橋川文三『柳田国男論集成』「日本保守主義の体験と思想」二一七頁
(99)橋川文三『時代と予見』「生活・思想・学問」一四〇頁
(100)橋川文三『柳田国男論集成』「日本保守主義の体験と思想」二一八頁
(101)橋川文三『同』「柳田国男」一二二頁。初出は、『明治大学学生新聞』一九六四年十月二十三日号

第三章　超国家主義を論じ丸山眞男と思想的訣別

(1)丸山眞男『橋川文三著作集』第七巻「月報7・丸山眞男氏に聞く「日本浪曼派批判序説」以前のこと」一二～五頁
(2)『週刊読書人』二〇一〇年九月三日号(第二八五四号)「丸山眞男文庫レポート　図書五八〇〇冊、草稿類三〇〇件公開」
(3)以上、桶谷秀昭『仮構の冥暗』「野戦攻城の思想——橋川文三『近代日本政治思想の諸相』」二八一、二八四頁、冬樹社
(4)・(5)姜尚中『現代思想』二〇〇一年十二月号「橋川文三覚え書き」二四六頁、青土社
(6)松本健一『丸山眞男八・一五革命伝説』「橋川文三の反措提」一六五頁、河出書房新社
(7)『丸山眞男回顧談(下)』「21　法学部改革・東大紛争・辞職」二五五頁、岩波書店
(8)吉本隆明『増補版　模写と鏡』「丸山真男論」二〇三～二五九頁
(9)橋川文三『日本読書新聞』一九六三年二月二十五日号(第一一九五号)初出は「思想史上の地殻変動—独自な〝戦争体験批判〟からの出発」日本出版協会
(10)・(11)『橋川文三著作集』第六巻「書評・吉本隆明著『模写と鏡』について」三三〇頁
(12)鶴見俊輔『現代詩手帖』二〇〇七年五月号「うまれたいと思ってうまれたのではない　鶴見俊輔をかこんで」五二頁、思潮社
(13)松本健一『思想の科学・橋川文三研究』「橋川文三論」

一二頁
(14)安川定男『丸山眞男座談』第二冊「月報6・丸山さんとの淡い仲」三〜四頁
(15)『丸山眞男座談』第二冊「座談会・戦争と同時代」(橋川、丸山の他、宇佐見英治、宗左近、曾根元吉、安川定男、矢内原伊作による座談)二三四、二二二頁
(16)伊東祐吏『丸山眞男の敗北』「第六章　政治学者としての終焉」一五二頁、講談社選書メチエ
(17)吉本隆明『橋川文三著作集・内容紹介パンフレット』「野戦攻城の思想」
(18)姜尚中『反ナショナリズム』「丸山眞男『現代政治の思想と行動』を読む」一六六頁、教育史料出版会
(19)吉本隆明『擬制の終焉』「擬制の終焉」一三〜三七頁、現代思潮社
(20)橋川文三『鶴見俊輔座談・思想とは何だろうか』「すぎゆく時代の群像」(橋川、鶴見、吉本隆明との座談)九九頁
(21)丸山眞男『橋川文三著作集』第七巻「月報7・丸山眞男氏に聞く「日本浪曼派批判序説」以前のこと」一六頁
(22)橋川文三、高畠通敏編著『討論・戦後日本の政治思想』「I　政治思想の戦後」(橋川、日高六郎、高畠との座談)四二頁、三一書房
(23)『橋川文三著作集』第八巻「井上光晴のイメージ」一九九頁
(24)吉本隆明『日本読書新聞』一九五九年六月一日号(第一〇〇四号)「驚くべき世代の断絶——戦中派の往復書簡——」。原題は、「どっちが古いか、新しいか/橋川文三に/人々をして彼らの言うにまかせよ」
(25)橋川文三『増補版　歴史と体験——近代日本精神史覚書』「ある往復書簡—吉本隆明に」三〜六頁
(26)今井清一『橋川文三著作集』第八巻「月報8・ブランクの時代」五頁
(27)『吉本隆明全集』第八巻「作家論II　第I部　高村光太郎　敗戦期」一三九頁、勁草書房。吉本は「傍観とか逃避とかは、態度としては、それが許される物質的特権をもとにしてあることはしっていたが、ほとんど反感と侮蔑しかかんじていなかった」という。
(28)橋川文三『現代知識人の条件』「吉本隆明像断片」三一五頁
(29)吉本隆明『自立の思想的拠点』「情況とはなにかVI—知識人・大衆・家」一五〇〜一頁、徳間書店
(30)苅部直『丸山眞男』「第3章　戦中と戦後の間」一〇六頁、岩波新書
(31)橋川文三『雑感集II　歴史と思想』「ささやかな感想」一六二頁、未来社
(32)松本三之介『思想の科学・橋川文三研究』「橋川さん

にとっての明治」六三頁
(33) 橋川文三『日本の百年』第四巻「明治の栄光」「解説」五一九頁、ちくま学芸文庫（以下同）。この趣旨と同様の指摘は、司馬遼太郎『この国のかたち』（一九九〇年）にも見られる。
(34)・(35) 橋川文三『同』第七巻「アジア解放の夢」「第二部　急進的な人びと」一七七、二一一頁
(36) 松本健一『コラム・私家版辞典』「超国家主義」
(37) 片山杜秀『近代日本の右翼思想』「右翼と革命――世の中を変えようとする、だがうまくゆかない」二〇、二三、二五頁、講談社選書メチエ
(38) 丸山眞男『増補版　現代政治の思想と行動』「第一部追記および補注」四九五頁、未来社
(39) 竹内洋『丸山眞男の時代』「三章　絶妙なポジショニング」一七四頁、中公新書
(40) 筒井清忠、橋川文三著『昭和ナショナリズムの諸相』「解説」二八〇頁、名古屋大学出版会
(41) 松本健一『丸山眞男八・一五革命伝説』「橋川文三の反措定」一六八～七二頁
(42) 丸山眞男『橋川文三著作集』第七巻「月報7・丸山眞男氏に聞く「日本浪曼派批判序説」以前のこと」一〇頁。丸山は、「現実政治の動向について全くセンスがない」ともいう。
(43) 橋川文三『近代日本政治思想の諸相』「あとがき」三八七頁、未来社
(44) 筒井清忠『昭和期日本の構造　二・二六事件とその時代』「付章　昭和国家主義の断面」三七六頁、講談社学術文庫
(45) 原武史『大正天皇』「「昭和」の幕開け」三〇五頁、朝日文庫
(46) 丸山眞男『増補版　現代政治の思想と行動』「軍国支配者の精神形態・補注」五〇六、五一〇頁。および「三　軍国支配者の精神形態」九四～五、一〇〇頁
(47) 松本健一『大航海』二〇〇八年七月五日号（第六七号）「丸山眞男と日本思想史研究」一七八頁、新書館
(48) 後藤総一郎『天皇神学の形成と批判』「北一輝ノート」一〇三～四頁、イザラ書房
(49) 安丸良夫『現代日本思想論』「第3章　天皇制批判の展開」一一三～五頁、岩波書店
(50) 丸山眞男『日本の思想』「あとがき」一八五頁、岩波新書
(51) 姜尚中『現代思想』二〇〇一年十二月号「橋川文三覚え書き」二四五～六頁
(52)・(53) 姜尚中、大澤真幸編『ナショナリズム論の名著50』「丸山眞男『現代政治の思想と行動』」一〇九～一一〇頁、平凡社

(54) 筒井清忠『諸君』二〇〇七年十月号「私の血となり、肉となった、この三冊」二四四頁
(55)〜(57) 筒井清忠、橋川文三著『昭和ナショナリズムの諸相』「解説」二七九〜二八九頁
(58) 筒井清忠『諸君』二〇〇七年十月号「私の血となり、肉となった、この三冊」二四四頁
(59) 筒井清忠、橋川文三著『昭和ナショナリズムの諸相』「解説」二七九〜二八九頁
(60) 松本健一『丸山眞男八・一五革命伝説』「橋川文三の反措定」一七二頁
(61) 沢木耕太郎『橋川文三著作集・内容紹介パンフレット』「余儀なく背負う」
(62) 松本健一『橋川文三著作集』第九巻「解題」三六九頁
(63) 橋川文三『ナショナリズム』「あとがき」二四五頁、ちくま学芸文庫（以下同）
(64) 姜尚中『思考のフロンティア　ナショナリズム』「Ⅲ基本文献案内」一五七頁、岩波書店
(65) 松本健一『ちくま』二〇〇〇年十月号「歴史の回帰現象のただなかで、橋川文三著作集の再刊・増補をめぐって」一三〜五頁、筑摩書房
(66) 吉本隆明『擬制の終焉』「日本のナショナリズムについて」一三四頁。および「擬制の終焉」三四頁
(67) 轡田竜蔵『現代思想』二〇〇一年十二月号「「平凡なナショナリズム」と「第三世界ナショナリズム」のあいだ」二四九頁
(68)『丸山眞男集』第六巻「政治学事典　項目・ナショナリズム」三〇三頁
(69)(64) と同じ。橋川の『ナショナリズム』に影響を受けた著としては、他に、亀井俊介の『ナショナリズムの文学』（一九七一年十月、研究社叢書）がある。
(70)『橋川文三著作集』第二巻「国体論・二つの前提」九八〜一一九頁。および「国体論の着想」一一九〜一五一頁
(71) 橋川文三『時代と予見』「ロマンチシズムとナショナリズム」九八〜一〇〇頁
(72)『バーリン選集4、理想の追求』「曲げられた小枝」二九八〜九頁、岩波書店
(73)『橋川文三著作集』第二巻「民族・政治・忠誠」四七頁
(74) 姜尚中『愛国の作法』「第一章　なぜいま「愛国」なのか」三四頁。および「第二章　国家とは何か」七〇頁、朝日新書
(75) 山内昌之『歴史家の一冊』「国民はいかにして形成されたか——橋川文三『ナショナリズム』」二五〇頁、朝日選書
(76) 判沢弘『読売新聞』一九七一年十一月十日・十一日号、都内版「〝優しい革命〟隠岐騒動」
(77) 五木寛之『新潮45』一九八七年五月号「歴史の闇に

消えた隠岐騒動」一三八～九頁
(78) 沢木耕太郎『橋川文三著作集・内容紹介パンフレット』「余儀なく背負う」
(79) 以上、中島岳志、橋川文三著『昭和維新試論』「解説・平等と幸福を探求した昭和維新」二七八～九、二八六頁、ちくま学芸文庫
(80) 辻井喬『橋川文三著作集』第一巻「月報1・心優しき孤立者」四頁
(81) 前田愛『橋川文三著作集』第二巻「月報2・海燕という言葉」六頁
(82)・(83) 岡松和夫『古典と現代』第五十二号（一九八四年一〇月五日刊）「読書『昭和維新試論』」六三～五頁、古典と現代の会
(84) 岡井隆『現代詩手帖』一九八八年六月号「組詩10（最終回）言葉の届かない海へ　岡井より佐々木幹郎氏へ――〈昭和というテーマで〉」九六頁

第四章　竹内好らと「中国」を創刊

(1)『丸山眞男集』第十巻「好《ハオ》さんとのつきあい」三五一頁。および『増補版現代政治の思想と行動』「旧版への後記」五七八頁
(2) 安田武『群像』一九八四年三月号「橋川文三も逝く」一二三六～七頁、講談社
(3)『橋川文三著作集』第七巻「佐々木到一という軍人」二二六～七頁。さらに「南京虐殺の情景を描いた戦後の多くの記録と比べても、この記録は十分以上の迫力をそなえているといえよう」（二二六頁）という。
(4)『橋川文三著作集』第七巻「『中国』百号と私」三六〇、三五七～六〇頁。および「竹内好中文の思い出」三七二頁
(5)『丸山眞男集』第十二巻「竹内日記を読む」三八頁
(6)『丸山眞男座談』第七冊「仁井田陞博士と東洋学」八九頁、岩波書店
(7) 松本健一『思想の科学・橋川文三研究』「橋川文三論」一二頁
(8)『竹内好全集』第十七巻「年譜」三二一頁。および森まゆみ『東京人』二〇一九年二月号「『風紋』の人びと
⑪林聖子に聞く・竹内好墜落事件、そして　懐かしの人たち」一一七頁、都市出版を参照。
(9) 橋川文三『序説』「日本浪曼派の問題点」三〇～一頁
(10)『丸山眞男話文集』続3「「脱亜論」、日本浪漫《ママ》派、湾岸危機、「日韓併合」、「集団的自衛権」の欺瞞性――「楽しき会」の記録　一九九一年十二月」二五九頁、みすず書房
(11)『竹内好全集』第十四巻「大東亜戦争と吾らの決意（宣言）」二九四頁

(12) 橋川文三、拙著『橋川文三　日本浪曼派の精神』「第二章　一高時代――日本ロマン派（保田與重郎）に惑溺」八二頁

(13) 松本健一『竹内好論』「体験としての意味についての章」一六九頁、第三文明社

(14)『竹内好全集』第十一巻「中国を知るために第三集・一百　謎」一五七頁

(15)『橋川文三著作集』第一巻「わが愛するうた」二三五頁

(16) 橋川文三『同』「竹内好と日本ロマン派のこと」一九九頁

(17)『橋川文三著作集』第一巻「二つの『超克』論」二一一頁

(18) 柄谷行人、廣松渉著『〈近代の超克〉論』「解説・近代の超克について」二六三～七二頁、講談社学術文庫

(19) 桶谷秀昭『土着と情況』「竹内好論」一八三～四頁、国文社

(20) 鶴見俊輔『思想の科学』一九八四年二月号（第四十三号）「追悼　橋川文三　橋川文三の思い出」一一五頁

(21) 岡山麻子『史境』第48号（二〇〇四年三月刊）「竹内好の「民族」概念と保田與重郎―戦後における規範形成の基礎づけ―」七二～三頁、歴史人類学会

(22) 磯田光一『昭和作家論集成』「竹内好　仮構の救世済民―竹内好論」三〇二頁、新潮社

(23)『橋川文三著作集』第一巻「竹内好と日本ロマン派のこと」二〇三～四頁。一方の三島由紀夫が竹内好をどう見ていたかを示す石原慎太郎と三島由紀夫の対談がある。三島が「竹内好なんかは君と違って、もっとずっと先を見てるよ。（略）日本に何が残っているというと天皇が出てくる。それを竹内好は非常におそれているんですよ。非常に洞察力があると思いますね」と問うと、石原は「それはそうじゃないな。竹内好のなかに前世代的心情と風土があるだけですよ」と両者は噛み合わず、石原が「（天皇）は伝統の本質じゃない。形でしょう」というと、三島は「だけど君、どうしてないなんていうの。歴史、研究したか。神話研究したか。（ふん然と怒る）」（『月刊ペン』一九六九年十一月号）と答えている。

(24) 丸山眞男、『橋川文三著作集』第七巻「月報7・丸山眞男氏に聞く「日本浪曼派批判序説」以前のこと」一〇頁

(25) 巖浩『道標』第三〇号（二〇一〇年秋号）「戦後という時代のはなし（その8）」六二～三頁、人間学研究会

(26) 丸川哲史（岩崎稔・上野千鶴子・成田龍一編）『戦後思想の名著50』「橋川文三　日本浪曼派批判序説」二五二頁、平凡社

(27)～(29) 磯田光一『海』一九八四年三月号「橋川文三の位置――ある精神史の帰趨」二四〇～一頁、中央公論社

(30) 本多秋五『物語　戦後文学史（中）』「民主主義文学

内部の分派闘争」一九〇頁、「「国民文学」をめぐる論議」二四七、二二〇～一頁、「国士的風貌の論客竹内好」二七八～九頁、同時代ライブラリー107、岩波書店
(31)『竹内好全集』第六巻「日本イデオロギイ・日本共産党論(その一)」一三九頁(原題は「日本共産党に与う」)。
(32) 吉本隆明『追悼私記』「竹内好」一八三～五頁、筑摩書房
(33) 橋川文三、高畠通敏編『討論・戦後日本の政治思想』「1　政治思想の戦後」(橋川、高畠、日高六郎との座談)六二頁、三一書房
(34) 中野敏男『前夜』第六号(二〇〇六年一月一日刊)「「日本の戦後思想」を読み直す・第6回「民族解放革命」と「民族の魂の解放」」二二八頁、前夜社
(35) 鶴見俊輔『思想の科学・竹内好研究』一九七八年五月臨時増刊号(第九十一号)「竹内好の文体」七四頁
(36) 前田愛『思想の科学・竹内好研究』一九七八年五月臨時増刊号(第九十一号)「国民文学論の行方」三六頁
(37)『竹内好全集』第十二巻「「丸山と吉本」論　序の序」四二～五頁
(38) 松本健一『竹内好論』「体験とその意味についての章」一六七頁。および「近代の批判に関する章」一九三頁
(39)『竹内好全集』第十三巻「屈辱の事件」七八～九頁
(40) 丸山眞男『増補版　現代政治の思想と行動』「増補版への後記」五八五頁
(41)『竹内好全集』第四巻「アジアにおける進歩と反動」七一～五頁
(42) 姜尚中、情況出版編集部編『丸山真男を読む』「丸山真男における〈国家理性〉の問題」九頁、情況出版
(43) 鹿野政直『日本の近代思想』「第二章　民主主義」四五頁、岩波新書
(44) 以上、中野敏男『前夜』第三号(二〇〇五年四月一日刊)「「日本の戦後思想」を読み直す・第3回　戦争責任を受け止める主体位置」一八三～五頁
(45)『丸山眞男集』第十二巻「竹内日記を読む」三六～七頁
(46)『丸山眞男書簡集』未収録書簡「埴谷雄高　一九七九(昭和五十四)年五月二十九日」三四六頁、みすず書房
(47) 以上、鶴見俊輔、鶴見・加々美光行編『無根のナショナリズムを超えて・竹内好を再考する』「いま、改めてナショナリズムの根を探る」二一九～二二頁、日本評論社
(48)・(49) 鶴見俊輔『敗北力』「丸山眞男と竹内好(「もうろく帖」第十八冊、二〇一一年四月十五日より)」二一九～二〇頁、編集グループSURE
(50) 松本健一、鶴見俊輔・加々美光行編『無根のナショナリズムを超えて・竹内好を再考する』「世界史の地殻変動と竹内好　問題としての竹内好」一二四～七頁

(51) 橋川文三『早稲田大学新聞』一九五八年九月九日号「実感と現実性の関連——思想と文学の間」
(52)『丸山眞男話文集』続3「「脱亜論」、日本浪漫《ママ》派、湾岸危機、「日韓併合」、「集団的自衛権」の欺瞞性——「楽しき会」の記録 一九九一年一二月」二五一〜二頁
(53) 平山洋『福沢諭吉の真実』「第五章 何が「脱亜論」を有名にしたのか」二二五〜六、二〇五頁、文春新書
(54) 安川寿之輔『増補改訂版 福沢諭吉と丸山眞男』「Ⅳ 福沢諭吉をどう評価するか」四一六頁、高文研
(55)『橋川文三著作集』第七巻「福沢諭吉の中国文明論」四〇、二九、三〇、四〇〜三頁
(56)・(57) 月脚達彦『福沢諭吉と朝鮮問題』「序章 福沢諭吉と朝鮮開化派」一二頁。および「第一章 辛口朝鮮「独立」の東アジア的文脈」「註（5）」八六頁、東京大学出版会
(58)・(59) 安川寿之輔『増補改訂版 福沢諭吉と丸山眞男』「3 丸山真男の福沢諭吉評価——一貫する思想家福沢の主体的責任の無視 A福沢の日中文明比較論——橋川文三と丸山真男」三九四〜四〇一頁
(60)〜(63)『橋川文三著作集』第七巻「福沢諭吉の中国文明論」四四〜六頁。苅部直は、「橋川文三は丸山眞男と師弟関係に近い親交があったから、橋川の福澤諭吉『痩我慢の説』への言及も、もしかすると丸山からの示唆に基づくのかもしれない」と記している（『群像』二〇一一年六月号「安部公房を読む・第六回 忠誠のアレゴリー」三一九頁）。
(64)・(65) 磯田光一『海』一九八四年三月号「橋川文三の位置」二三八〜四二頁
(66) 竹内好『現代日本思想大系9アジア主義』「解説・アジア主義の展望」四四頁。および『竹内好全集』第八巻「大川周明のアジア研究」一九五頁
(67)〜(69) 丸山眞男『忠誠と反逆』「福沢・岡倉・内村」三四三、三四六〜八頁
(70)『竹内好全集』第十一巻「前事不忘、後事の師」四〇八頁
(71) 渡辺京二『現代詩手帖』一九七六年五月号「ラ・マンチェの騎士——天心におけるアジア主義の衝迫」一一二頁
(72) 橋川文三『黄禍物語』「人種論から見た日本ファシズム」一八八頁、岩波現代文庫（以下同）
(73) 菅孝行『戦後思想の現在』「橋川文三——その持続と変貌の諸相」二〇一頁
(74) 丸川哲史（岩崎稔・上野千鶴子・成田龍一編）『戦後思想の名著50』「橋川文三 日本浪曼派批判序説」二五三〜四頁
(75) 尾崎秀樹『思想の科学・橋川文三研究』「橋川文三と

雑誌『中国』」五三頁
(76) 橋川文三『中国』第六号(一九六三年八月刊)「編集後記」二八頁、中国の会(正確には無署名)。
(77) 金子勝昭『思想の科学・橋川文三研究』「『黄禍物語』の要約、そして……」四一頁
(78) 菊池昌典『すばる』一九七七年二月号「書評・白禍論からユダヤ禍論へ―橋川文三『黄禍物語』」三〇一～四頁、集英社
(79) 山内昌之、橋川文三著『黄禍物語』「解説・黄禍から赤禍、そして緑禍へ――個人的追想との交錯」三三三～四頁
(80) 松本健一『橋川文三著作集』第七巻「解題」三八一頁。および松本健一『橋川文三著作集』第十巻「解題」三九一、三四〇～一頁
(81) 『橋川文三著作集』第七巻「竹内好中文の思い出」三六九頁
(82) 石田雄「筆者宛書簡」による。
(83) 松本健一『思想の科学・橋川文三研究』「橋川文三論」一二一～三頁
(84) 後藤総一郎『図書新聞』一九八五年十一月二日号「カオスを拓くその予見力『橋川文三著作集』全八巻刊行に寄せて」
(85) 橋川文三・竹内好『歴史と精神』「革命と文学」(竹内好との対談)二〇七頁

終章　総論・野戦攻城の思想

(1) 橋川文三『時代と予見』「戦後啓蒙主義の崩壊と三〇年代」(清水多吉との対談)二一五頁
(2) 橋川文三『日本の思想(第十九巻)吉田松陰集別冊』「対談・松陰の現代性」(奈良本辰也との対談)七頁、筑摩書房。橋川は、「松陰が教育者だったということは、松陰自身が自己教育の天才であったということにつながると思うんです。その自己教育の方法というのが、いわゆる経学による修養というより、むしろ歴史を通して自己の実在の意味を追求するという形をとっていた」(八頁)と語る。
(3) 後藤総一郎『追悼―橋川文三先生』(一九八四年八月十日刊)「お別れの言葉――先生に教えられたこと」二頁、橋川文三先生追悼文集編集委員会。橋川ゼミでは春と秋の年二回ほど、合宿するのが恒例であった。合宿の酒席で、あるゼミ生が「先生は、自分より頭がいいと思った人はいますか?」と問うた。すると橋川は、苦笑いしながら「一杯いますよ。特に理工系の人にはかなわないと思うことがありますね」と答えていた。
(4) 遠藤英雄『追悼―橋川文三先生』「橋川ゼミ」八頁
(5) 吉本隆明『試行』第六七号(一九八七年十二月十日刊)

「情況への発言」三頁、試行社。吉本は「近くの病院に入院しているのは知っていたけど、お見舞もしないうちに亡くなった。連載中の『「英将秘訣」論』が最後の力作かな」とも書いている。
(6) 近藤渉『思想の科学』一九八四年三月号(第四十五号)「橋川先生の思い出」一〇二〜三頁
(7) 斎藤憲『追悼—橋川文三先生』「「薫陶」という言葉」三〇頁
(8) 岡田陽一『思想の科学・橋川文三研究』「重くなった重し」一七六頁
(9) 橋川文三『時代と予見』「生活・思想・学問」一三七、一四〇頁
(10) 菅野直行『資料センターニュース・橋川文三教授追悼号』「橋川先生の思い出」二三〜四頁、明治大学政治経済学部政経資料センター
(11) 堀田稔『追悼—橋川文三先生』「来者不拒」六七頁
(12) 丸山眞男『橋川文三著作集』第七巻「月報7・丸山真男氏に聞く「日本浪曼派批判序説」以前のこと」二一〜三頁
(13) 神島二郎『橋川文三著作集・内容紹介パンフレット』「時代を共に歩んで」
(14) 猪瀬直樹『僕の青春放浪』「橋川文三先生の思い出」五二、五三、五六、八七頁。猪瀬は「橋川先生はベタベタした関係は嫌いな気がして僕はいつも距離を置いていた。ときどき、一線を越えて生意気な発言をしてしまう。「この不良少年め」と、口にしながら目を細めているのがわかった」と回顧。松本健一との対談では、「大学院で、僕が修士論文を提出した時、橋川はまず文章がいいかどうかを見るんです。文章がいいとなると次には引用の一字一句を全部チェックする。事前の指導はしません、そういうことはしない人だから。で、内容には問題はないとなると、次には引用の漢字がひとつでも間違えていると指摘する。校閲みたいにね。極端にいえば正しい引用だけあればいいんだみたいな言い方もしていました。つまり、重要なのは事実であると。引用というのもひとつの事実なんですね」(『図書新聞』「三島由紀夫と官僚システム」一九九六年一月二十号)。また、猪瀬と吉本隆明との対談で、吉本は、「猪瀬さんが橋川文三(略)さんの仕事を引き継いでいることが、その分析(三島由紀夫に関する分析—引用者)で納得できました」(『週刊ポスト』一九九四年十二月二日号)と語っている。
(15)・(16) 松本健一『丸山眞男八・一五革命伝説』「丸山眞男さんを送る」二三八頁、「橋川文三の反措定」一六四、一六八、一七三〜四頁
(17) 渡辺京二『橋川文三著作集』第二巻「月報2・悲哀と放棄」二〜四頁
(18) 野口武彦『思想の科学』一九八四年二月号(第四十

三号）「追悼　橋川文三・「師事」と「兄事」の間」一一六頁
(19) 大島英夫『思想の科学・橋川文三研究』「研究室の思い出」一八三頁
(20) 馬場修『追悼─橋川文三先生』「確かに思えること」二九頁
(21) 塚本康彦『ロマン的断想』「橋川文三論」一〇七頁、武蔵野書房
(22) 高野慎三『追悼─橋川文三先生』「伝説の時代」六頁
(23) 福島新吾『向陵』「橋川文三追悼・誄」一九八四年四月号、三三頁
(24) 栗田尚弥『思想の科学・橋川文三研究』「第二研究室のことなど」一八〇～一頁
(25) 福井紳一『今起きていることの本当の意味がわかる戦後日本史』「第一部　占領された日本・第一章　占領と戦後改革」一五一頁、講談社＋α文庫
(26) 片山杜秀『近代日本の右翼思想』「あとがき」二四〇頁、講談社選書メチエ
(27) ～ (30) 清水多吉『武士道の誤解』「あとがき」二五〇～一頁、日本経済新聞社出版。「寺小屋」については、小阪修平も、廣松渉が「マルクスの『ドイツ・イデオロギー』の講座をもつという話を聞いて通いはじめた」「全共闘運動のころ造反教官だったり、運動にシンパシーをもっていた教官を講師として市民相手に開かれていた教室である」（『思想としての全共闘世代』「第六章　七〇年代」一五一頁）と書いている。
(31) 白井聡（進藤榮・本村朗編）『沖縄自立と東アジア共同体』「廣松渉の慧眼」二五七～九頁、花伝社発行・共栄書房発売
(32) 熊野純彦『戦後思想の一段面──哲学者廣松渉の軌跡』「十二　一九九四年、五月二二日」一六九頁、ナカニシヤ出版
(33) 丸山眞男『丸山眞男回顧談・下』「21法学部改革・東大紛争・辞職」二四六頁
(34) 今井恭一郎『追悼─橋川文三先生』「文三さん」三四頁
(35) 山本正史『追悼─橋川文三先生』「先生に読んでもらえる本」三三頁
(36) 山本義隆『私の１９６０年代』「13　私と東大全共闘のこと」一六三頁、金曜日
(37) 松本健一『思想としての右翼』「ナショナリズム再評価の流れ」三二九頁、第三文明社
(38) 桜井哲夫『思想としての60年代』「丸山真男と『日本の思想』」八一～五頁、ちくま学芸文庫
(39) 橋川文三『増補版　歴史と体験──近代日本精神史覚書』「日本ロマン派の諸問題」九六頁。橋川は、保田のいう歴史現実の生成の面白さに身を投じてゆくような

態度を、「破滅的イロニイ（＝イロニイとしての転向）とよぶことにしたい。とくにそれは、このような態度の必然的コロラリイとして生まれる非政治性をともなうとき、目をおおわしめるほどの過激さとなってあらわれている」（傍点原文）と書いている。

(40) 磯田光一『海』一九八四年三月号「橋川文三の位置」二四〇頁

(41) 桶谷秀昭『凝視と彷徨（上）』「三島由紀夫 V近代日本文化——その記憶喪失の病理」一六八頁、冬樹社

(42)・(43) 橋川文三『序説』「二 日本浪曼派の問題点」三一頁、「四 イロニイと文体」四三頁、「六 日本浪曼派と農本主義」八三頁

(44)〜(46) 山本義隆『私の1960年代』「補注9 丸山眞男について 一九六九年の発言」三三六〜七頁、「同」三三九〜三四〇頁、「11 そして東大闘争のはじまり」一一七頁

(47) 吉本隆明『増補版 模写と鏡』「丸山真男論」二一一頁

(48)『竹内好全集』第十二巻「「丸山と吉本」論 序の序」四二〜五頁

(49) 橋川文三『時代と予見』「ロマンチシズムとナショナリズム」九五、九六頁

(50) 橋川文三『同』「政治の論理と象徴の衝動」（上山春平との対談）二三〇頁

(51) 橋川文三『同』「ロマンチシズムとナショナリズム」九六頁

(52) 野口武彦『現代詩手帖』二〇〇〇年九月号「特集・ロマン主義」「戦後日本とロマン主義」四七頁

(53) 丸山眞男『増補版 現代政治の思想と行動』「軍国支配者の精神形態」一〇三頁

(54) 大沼保昭『思想』一九八四年五月号「東京裁判・戦争責任・戦後責任」七〇〜一〇〇頁、岩波書店。大沼は、「自己の裁判のさまざまな局面でゲーリングも「権限への逃避」を図っているのみならず、ヒトラーへの責任転嫁もしばしば試みている」（九七頁）と指摘している。

(55) 鶴見俊輔『戦争が遺したもの』「雑談3 三日目夕」三九〇頁、新曜社

(56) 丸山眞男『橋川文三著作集』第七巻「月報7・丸山真男氏に聞く「日本浪曼派批判序説」以前のこと」一六頁

(57) 白井健三郎『橋川文三著作集』第五巻「月報5・橋川文三のパトス」四、五、二頁

(58) 橋川文三『歴史と精神』「革命および革命家の捉えかた」（白井健三郎との対談）三二四頁

(59) 磯田光一『橋川文三著作集』第六巻「月報6・西欧派の面貌」二頁

(60) 丸山真男『日本の思想』「Ⅲ 思想のあり方について」一二九〜四八頁、岩波新書

(61) 瀬戸内晴美『橋川文三著作集』第四巻「月報4・限りなく心優しいひと」二頁
(62) 中島岳志『世界』二〇一四年三月号「煩悶青年たちの分岐点」(原武史との対談) 二八五頁、岩波書店。原武史は、「私はこれを読んだとき、かえって橋川に興味を持った。なぜ丸山がそこまで言うのか、純粋に疑問を持ちました」と語っている。
(63) 竹内洋『東洋経済』二〇〇九年四月十八日号「竹内洋の読書日記　若い世代の新刊を手がかりに改めて「丸山眞男」を考える」一四七頁、東洋経済新報社
(64) 筒井清忠『諸君』二〇〇七年十月号「私の血となり、肉となった、この三冊」二四四頁
(65) 橋川文三『雑感集Ⅲ　歴史と人間』「三〇年目の八・一五にこの三冊を——読書アンケート　一九七四年——」八六〜七頁、未来社
(66)『橋川文三著作集』第八巻「翻訳雑抄」一二六頁
(67) 松本健一『橋川文三著作集』第十巻「解題」三九一頁
(68) 野口武彦『朝日評伝選7　徳川光圀』「十　歴史主義のデーモン」二六三〜九四頁
(69) 橋川文三『時代と予見』「水戸学再考」(墒作楽との対談) 三三五〜六頁
(70)『橋川文三著作集』第六巻「竹内好さんの大きさ」三〇七〜八頁
(71) 吉本隆明『追悼私記』「竹内好　反近代の思想」一八〇〜二頁、筑摩書房
(72)『橋川文三著作集』第八巻「マールブルクの思い出」一六四〜七一頁。および『雑感集Ⅲ　歴史と人間』「ドイツとスコットランド」二二六〜三〇頁、「ドイツの日本研究者——ドイツ、アメリカの旅から」二〇七〜二五頁を参照。
(73) 色川大吉『橋川文三著作集』第三巻「月報3　どこか遠い星に」四頁
(74) 近藤渉『思想の科学』一九八四年三月号(第四十五号)「橋川文三先生の思い出」一〇二〜三頁
(75) 先崎彰容『未完の西郷隆盛』「第二章　ルソー——中江兆民『民約訳解』と政治的自由」六九〜七一頁、新潮選書
(76) 宮崎八郎、遠山茂樹著『明治維新』「第5章　明治維新の終幕　註(29)」三三三頁。宮崎八郎の「読民約論」と題する詩の一節。
(77) 橋川文三『西郷隆盛紀行』「西郷隆盛の反動性と革命性」一九、二二一〜四頁、「西郷隆盛と南の島々」九〇、九八頁
(78) 渡辺京二、橋川文三著『幕末明治人物誌』「解説・問題の「はかなさ」を知る人」三〇四、三〇七頁、中公文庫
(79)・(80)『渡辺京二評論集成Ⅰ　日本近代の逆説』、葦

書房

(81) 島尾敏雄・橋川文三、橋川文三著『西郷隆盛紀行』「西郷隆盛と南の島々——島尾敏雄との対談」九〇頁

(82) 橋川文三『雑感集Ⅱ　歴史と思想』「西郷隆盛」一三九頁

(83) 松本三之介『思想の科学・橋川文三研究』「橋川さんにとっての明治」六五頁

(84) 中野剛志、橋川文三著・文庫版『西郷隆盛紀行』「解説・未完の西郷隆盛」二四一、二四九〜五〇頁、文春学藝ライブラリー

(85) 片山杜秀（大澤真幸、吉見俊哉、鷲田清一編）『現代社会学事典』「橋川文三」一〇二五頁、弘文堂。片山は、「橋川の発想はしばしば詩的で体系性をもたないが、その分、示唆に富み、後代の多くの研究者に強い暗示を与えている」と書いている。

(86) 野村浩一『読売新聞』一九八三年十二月二十日号夕刊「橋川文三さんを悼む　近代日本の「正体」示唆」

(87) 沢木耕太郎『橋川文三著作集・内容紹介パンフレット』「余儀なく背負う」

(88) 『ベルグソン全集』第七巻「緒論（第二部）一般観念」六〇頁、白水社。さらに、「なぜなら思弁的問題というものは正しく提起されるとすぐに解決されるからである」「問題を提起することはたんに発見することではない。それは発明することである」と述べている。

(89) 鶴見俊輔『思想の科学・橋川文三研究』「編集後記」一九二頁

(90) 三島由紀夫『文化防衛論』「橋川文三氏への公開状」六一頁、新潮社

(91) 中村雄二郎『橋川文三著作集』第三巻「月報3・史談家橋川文三」一頁

(92) 前田愛『橋川文三著作集』第二巻「月報2・海燕という言葉」六頁

(93) 磯田光一『橋川文三著作集』第六巻「月報6・西欧派の面貌」一頁

(94) 桶谷秀昭『橋川文三著作集』第一巻「月報1・文章について」五、六頁

(95) 前田愛『橋川文三著作集』第二巻「月報2・海燕という言葉」五頁

(96) 桶谷秀昭『週刊読書人』一九八四年一月九日号「天性のロマンティーク」

(97)〜(99) 橋川文三・野口武彦『歴史と精神』「対談・同時代としての昭和」一九三頁

(100) 粕谷一希『戦後思潮——知識人たちの肖像』「橋川文三と反近代」二〇五頁

(101) 鶴見俊輔『思想の科学』一九八四年二月号（第四十三号）「橋川文三の思い出」一一四、一一五頁

(102) 杉田俊介『すばる』二〇一九年七月号「橋川文三とその浪曼　第二回・保田與重郎と日本的ロマン主義」一三二頁、集英社
(103)『橋川文三著作集』第三巻「ささやかな感想——柳田泉著『政治小説研究』の暗示——」七六~七頁
(104) 松本健一『思想の科学・橋川文三研究』「橋川文三論」一〇~五頁
(105) 田中純『過去に触れる——歴史経験・写真・サスペンス』「第3章　半存在という種族——橋川文三と「歴史」」一三九~四〇、一五〇~一、一五五~六頁、羽鳥書店
(106)「歴史~」とタイトルに入る橋川文三の著書は、『歴史と体験』『歴史と感情』『歴史と思想』『歴史と精神』『歴史と人間』の五冊
(107) 橋川文三『雑感集Ⅲ　歴史と人間』「あとがき」三一四頁
(108)・(109) 坪内祐三『諸君』一九九七年六月号「戦後論壇の巨人たち　第十二回　橋川文三・後ろを見つめたまま前に進む」二七二~三頁。坪内はベンヤミンの前半部分も引用している。「「新しい天使」と題されているクレーの絵がある。それにはひとりの天使が描かれており、天使は、かれが凝視している何ものかから、いまにも遠ざかろうとしているところのように見える。かれの眼は大きく見ひらかれていて、口はひらき、翼は拡げられている。歴史の天使はこのような様子であるに違いない。かれは顔を過去に向けている。ぼくらであれば事件の連鎖を眺めるところに、かれはただカタストローフのみを見る。そのカタストローフは、やすみなく廃墟の上に廃墟を積みかさねて、それを彼の鼻っさきへつきつけてくるのだ」
(110) 好村冨士彦『橋川文三著作集』第六巻「月報6・橋川文三先生を偲んで」六頁
(111) 鶴見俊輔『思想の科学・橋川文三研究』「編集後記」一九二頁
(112) 吉本隆明『自立の思想的拠点』「状況とは何かⅥ」一五〇頁
(113)『橋川文三著作集』第六巻「ウル・ファシスト論」一六七頁
(114) 橋川文三『現代知識人の条件』「戦争体験と戦後世代」一八四頁
(115) 橋川文三『鶴見俊輔座談・思想とは何だろうか』「すぎゆく時代の群像」（鶴見俊輔・吉本隆明との鼎談）八三~四頁
(116) 橋川文三『辺境』第三次・10　一九八九年七月刊「橋川文三日記・一九四九年一二月九日」一八頁、記録社発行、影書房発売

(117)『吉本隆明全対談集』第五巻「平和の中の主戦場」（島尾敏雄との対談）一二一頁、青土社
(118)・(119) 吉本隆明『橋川文三著作集・内容紹介パンフレット』「野戦攻城の思想」
(120)『橋川文三著作集』第五巻「敗戦前後」三一一頁
(121) 鶴見俊輔、橋川文三著『歴史と精神』「日本思想の回帰性」（橋川文三との対談）六五頁
(122)『橋川文三著作集』第一巻「私的回想断片」二二八〜九頁
(123) 野口武彦『朝日新聞』一九八六年三月三十一日号「思想戦略をそなえた陣容「ロマン派体験」原核に独学」
(124) 松本健一『橋川文三著作集・内容紹介パンフレット』「編集にあたって」
(125) 沢木耕太郎『橋川文三著作集・内容紹介パンフレット』「余儀なく背負う」
(126) 橋川文三『歴史と精神』「体験・思想・ナショナリズム」（鮎川信夫との対談）三頁
(127)『橋川文三著作集』第八巻「昔の杵柄」一三九〜四一頁
(128) 鶴見俊輔『思想の科学』一九八四年二月号（第四十三号）「橋川文三の思い出」一一五頁
(129)『橋川文三著作集』第八巻「私記・荒川厳夫詩集『百舌』について」八七〜一〇〇頁
(130) 高畠道敏『橋川文三著作集』第六巻「月報6・橋川さんとの三十年」四頁
(131)『橋川文三著作集』第八巻「マールブルクの思い出」一七〇頁
(132) 色川大吉『橋川文三著作集』第三巻「月報3・どこか遠い星に」四頁
(133) 内山秀夫『橋川文三旧蔵書籍目録（通称　橋川文庫）』「橋川文三文庫によせて」慶應義塾福澤研究センター、近代日本研究資料(7)三〇七頁、慶應義塾大学出版会
(134) 桶谷秀昭『橋川文三著作集』第一巻「月報1・文章について」五頁
(135) 桶谷秀昭『思想の科学・橋川文三研究』「『日本浪曼派批判序説』について」一二一頁
(136)『橋川文三著作集』第五巻「戦中派とその「時間」」三六一〜三頁
(137)『三島由紀夫全集』第十九巻「豊饒の海・天人五衰」六四六〜七頁、新潮社
(138) 磯田光一『海』一九八四年三月号「橋川文三の位置」一三八〜四一、一三四頁
(139) 巌浩『伝統と現代』第79号（一九八四年春季号）「編集後記」一八二頁

橋川文三年譜

この年譜は、前著『橋川文三　日本浪曼派の精神』の末尾に掲載された年譜を元とし、誤りを訂正し、一部加筆している。前著では、発行の前年・二〇一三年までが対象だったが、二〇一四年以降を付け加えている。作成にあたっては、前著同様の原資料等を参照した。対談・座談会の中には、実施年月と発表年月が離れているものがあるが、発表年月で示した。

一九二二年（大正一一年）

一月一日、長崎県上県郡峰村（現対馬市）大字志多賀で、橋川福一・サダノの長男として、出生。姉二人のうち長姉コフジは先妻コミサの子で一〇歳上、次姉キミエは二歳上。弟の敏男は三歳下、妹は冨佐江（六歳下）、睦子（九歳下）、富子（一六歳下）の三人、計七人の長男であった。広島にあった橋川家は、祖父の代から対馬に進出し、当初の漁業だけから、対馬で加工した海産物や木炭を広島に運び、商いをするようになる。父の代になると船一隻を所有し、対馬と広島を往復して広く商いを営み財を成した。橋川家は広島地方の熱心な浄土真宗の信者・安芸門徒で、毎朝父が仏前で読経を唱え、子どもたちは後ろに座って聴いていたという。

一九二六年（大正一五年・昭和元年）　四歳

橋川家の本籍地、広島県安芸郡仁保村向洋字青崎（現在の広島市南区青崎）に帰る。

一九二九年（昭和四年）　七歳

四月、青崎尋常小学校に入学。卒業まで級長をつとめた。小学生時代、父の妹で結婚したものの病気で離縁し離れに住んでいた叔母の蔵書、改造社版『現代日本文学全集』（全六三巻）を愛読。

一九三四年（昭和九年）　一二歳

四月、広島高等師範学校附属中学校に入学。一年の二学期から卒業まで級長をつとめた。

一九三五年（昭和一〇年）一三歳

七月、急性肺炎。夏休みは静養に専念。

一九三六年（昭和一一年）一四歳

三月、校友会誌『アカシア』（第七七号）に、エッセイ「閑」を発表。活字化された最初の作品となる。卒業までに『アカシア』に短歌、詩、随想など一五篇を発表。夏休みに森鷗外の『即興詩人』を読んで、「決定的な文学的衝撃」を受ける。学校の夏期旅行に参加。富士五湖を経由して富士山へ登り、「富士登山記」（『アカシア』第八〇号）を発表。この年、校内野球大会に出場。ピッチャーとして活躍する。

一九三七年（昭和一二年）一五歳

この頃から日本文学への関心を失い、ジッド、ランボオなどに夢中になる。ラッパ部に所属し、行軍の先頭でラッパを吹く。

一九三八年（昭和一三年）一六歳

一〇月、九人で強風下の宮島までカッターで出かけ、翌日、帰る途中で強風で流され遭難騒ぎを起こす。

一九三九年（昭和一四年）一七歳

三月、広島高等師範学校附属中学校卒業。四月、一高入学のため上京。駒場寮に入る。はじめて東京の渋谷駅頭に降りて、「ほとんど信じがたいという幻滅感」を味わう。第一高等学校文科乙類に入学。三七人の同級生には、赤坂長義（多摩美大教授、脚本家、映画監督）、神島二郎（立教大学教授）、末木剛博（東大教授）、小林俊夫（神戸製鋼専務、作家小林恭二の父）、三ヶ月章（東大教授、法務大臣）、須崎勝彌（脚本家）、平井隆太郎（立教大学教授、江戸川乱歩の子息）、川上紀一（千葉県知事）、小暮継生（古河電工専務）、渡辺太郎（大阪大学教授）らがいた。夏に、奈良、京都を旅行。

一九四〇年（昭和一五年）一八歳

三月、父福一が胃癌で死去（享年四八）。嫁いでいた長姉と東京に出ていた文三を除く五人が実家に残された。学生の文三を含め六人の養育費・生活費の全てが母にかかる。四月、一高文芸部に所属。校内紙『向陵時報』（第一高等学校寄宿寮刊）に本名あるいは木川喬のペンネームで、「映畫のことなど」「感傷について」「故海」など、詩とエッセイ九篇を発表。文芸部の上級生に白井健三郎（一年留年した三年生）、長谷川泉（三年生）らが、卒業した先輩に福永武彦（三七年卒）、中村真一郎、小島信夫（三八年卒）、加藤周一（三九年卒）らがいた。この頃から翌年にかけて、日本ロマン派の保田與重郎に傾倒し、著作のほとんどを読破。この年、北海道樺太を旅行。家産の整理と父名義の山の所有権をめぐる訴訟のため、母らと対馬に行き、母の兄の家に滞在。

一九四一年（昭和一六年）一九歳

四月、白井健三郎の推薦で、一高文芸部委員になる。この年から文部省の方針で改変された『護国会雑誌』（第一高等学校文芸班編集・第一高等学校護国会刊）を編集。同誌に「Z君のこと」「ウェルテル」など四篇を発表。春、同じ文芸部員の赤坂長義らと三人で下落合の保田與重郎宅を訪れ、一高文芸部主催の文芸講演会の講師を依頼。一二月、大東亜戦争開戦のラジオニュースを、一高の寄宿寮内の食堂に集まって全員で聴く。

一九四二年（昭和一七年）二〇歳

三月、第一高等学校卒業。同月、一高の寮を出て杉並区天沼に下宿。四月、東京帝国大学法学部政治学科入学。一〇月、戦争で就学年が短縮され二年生に。

一九四三年（昭和一八年）二一歳

九月、「学徒出陣」の臨時徴兵検査を広島で受けるため、杉並区天沼の下宿をいったん引き払い帰郷。帰郷途中、日本武尊の歌を道案内に、奈良から法隆寺、そこから平群の田舎道を生駒へと抜ける小旅行をする。徴兵検査の結果は、胸部疾患のため丙種合格、徴兵されなかった。一〇月、世田谷区松原の煙草屋の二階に下宿（四五年三月まで）。

一九四四年（昭和一九年）二二歳

四月、勤労動員で大学事務室に通い、未整理の外国語論文の分類・整理をする。ここで、今井清一と知り合う。九月、繰り上げ卒業の予定も、一年留年となる。一一月、長野県の野尻湖へ単独行。空き腹をかかえながら一周する。

一九四五年（昭和二〇年）二三歳

一月、勤労動員で貴族院事務局委員課に配属され、委員会に出席して議事内容の要領筆記をする。三月、農林省食糧管理局嘱託へ配置替え。四月、宗左近の応召歓送会の席上で、この戦争を醜悪とする白井健三郎らと、むしろ美しいとする橋川らで激論を交わす。六月、広島の実家、橋川家の屋敷が、涙金ともいうべきわずかな補償金で強制疎開を受ける。家の取り壊しで、母親らは借家暮らしを余儀なくされる。同月、農林省広島食糧事務所へ長期出張を命じられ、広島の借家の実家から通勤。八月、原子爆弾投下の三日前に、農林省採用試験のため上京し、原爆の被害を免れる。東京・目黒のアパートで、となりの組長さんの家に集まり、終戦の玉音放送をラジオで聴く。いわれのない涙を流す。九月、東京帝国大学法学部政治学科卒業。就職先が決まらず、書物のほとんどを売り払う、赤貧の生活が続く。この頃、目黒区上目黒のアパートに住む。一高時代の級友たちが出入りし、たまり場となる。

一九四六年（昭和二一年）二四歳

二月、山本新の誘いで、創刊されたばかりのタブロイド判週刊新聞『文化新聞』の編集に最年少で入る。この新聞の「青年文化会議」の特集企画で、丸山眞男、大塚久雄、中村哲らと初めて会う。秋、『文化新聞』編集部員と一緒に、三鷹の太宰治に会いに行く。一二月、瓜生忠夫の誘いで、日本民主主義文化連盟の機関紙『週刊文化タイムズ』（大判二頁の新聞）の創刊に合わせて、移る。編集発行人・青山敏夫、実質的な編集長・瓜生忠夫、同僚に野間宏がいた。

一九四七年（昭和二二年）二五歳

一〇月、瓜生忠夫に誘われ、一緒に潮流社に移る。編集長・瓜生で、月刊雑誌『潮流』と青年文化会議の同人誌『未来』を編集。

一九四八年（昭和二三年）二六歳

一月から始まり評判となった『潮流』の特集企画「日本ファシズムと抵抗線」に、編集者として参加。この年、日本共産党に入党。細胞会議に出て党活動をする（五〇年、『潮流』の廃刊まで）。

一九四九年（昭和二四年）二七歳

三月、『潮流』五月号に丸山眞男の担当者として、「軍国支配者の精神形態」を書いてもらうが、掲載が翌々月となり丸山の激怒をかう。丸山との交流深まる。

一九五〇年（昭和二五年）二八歳

三月、『潮流』廃刊。同時に、日本共産党から離れる。四月、法政大学法学部長・中村哲の世話で法政大学の時間講師となる。政治学講読を担当し、ビアードの『政治の経済的基礎』をテキストとする。五月、丸山眞男の斡旋で、西谷能雄（後に未来社を創立）を頼って出版社・弘文堂に入社。丸山と二人で企画した『社会科学講座』全六巻の編集を担当。一〇月、母・サダノが脳出血のため死去（享年四七）、橋川家の経済状態はいっそう厳しくなる。

一九五一年（昭和二六年）二九歳

四月、目黒区上目黒の四畳半一間のアパートに、妹二人を引き取る。上の妹は、友人今井清一を通して親しくしていた大形孝平の世話で総理府へ勤め、下の妹は近くの駒場中学へ通う。六月、体調不良が続き、丸山眞男の入院先・中野療養所で丸山の担当医師新海先生を紹介される。検査の結果、胸部疾患再発、即時入院が必要と宣告される。九月、中野療養所に入る。妹二人は、呉にいた長姉に引き取られ、再び一家離散状態になる。一一月、一二月、二回にわたって、中野療養所にて胸部成形手術をうけ肋骨六本を切除。以後、同所にて療養。

一九五二年（昭和二七年）三〇歳

夏頃、千葉県夷隅郡大原町の療養所に転院させられ、療養生活を送る。

一九五三年（昭和二八年）三一歳

三月、社会復帰と職探しの拠点として、大原町の療養所から東京都台東区上野桜木町の浜野病院に移る。六月、生活保護の申請手続きをし、八月から受け取り開始。一一月、丸山眞男とルオーで雑談中、セイバインの下訳の依頼を打診されるが、先生に任せる、と保留する。この頃からアルバイトで、英語、フランス語、ロシア語の翻訳をする。

一九五四年（昭和二九年）三二歳

一月、妹に複雑な事件が起こり、大阪と広島へ赴くが、心臓ノイローゼのため苦しむ。四月、弟敏男が胸部疾患で四九年より入院していた国立広島療養所で死去。直後、入院中の丸山眞男を訪ね、セイバインの翻訳を申し出て、前借りを依頼。二日後、岩波書店の編集者大野欣一より三万円を受け取り、広島へ一万円送金。セイバインの本を購入し、翻訳を始める。弟の死の三日後に、弟の詩集『百舌』が、刊行されたのを読み、涙を流す。一〇月、生活保護が打ち切りとなり、上野の桜木町の浜野病院を退院し、目黒のアパートへ帰る。以後も仕事を探すが、結核を病んだことが妨げとなり、定職が見つからず苦闘する。この頃、丸山眞男から借りた『政治的ロマン主義』(カール・シュミット)の初版本を個人的に翻訳しながら読了。日本浪曼派批判のヒントを得る。

一九五五年(昭和三〇年)三三歳

この年も仕事を探すが、定職につけず。翻訳などのアルバイトと知人友人からの借金でやりくりする。

一九五六年(昭和三一年)三四歳

三月、出版社「ダイヤモンド社」の嘱託に。校正・翻訳と編集を担当。この頃、文京区大塚に住む。

一九五七年(昭和三二年)三五歳

一月、『世界労働組合運動史』(W・Z・フォスター著、共訳、大月書店)上巻第一部を翻訳。三月、「日本浪曼派批判序説——耽美的パトリオティズムの系譜」を、一高の卒業生中心の同人誌『同時代』(黒の会)四号より連載。後、計六回にわたって執筆。

一九五八年(昭和三三年)三六歳

一月、「世代論の背景」を『日本読書新聞』(一月一日号)に発表。商業ジャーナリズムに発表した最初の作品。四月、明治大学政治経済学部講師(非専任)となり、近代日本政治思想史を講義。七月、座談会「『実感』をどう発展させるか」(江藤淳、大江健三郎、加藤秀俊、田口冨久治)に参加(『中央公論』七月号)。一一月、座談会「すぎゆく時代の群像」(鶴見俊輔、吉本隆明)に参加(『日本読書新聞』一一月二四日号・一二月一日・八日号)。座談会「戦争と同時代——戦後の精神に課せられたもの」(丸山眞男、宇佐見英治、宗左近、安川定男、矢内原伊作、曾根元吉)に参加(『同時代』八号)。この年、同人誌『現代批評』(創刊号は一二月発行)に参加。同人メンバーは、井上光晴、奥野健男、清岡卓行、佐古純一郎、島尾敏雄、瀬木慎一、武井昭夫、吉本隆明の計九人(一九六〇年解散)。

一九五九年(昭和三四年)三七歳

六月、第二次日本戦歿学生記念会(わだつみ会)の常任理事となり、一一月に創刊号が出る同会の機関誌『わだつみのこえ』の初代編集長(六一年六月号まで）に就任。鶴見俊輔の依頼により「乃木伝説の思想――明治国家におけるロイヤルティの問題」を『思想の科学』六月号に発表。吉本隆明との往復書簡を『日本読書新聞』（六月一日号）に発表。七月、吉本隆明と群馬大学の文化祭の講演旅行に同行、車中で終始結婚論を主題に語り合う。八月、対談「若い世代と思想の転回―世代・歴史・責任」（浅田光輝）（『日本読書新聞』八月三一日号）。一〇月、座談会「怒れる若者たち―芸術と政治に付いて」（石原慎太郎、浅利慶太、村上兵衛、大江健三郎、江藤淳）に参加（『文学界』一〇月号）。この席で、「歴史意識」をめぐって石原慎太郎らと論争。一一月、前月の石原との論争の延長線上で、「若い世代と戦後精神」を『東京新聞』に発表して反論。「歴史意識の問題」を『近代化と伝統』（〈近代日本思想史講座7〉筑摩書房）に発表。一二月、春秋社『現代の発見』（全一五巻の予定も未完結）を、石母田正、岡田丈夫、北川隆吉、佐藤昇、五味川純平、野間宏、山田宗睦と共同編集。「日本近代史と戦争体験」を『戦争体験の意味』（『現代の発見2』春秋社）に執筆。

一九六〇年（昭和三五年）三八歳

一月、座談会「第二現代詩の時代」（大島康正、宗左近、草野心平）に参加（『無限』三号）。二月、初の著作『日本浪曼派批判序説』（未来社）刊。三月、丸山眞男夫妻の媒酌で古茂田純子と結婚、目黒区駒場に住む。共同討議「政治と人間―その接点をさぐるために」（江藤淳、大熊信行、佐藤忠男、村上一郎、山田正弘、北川隆吉）に参加（『戦後精神〈現代の発見6〉』）。七月、座談会「抵抗と創造の論理―鬱勃たるエネルギーのたかまりのなかで」（松下圭一、鶴見和子）に参加（『法政』七月号）。八月、共同討論「大衆の思想と行動―五・一九から六・二二まで」（佐々木基一、藤田省三、佐多稲子）に参加（『新日本文学』八月号）。座談会「吉本隆明の詩と現実」（藤田省三、江原順、宗左近）に参加（『現代詩手帖』八月号）。一〇月、座談会「安保問題をめぐって」（赤坂長義、今井清一、曾根元吉、中村清、平井隆太郎、安川定雄、山崎栄治、宗左近）に参加（『同時代』一一号）。この年から、筑摩書房刊『日本の百年』（全一〇巻）を鶴見俊輔、神島二郎、今井清一、松本三之介と共同編集。橋川が本文と解説を執筆した巻は、第三巻『果てしなき戦線』（六二年三月刊）、第四巻『アジア解放の夢』（同四月刊）、第七巻『明治の栄光』（同一二月刊）の三冊。

一九六一年（昭和三六年）三九歳

三月、「テロリズム信仰の精神史」を『思想の科学』三・四月号に発表。座談会「現在の精神状況への一視点―あとがきにかえて」（香内三郎、不破哲三、岡田丈夫）に参加（『亀裂の現代〈現代の発見13〉』）。共著『新しい文学』（佐伯彰一、橋口稔、渡辺淳）（社会思想研究会出版部）刊。座談会「文学と現代」（佐伯彰一、橋口稔、渡辺淳）に参加（社会思想研究会出版部）。

一九六二年（昭和三七年）四〇歳

四月、明治大学政治経済学部専任講師となる。以後、ゼミの学生と年間数回、各地への合宿に同行。九月、対談「民族主義は有効か」（藤田省三）（『新日本文学』九月号）。一〇月、対談「青い目に映る北一輝」（G・M・ウィルソン）（『日本読書新聞』一〇月一五日号）。この年、法事のため広島へ帰郷。

一九六三年（昭和三八年）四一歳

二月、竹内好を中心とする「中国の会」の発足に参加。同会発行の雑誌『中国』の編集委員に竹内好（編集責任者）、尾崎秀樹とともになる。「丸山真男批判の新展開――吉本隆明の論文を中心に」を『日本読書新聞』（二月二五日号）に発表。八月、座談会「戦争体験・生と死・追悼式」（中村正則、古山洋三、吉田武紀、高橋竹智）に参加（『わだつみのこえ』一八号）。九月、世田谷区三丁目植野方（豪徳寺）に転居。一一月、関西方面を旅行し、帰路、渥美半島の杉浦明平を訪ねる。対談「現代の組織悪について」（尾崎秀樹）（『人間の科学』一一月号）。一二月、対談「十八年目の思想と国家」（神島二郎）（『日本読書新聞』一二月二三日号）。座談会「大東亜共栄圏の理念と現実」（竹内好、鶴見俊輔、山田宗睦）に参加（『思想の科学』一二月号）。

一九六四年（昭和三九年）四二歳

三月、『三島由紀夫自選集』（集英社）の解説「夭折者の禁欲」を三島由紀夫の依頼により執筆。三島から礼状が来る。六月、『歴史と体験――近代日本精神史覚書』（春秋社）刊。八月、共著〈20世紀を動かした人々〉第一巻『世界の知識人』久野収・鶴見俊輔編に「柳田国男——その人間と思想」を発表。一〇月、座談会「戦後日本を創った代表論文を選ぶ」(伊東光晴、武田泰淳、猪木正道、永井道雄、臼井吉見、永井陽之助、江藤淳、桑原武夫、綿貫譲治)に参加(『中央公論』一〇月号)。一一月、座談会「中国理解への視点」(竹内好、野村浩一)に参加(『現代の眼』一一月号)。『現代日本思想大系31・超国家主義』の編集・解説(筑摩書房)。同月、『昭和戦争文学全集』(全一五巻、別巻一)(集英社)刊を、阿川弘之、大岡昇平、奥野健男、村上兵衛と共同編集。第一巻の解説を書く(六五年七月・第一四巻、一一月・別巻の解説を書く)。一二月、座談会「論壇・この一年」(坂本二郎、武者小路公秀、宮本憲一)に参加(『朝日ジャーナル』一二月二七日号)。この頃、『熱海市史』の編纂、執筆をする。

一九六五年(昭和四〇年)四三歳

一月、座談会「戦後民主主義とナショナリズム」(山田宗睦、生松敬三)に参加(『中央大学新聞』一月六日号)。三月、竹内好、石田雄らの鹿島槍にてのスキー行に合流し、竹内好に手ほどきをうけ初めてのスキーをする。座談会「近代日本を創った思想家10人を選ぶ」(伊藤整、隅谷三喜夫、西田長寿、萩原延寿)に参加(『中央公論』三月号)。四月、明治大学政治経済学部助教授となる。『増補 日本浪曼派批判序説』(未来社)刊。九月、座談会「『中国の会』のあるべき姿について」(竹内好、藤本幸三、八重樫昊、坂本志げ子、大野進、大須賀瑞夫、山田宗睦、川合貞吉、藤井正夫)に参加(『中国』二二号)。座談会「アジア主義——近代日本の黒い潮流」(川喜田二郎、武田泰淳、原田勝正)に参加(『中央公論』九月号)。秋、広島大学の大学祭で「平和運動」をテーマとするパネルディスカッションに参加。この年、ローン買い取りの公団住宅が当たり、世田谷区桜上水に転居、同じ団地に住む井上光晴との交遊が始まる。この頃、ようやく従前からの借金を返済する。

一九六六年(昭和四一年)四四歳

二月、『週刊朝日』の書評委員となり、〔乱〕の筆名で三六篇の書評を書く(一二月まで)。七月、座談会「田中上奏文入手の顚末」(今井清一、藤原彰)

に参加（『中国』三二号）。八月、三島由紀夫の依頼により当時四一歳の三島の伝記「三島由紀夫伝」を『現代日本文学館42』（文藝春秋）に発表、三島から礼状が来る。

一九六七年（昭和四二年）四五歳

三月、竹内好一家の野沢・高天原へのスキー行に夫妻で合流。四月、座談会「日本と中国――『中国湖南省』にふれて」（野原四郎、高杉一郎、尾崎秀樹、竹内実）に参加（『久保栄研究』九号）。八月、紀行文「対馬幻想行」取材で、夫人、中央公論社の中村智子と出生地の対馬へ旅行（『中央公論』一〇月号に掲載）。一一月、『現代知識人の条件』（徳間書店）刊。一二月、座談会「アメリカのこと中国のこと」（鶴見俊輔、竹内好）に参加（『中国』四九号）。

一九六八年（昭和四三年）四六歳

一月、座談会「日本人の構想力」（竹内好、大岡信）に参加（共同通信社配信）。「福沢諭吉――近代日本指導層の中国認識1」を『中国』五〇号から四回連載。二月、『近代日本政治思想の諸相』（未来社）刊。四月、東京教育大学農学部兼任講師となる。七月、座談会「近代日本の思想家群像1・2」（宮沢俊義、松本三之介、住谷一彦、生松敬三）に参加（『書斎の窓』一六五・一六七号）。座談会「戦後日本の思想状況」（住谷一彦、古田光、長幸男、碧海純一、作田啓一）に参加（『書斎の窓』一六六号）。八月、紀伊國屋新書『ナショナリズム――その神話と論理』（紀伊國屋書店）刊。九月、竹内好、『中国』編集部員らと北海道旅行に同行。『増補版 歴史と体験――近代日本精神史覚書』（春秋社）刊。同月、三島由紀夫の「文化防衛論」（『中央公論』八月号）への批判として、「美の論理と政治の論理――三島由紀夫『文化防衛論』にふれて」を『中央公論』九月号に発表。三島の反論「橋川文三氏への公開状」が同誌の翌月号に掲載、その返答は書かれなかった。一一月、『戦後日本思想大系7・保守の思想』の編集・解説（筑摩書房）刊。

一九六九年（昭和四四年）四七歳

一月、安田武の提案で竹内好を中心とするサロン「火曜会」が始まり、月一回、新宿のバー「風紋」「英」などでの集まりに参加。常連メンバーは、ほかに田村義也（岩波書店）、高瀬善夫（毎日新聞社）、岡山猛・中島岑夫（筑摩書房）、金子勝昭（文藝春秋）、野田祐次（合同出版）、石田雄（東大教授）、松本健一（評論家）ら。座談会「日本外交の岐路——戴季陶『日本論』をめぐって」（小松茂夫、竹内好、関寛治、山口一郎、今村与志雄）に参加（『中国』六二号）。座談会「〃故郷〃の問題をめぐって」（高野斗志美、亀井秀雄、小笠原克）に参加（『北方文芸』二月号）。三月、「伊藤博文——近代日本指導層の中国認識2」を『中国』六四号から五回連載。五月、対談「松陰の現代性」（奈良本辰也）（『吉田松陰集』〈日本の思想19〉「別冊」）。一〇月、竹内好を講師にした、第一回中国語講習会を開き鶴見和子、市井三郎（後に石田雄らも参加）とともに、中国語を学び始める（以後、七四年三月まで毎週一回）。一一月、座談会「十五年戦争をどう見るか」（五味川純平、長野広生、『中国』編集部）に参加（『中国』七二号）。

一九七〇年（昭和四五年）四八歳

二月、『現代日本記録全集6』を編集（筑摩書房）刊。対談「日清・日露の戦役」（高木惣吉）（『現代日本記録全集6』）。三月、座談会「戦後の政治状況とその思想」（神島二郎、関寛治、高橋和巳、鶴見俊輔、野村浩一、松本三之介）に参加（『近代日本政治思想史Ⅱ』有斐閣）。『近代日本政治思想史Ⅱ』松本三之介と共同編集（有斐閣）刊（翌年二月、『同Ⅰ』刊）。四月、明治大学政治経済学部教授となる。学習院大学法学部兼任講師となる。六月、「昭和維新試論」を『辺境』一号から連載開始（七三年一〇月『辺境』一〇号まで計一〇回）。夫妻で九州へ行き、竹内好、石田雄と合流して唐津、平戸、佐世保、長崎をまわる。八月、「黄禍物語」を『中国』八一号から連載開始（七二年一〇月『中国』一〇七号まで計一五回）。一〇月、『清沢洌・暗黒日記Ⅰ』の編集・解説・注（評論社）刊（以後、Ⅱ〈七一年三月刊〉・Ⅲ〈七三年三月刊〉まで）。『政治と文学の辺境』（冬樹社）刊。一二月、対談「三島由紀夫の死」（松岡英夫）（『毎日新聞』一二月一一〜一二日号、計一〇回連載）。

一九七一年（昭和四六年）四九歳

一月、講演「生活・思想・学問」（明治大学学生相談室主催）。講演「日本浪曼派と現代」（明治大学第20回和泉祭本部企画）。共著『転位と終末』（吉本隆

明、大久保典夫、磯田光一、桶谷秀昭、村上一郎）（明治大学出版研究会）刊。三月、対談「戦後啓蒙主義の崩壊と30年代」（清水多吉）（『情況』三月号）。七月、福岡ユネスコ第二回国際文化会議に参加。帰路、夫婦で竹内好、石田雄らと有田・天草・平戸・佐世保・長崎をまわる。『近代日本思想史の基礎知識』を鹿野政直、平岡敏夫と共同編集（有斐閣）刊。九月、座談会「日本人の中国認識、第一・二・三部」（竹内好、陳舜臣、大島渚）に参加（『朝日ジャーナル』九月二四日号から三回連載）。対談「政治の論理と象徴の衝動」（上山春平）（『季刊日本の将来』秋季号）。一一月、共著『吉田松陰』（奈良本辰也、杉浦明平）（思索社）刊。

一九七二年（昭和四七年）五〇歳

一月、座談会「植民地二世は渡り鳥――朝鮮・台湾での敗戦体験」（五木寛之、尾崎秀樹）に参加（『中国』九八号）。三月、対談「諫死・斬奸の思想」（津久井龍雄）（『伝統と現代』一四号）。七月、座談会「ナショナリズムと天皇制」（甘粕健、鹿野政直、佐木秋夫、田中宏、なだいなだ、日高六郎、芳地隆介、見田宗介、大江志乃夫）に参加（『シンポジウム・意識のなかの日本』）。八月、福岡ユネスコ第三回国際文化会議に参加。その後夫妻で、竹内好親子らと、阿蘇、別府、国東半島をまわる。対談「倫理に生きる革命家――吉田松陰全集刊行をめぐって」・「松陰思想の論理と倫理」（松本三之介）（『吉田松陰全集』第三巻・第四巻「月報」、大和書房）。一〇月、対談「暗い花ざかりの季節」（高史明）（『朝日ジャーナル』一〇月二七日号）。一二月、座談会「どこから踏出すか」（加藤祐三、木下順二、小島麗逸）に参加（『朝日ジャーナル』一二月二九日号）。対談「革命および革命家の捉えかた」（白井健三郎）（『14人の革命家像』、綜合評論社）。夫妻で、竹内好、安田武夫人、岡山猛らと野沢へスキー行。この年、石牟礼道子、渡辺京二が来訪。体調を崩した石牟礼に対し、わだつみ会会長の中村克郎医師を紹介、石牟礼は中村のいる山梨県塩山の病院に入院する。

一九七三年（昭和四八年）五一歳

二月、座談会「柳田学の形成と主題」（色川大吉、川村二郎、谷川健一、伊藤幹治、後藤総一郎、宮田

登）に参加（『柳田國男研究』創刊号）。四月、『順逆の思想――脱亜論以後』（勁草書房）刊。五月、『藤田東湖』の取材で水戸へ行き、塙作楽（元岩波書店『世界』編集部、茨城県史編さん室長）に会う。六月、対談「吉田松陰の資質と認識」（司馬遼太郎）（『吉田松陰全集』第七巻・第八巻「月報」、大和書房）。八月、『歴史と感情――雑感集Ⅰ』（未来社）刊。月末から九月にかけて夫妻で、竹内好、中国の会事務所の若手グループらと上高地へ行き、蝶ヶ岳に登る。一〇月、『歴史と思想――雑感集Ⅱ』（未来社）刊。一二月、夫妻で、竹内好、岡山猛、中島岑夫、金子勝昭、安田武夫人、石田雄らと網張温泉にスキー行。

一九七四年（昭和四九年）五二歳

一月、対談「水戸学再考」（塙作楽）（日本の名著『藤田東湖』付録、中央公論社）。『藤田東湖』の編集・翻訳・解説（〈日本の名著29〉中央公論社）刊。東湖の『回天詩史』などのほか、幽谷『修史始末』会沢正志斎『新論』の計七点、約千枚の現代語訳と、解説「水戸学の源流と成立」を執筆。五月、対談「近代百年を苦闘した日本の思想家たち」（石田雄）（『出版ダイジェスト』五月二一日号）。夫妻で、月末から六月に竹内好、岡山猛夫妻らと青森、十和田、八甲田山に旅行、八幡平でスキーをする。六月、『近代日本と中国・上』を竹内好と共同編集（朝日選書・朝日新聞社）刊（下は八月刊）。一〇月、立教大学法学部兼任講師となる。対談「政治小説と明治20年代の文学」（前田愛）（『研究と指導』一〇月号）。座談会「一高文芸部の回顧」（世良田進、氷室吉平、井上司朗、竹内敏雄、氷上英広、高尾亮一、生田勉、中村真一郎、清岡卓行、長谷川泉）に参加（『向陵』16巻二号）。一一月、『新版　現代知識人の条件』（弓立社）刊。一二月、共著『吉田松陰を語る』（司馬遼太郎、奈良本辰也、河上徹太郎、松本三之介、桑原武夫、保田與重郎、村上一郎、海音寺潮五郎、田中彰）（大和書房）刊。夫妻で、竹内好らと万座へスキー行。

一九七五年（昭和五〇年）五三歳

一月、対談・講演集『時代と予見』（伝統と現代社）刊。座談会「アジア・近代化・戦後―わが〝戦後日記抄〟」（竹内好、菅孝行）に参加（『日本読書新聞』一月一日号）。対談「日本思想の回帰性」（鶴見俊輔）（『第三文明』一月号）。三月、対談「太宰治とその時代」（吉本隆明）（『ユリイカ』三・四月合併号）。『西郷隆盛』（朝日新聞社『評伝選』の企画）取材で沖永良部島、奄美大島へ行き、島尾敏雄（鹿児島県立図書館奄美分館の館長）を訪ねる。村上一郎の通夜に行き、埴谷雄高、竹内好、吉本隆明、谷川雁、金子兜太、内村剛介、松本健一らと深夜まで歓談。四月、対談「猛烈なる精神―柳田国男と現代」（神島二郎）（『現代思想』四月号）。座談会「政治思想〈戦後思想の潮流〉」（高畠通敏、日高六郎）に参加（『エコノミスト』四月一五日号から計六回連載）。五月、『大川周明集』の編集・解説〈近代日本思想大系21〉筑摩書房）刊。六月、座談会「工業文明転換と宗教」（青地晨、丸山照雄）に参加（『世界政経』六月号）。七月、柳田国男生誕百年祭の国際会議に出席。後、米国の民俗学者リチャード・ドーソン、柳田の研究者R・モース、鶴見和子らと歓談。八月、夫妻で兵庫県湖西線から美浜へ行き、竹内夫妻、岡山猛、金子勝昭と合流、三方五湖などをめぐるが、美浜海岸で泳いでいて溺死の危機に遭う。九月、対談「だれが元号を決めるのか」（尾藤正英）（『朝日ジャーナル』九月二六日号）。一〇月、対談「保田與重郎をどうとらえるか」（川村二郎）（『ユリイカ』一〇月号）。一二月、対談「昭和初年代の可能性」（前田愛）（『すばる』一二月号）。座談会「右翼の思想〈戦後思想の潮流〉」（いいだもも、丸山邦男、高畠通敏）に参加（『エコノミスト』一二月二・九・一六日号の三回連載）。

一九七六年（昭和五一年）五四歳

一月、対談「体験・思想・ナショナリズム」（鮎川信夫）（『伝統と現代』三七号）。夫妻で沼尻温泉へ。竹内好父子、石田雄、岡山猛、中島岑夫、松本健一らとスキー行。二月、対談「日本思想の揺れ幅」（鶴見俊輔）（『第三文明』二月号）。三月、対談「爛熟と頽廃のはてに―化政・天保期の群像」（杉浦明平）（『すばる』三月号）。四月、「私記・荒川厳夫詩集『百舌』について」を『ユリイカ』四月号に発表（唯一ともいえる自伝的文章）。対談「革命と文学」（竹内好）（『ユリイカ』四月号）。五月、座談会「一九三〇年代という時代」（江口圭一、飛鳥井雅道）に参加（『歴史公論』六号）。六月、アメリカ・ポーツマスで開催された日中会議に出席。初めての外遊となる。七月、帰路、アメリカ、カナダを歴訪。七月、対談「ナショナリズムの逆説」（高畠通敏）（『現代思想』七月号）。八月、『黄禍物語』（筑摩書房）刊。竹内好夫妻、岡山猛、金子勝昭、玉井五一らとともに、夫妻で相馬をめぐる。一〇月、対談「同時代としての昭和」（野口武彦）（『ユリイカ』一〇月号）。座談会「中国現代史と日本人」（開高健、萩原延寿）に参加（『中央公論』一一月号）。講演「西郷隆盛と征韓論」（『かちそり』八号、全電通労働会館にて）。一一月、対談「ただ人の心の悪しくなりゆく」（前田俊彦）（『朝日ジャーナル』一一月五日号）。この年、『尾崎秀実著作集』（全五巻・勁草書房）の編集委員に尾崎秀樹、竹内好、今井清一、野原四郎とともになる。この頃から身体の不調が加速する。

一九七七年（昭和五二年）五五歳

一月、講談社学術文庫『柳田国男——その人間と思想』（講談社）刊。三月、竹内好の葬儀に出席、告別式で故人の略歴を紹介する。「竹内好さんの大きさ——ガンと中国語とスキーと」を『毎日新聞』に発表。「竹内好氏を悼む」（共同通信社配信）。朝日評伝選『西郷隆盛』取材のため、熊本県田原坂方面を旅行。途次、熊本市の書店「三章文庫」の開店記念講演会で講師として話をする。そこで、渡辺京二らと歓談。八月、対談「〃肝胆相照〃西郷と海舟」（松本三之介）（『勝海舟全集』第一巻「月報」）。対談「西郷隆盛と南の島々」（島尾敏男）（『伝統と現代』四七号）。座談会「西郷隆盛ザックバラン」（坂元盛秋、加太こうじ、藤村欣市朗、塙作楽、清水多吉）に参加（『伝統と現代』四七号）。九月『増補版　歴史と体験』（春秋社）刊。一〇月、『標的周辺』（弓立社）刊。一一月、『岡倉天心全集』（全八巻・別巻一・平凡社）の編集委員に岡倉古志郎、隈元謙次郎、木下順二、河北倫明とともになる。一二月、対談「日本のナショナリズム」（加藤周一）（『朝日ジャーナル』一二月二三・三〇日合併号）。

一九七八年（昭和五三年）五六歳

一月、『昭和思想集Ⅱ』の編集・解説（〈近代日本思想大系36〉筑摩書房）刊。新装版『ナショナリズム――その神話と論理』（紀伊國屋書店）刊。三月、対談集『歴史と精神』（勁草書房）刊。この年、対談「日本の近代化と西郷隆盛の思想」（安宇植）（『西郷隆盛全集』第四巻「月報」）。討議「文化的背景としてのナショナリズム」（加藤周一、Alessandro Valota、Harry K. Nishino、西尾陽太郎、Yves-Marie Allioux、Jan Swyngedouw）に参加（『FUKUOKA UNESCO』一三号）。四月から七月まで、明治大学の海外留学で、西ドイツ・マールブルクに滞在。五月にマールブルク大学にて「日本ファシズム」について講演。この間、ヨーロッパ各地を旅行。八月、イギリスに滞在。九月から、プリンストン大学東アジア学部で講義するため、アメリカのニュー・ジャージー州プリンストンに滞在。「黄禍論」について講演。ワシントンで、ジャンセン教授、平川祐弘教授とともに日本文化を講じ、橋川は日本近代史における民族差別を担当。

一九七九年（昭和五四年）五七歳

二月、約一年間のヨーロッパ、アメリカへの海外留学から帰国。五月、ＮＨＫラジオ「人と思想シリーズ―清沢洌」と題し話す。八月、編集・解説・注清沢洌『暗黒日記』合本、評論社（復初文庫16）刊。同月、知人に誘われて会津若松へ行き、中江藤樹記念会に出席。帰途、白虎隊墓地、近藤勇の墓、さらに塩沢へ出て河井継之介の最後の地をたずねる。九月、朝日評伝選『西郷隆盛』取材のため延岡、高千穂、人吉をめぐる。帰途、熊本市を訪れ、渡辺京二ら季刊誌『暗河』のメンバーと歓談。一二月、座談会「『翔ぶが如く』と西郷隆盛周辺」（司馬遼太郎、野口武彦）に参加（『カイエ』一二月号）。この年、『竹内好全集』（全一七巻・別巻一・筑摩書房）の編集委員に飯倉照平、松本健一とともになる。この年、大和書房の依頼により、萩で吉田松陰について話す。途次、弟の親友で山口大学安部一成教授に会い、かつて弟が暮らした山口を映した映画を見る。心身の不調、徐々に悪化を示す。人間ドックの検査は異常無しだったが、仕事は七割程度にした方がいいといわれる。東京駅前の中将湯の診療所で漢方薬の治療を試みるが、原因不明との診察。旅行がいいらしいといわれ、この年、各地へ旅行。

一九八〇年（昭和五五年）五八歳
二月、「徂徠探訪」を『東国民衆史』五号に発表。九月、新潟県佐渡へ旅行、北一輝の墓をめぐる。一〇月、対談「竹内好を語る」（埴谷雄高）（『ちくま』一〇月号）。この年、一高時代の友人であるかかりつけ医師・土肥一郎鉄道病院副院長により、パーキンソン病の疑いがあるとの診断がくだるが、治療薬はないともいわれる。

一九八一年（昭和五六年）五九歳
一月、対談「右傾化を考える」（松本健一）（『信濃毎日新聞』一月一四～一七日号、四回連載）。二月、横浜市緑区の一戸建ての注文住宅に転居。ついの棲家となる。対談「竹内好の不在―ナショナリズムの現在をめぐって」（松本健一）（『第三文明』二月号）。一一月、『西郷隆盛紀行』（朝日新聞社）刊。晩秋、所要で神戸に出かけ、帰途、大学院生近藤渉の実家宅に一泊。翌日、住吉大社、四天王寺へ案内される。

一九八二年（昭和五七年）六〇歳
一〇月、『岡倉天心　人と思想』を編集（平凡社）刊。共著・有斐閣新書『日本の国士』（渡辺京二、富田信男、綱沢満昭、波田永実）（有斐閣）刊。法事のため広島へ行き、実家のあった向洋を歩く。一二月、訳書『政治的ロマン主義』（C・シュミット著、未来社）刊。

一九八三年（昭和五八年）六一歳
二月、対談「再再説「近代の超克」」（加藤周一）（『風声』一五号）。四月、最後の評論集となった『歴史と人間――雑感集Ⅲ』（未来社）刊。九月、〈日本政治学会年報82年〉『近代日本の国家像』（岩波書店）に、最後の論文となった「岡倉天心の面影」を発表。絶筆は、死去の四日前に脱稿、一二月一四日に投函された、上村希美雄著『宮崎兄弟伝』の内容見本パンフレットに執筆した「歴史の細部をリアルに再現」。一二月一七日、午前〇時三〇分、脳梗塞のため横浜市・青葉台の自宅で死去。広島での姪の結婚式に出席のため出かける準備をして休んでから、間もなく急にせきをしたかと思うと、それきり亡くなる。一八日仮通夜、一九日通夜、二〇日自宅にて葬儀、告別式。喪主橋川純子、葬儀委員長神島二郎、司会今井清一、友人代表として吉本隆明・神島二郎、教え子代表として後藤総一郎が弔辞を読む。法名は、中学の同級生で浄土真宗・本願寺派の僧侶・田坂芳穂によって「知見院釋哲文居士」を与えられる。

一九八四年（昭和五九年）

一月、納骨が夫人により広島市仁保町向洋の教専寺にある橋川家の墓にされた。六月、『思想の科学』臨時増刊号「橋川文三研究」（松本健一、桶谷秀昭、後藤総一郎、松本三之介、尾崎秀樹、前田愛、鶴見俊輔、福島新吾らが執筆）刊。『昭和維新試論』（朝日新聞社）刊。八月、ゼミの卒業生・在学生による『追悼―橋川文三先生』（橋川文三先生追悼文集編集委員会）刊。一二月、「東京・日比谷公園の松本楼で橋川さんを偲ぶ会」。出席者に今井清一、尾崎秀樹、神島二郎、鈴木均、福島新吾、丸山邦男ら。

一九八五年（昭和六〇年）

五月、朝日選書版『西郷隆盛紀行』（朝日新聞社）刊。八月、『橋川文三著作集』（全八巻・筑摩書房、編集委員・神島二郎、鶴見俊輔、吉本隆明）の刊行開始。（八六年三月完結）。

一九八九年（平成元年）

七月、「日記　一九四九―一九五二」（井上光晴編集季刊誌『辺境』第三次一〇号、記録社発行、影書房発売）刊。

一九九〇年（平成二年）

秋、蔵書が慶應義塾福澤研究センターに収蔵される。

一九九四年（平成六年）

一月、精選復刻紀伊國屋新書『ナショナリズム――その神話と論理』（紀伊國屋書店）刊。六月、『昭和ナショナリズムの諸相』（名古屋大学出版会）刊。

一九九七年（平成九年）

一月、『橋川文三旧蔵書籍目録（通称・橋川文庫目録）』（慶應義塾福澤研究センター）刊。

一九九八年（平成一〇年）

六月、講談社文芸文庫『日本浪曼派批判序説』刊。一二月、『三島由紀夫論集成』（深夜叢書社）刊。

一九九九年（平成一一年）

一一月、純子夫人死去（享年七五）。その後、関係資料が、慶應義塾福澤研究センターに収蔵される。

二〇〇〇年（平成一二年）

八月、岩波現代文庫『黄禍物語』（岩波書店）刊。一〇月、『増補版　橋川文三著作集』（全一〇巻・筑摩書房）刊（九・一〇巻を増補）。

二〇〇二年（平成一四年）

六月、ちくま学芸文庫、清沢洌著『暗黒日記1』の編集・注（筑摩書房）刊。（『2』は七月、『3』は八月刊）。九月、『橋川文三　柳田国男論集成』（作品社）刊。

二〇〇五年（平成一七年）

一月、宮嶋繁明著『三島由紀夫と橋川文三』（弦書房）刊。六月、新装復刻版『ナショナリズム――その神話と論理』（紀伊國屋書店）刊。

二〇〇七年（平成一九年）

五月、ちくま学芸文庫『昭和維新試論』（筑摩書房）刊。一一月、ちくま学芸文庫『日本の百年4・明治の栄光』（筑摩書房）刊。（『同7・アジア解放の夢』は〇八年四月、『同8・果てしなき戦線』は〇八年五月刊）。

二〇一一年（平成二三年）

四月、宮嶋繁明著、新装版『三島由紀夫と橋川文三』（弦書房）刊。一二月、岩波現代文庫『橋川文三セレクション』中島岳志編（岩波書店）刊。

二〇一三年（平成二五年）

九月、講談社学術文庫『昭和維新試論』（講談社）刊。

二〇一四年（平成二六年）

一〇月、文春学藝ライブラリー『西郷隆盛紀行』（文藝春秋）刊。一一月、平野敬和著『丸山眞男と橋川文三』（教育評論社）刊。一二月、宮嶋繁明著『橋川文三　日本浪曼派の精神』（弦書房）刊。

二〇一五年（平成二七年）

八月、ちくま学芸文庫『ナショナリズム――その神話と論理』（筑摩書房）刊。

二〇一六年（平成二八年）

一二月、小笠原善親編『橋川文三著作集総索引』（茫洋堂）刊。

二〇一七年（平成二九年）

九月、中公文庫『幕末明治人物誌』（中央公論新社）刊。

二〇一九年（令和元年）

五月、杉田俊介「橋川文三とその浪曼」『すばる』（集英社）六月号から連載中。

二〇二〇年（令和二年）

八月、宮嶋繁明編「橋川文三研究・文献案内」『隣人』33号刊。

あとがき

前著刊行後、インターネット上に、橋川文三をテーマとするコミュニティがあるとのことで、代表者から、お会いしたいとの申し出があった。そして、主要メンバー十数人と話し合うことができたことは、出版できたお陰である。その際知り合った橋川ゼミ出身の溝上憲文氏には、ゼミの卒業生の消息を探る作業をしていた際、当時、まだ学生あるいは院生だった方々の卒業後の情報を調査、提供してもらった。記して感謝したい。

わたしが続篇の執筆にもたもたしていた五年余の間に、雑誌掲載時から拙文を読んでいただいていた方々が、相次いで鬼籍に入られた。松本健一氏（二〇一四年没）、鶴見俊輔氏（二〇一五年没）、加藤典洋氏（二〇一九年没）、飯倉照平氏（二〇一九年没）の諸氏である。

松本健一氏には、氏を中心とした「歴史思想研究会」の末席を汚し、学恩をうけた。また、橋川先生を追悼する小文を書いた際、「もう少し長いもので、今の時点からのものを読ませてくれ」と提案をくださり、これは、一連の橋川文三論の執筆への端緒となり、路を開くきっかけになった。

鶴見俊輔氏には、『隣人』へ初めて書いた拙論を送付させていただいたところ、「ゆきとどいた筆に目を見はりました。あきらかにここに出発・再出発の地点がありります」と嬉しい言葉を賜り、その後の連載へと繋がっていった。また、拙論の連載中の献呈に対する返信にも、大いに励まされ、まことにありがたく思っている。

加藤典洋氏へは、『敗戦後論』から引用させていただいたことから、最初の拙論を送付したところ、丁重な返信を賜り、また、その後、氏の著『戦後的思考』の中で、「橋川文三研究家」との呼称を受けた。わたしは一度もそう名乗ったことはなかったのだが、このことにより、ある種の使命感を抱くことになり、その後のわたしの研究の方向性が示される結果となった。

飯倉照平氏からは、拙著の献本に対し、返礼とともに、橋川が、雑誌『中国』に書いた文章で比較的知られていないエッセイや、市販されなかった竹内好の『追悼文集』に執筆した橋川の文章のコピーなどを送っていただき、第四章の執筆に際し、参考にすることができた。

松本氏は享年六八歳、加藤氏は七一歳、まだまだ活躍が期待できた年齢だけに惜しまれる。この四人の方々に、拙著を読んで頂けないのは返す返すも残念だが、謹んでご冥福を祈りたいと思う。

そもそも、わたしが橋川文三の名前を最初に耳にしたのは高校生時代である。当時在籍した映画研究会の顧問をしていた藤岡改造先生（映画『さよならクロ』の原作『職員会議に出たクロ』の作者で、現・信濃毎日新聞の俳壇の選者として筑邨《ちくそん》の号を持つ）の自宅へ、明治大学へ進学したあとのこと、特にその大学にいい先生がいるかを相談に行った。先生は、大学で何を学びたいのかを問うた。わたしは『日本の思想』しか読んでいなかったが、丸山眞男のような研究を学びたいと答えると、こういう先生がいると、机の傍らにあった雑誌を示し、橋川文三の名を教えてくださった。

そのようにして、大学に入学した直後、学生雑誌『駿台論潮』編集部に入部したところ、大先輩として故後藤総一郎氏（橋川ゼミの兄弟子で後に明治大学教授・柳田国男研究家）を紹介された。当時、助手をしていた氏は、さっそく必読文献十冊ほどを、紙に書いて示してくれた。また、橋川文三の著作を読む際には、最初に『日本浪曼派批判序説』から入らない方がいいと助言していただいた。後に、同誌の編集長をした際には、酒食を御馳走になりながら、泊りがけで、編集企画や依頼する執筆者等について、相談にのっていただいた。

こうしてみると、実に多くの方々に助けられたことを経て、はじめて、わたしの著作が成り立ったといえそうで、感謝の念に堪えない。

橋川師は、わたしの学生時代、最終講義で、以下のようなことを述べた。

「わたしは、ほとんど確実に、君たちよりも先に亡くなると思う。だから、今後、君たちが、何を書くかや、何をするかを見てやることができないと思う。けれども、天国の上から、君たちのやることを、しっかりと見ていてあげるつもりだ。だから、頑張って、これから、しっかりやっていって欲しい！」

現在、顧みて、天国の師に見てもらえるようなものを残しえたのかと問われれば、内心忸怩たるものを禁じえない。ともあれ、師は、苦笑しているかもしれない。

この著の論考は前著同様、全て、同人雑誌『隣人』の二八、二九、三〇、三一、三二号に書き継いだもので、一部、見直し、削除、加筆訂正をしている。『隣人』の創刊は、一九九〇年で、三〇年もの長い間、継続しているから同人雑誌としては珍しいと言えるだろう。その母体である草志会は、さらに古く、約四十年にもおよぶ活動歴がある。最長老だった小作寿郎氏は、昨年、惜しくも逝去されたが、他の諸氏は健在である。中心メンバーの一人・新井勝紘氏（元専修大学教授）は、二〇一八年、長年の研究成果として、岩波新書から『五日市憲法』を上梓。美智子上皇后が、年間で最も印象に残ったこととして、あきる野市を訪問し、「五日市憲法」の原本を見たことを挙げたり、憲法改正が安倍政権の目標事項とされている折でもあり、大きな反響を呼び、講演、執筆と多忙を極めている。

その他のメンバーも、代表の櫻沢一昭氏（中里介山研究家・元専修大学非常勤講師）をはじめ、菅井憲一氏（元白百合女子大学非常勤講師）、松本三喜夫氏（柳田国男研究家・民俗学者・元東洋大学非常勤講師）、杉山弘氏（和光大学非常勤講師）、佐藤誠氏（忠臣蔵研究家・赤穂大石神社非常勤学芸員）、茅原健氏（茅原華山研究家・茅原華山の令孫）の全員が、単独の著ないし共著を上梓している。こうした各メンバーの活躍に、わたしも刺激を受け、また切磋琢磨され、おおいに励まされてもいる。この著の刊行は、草志会の存在なしには考えられず、会のメンバー諸氏に、深く感謝する次第である。

本書の中に引用されている実に多くの方々へも感謝の言葉を述べておきたい。

最後になってしまったが、この著の発行元・弦書房の小野静男代表には、前著と同様、今回も様々な点でお世話になり、改めて深くお礼を申し上げたいと思う。

二〇二〇年七月

著者

〈主要参考文献〉

（橋川文三の主要な著作、訳書、関連雑誌）
『橋川文三著作集』全十巻、筑摩書房、一九八五～六年、二〇〇一年
『時代と予見』（対談・講演集）伝統と現代社、一九七五年
『柳田国男』講談社学術文庫、一九七七年
『歴史と精神』（対談集）勁草書房、一九七八年
『西郷隆盛紀行』朝日新聞社、一九八一年
『政治的ロマン主義』（カール・シュミット著、訳書）未来社、一九八二年
『思想の科学』臨時増刊・橋川文三研究、思想の科学社、一九八四年
『季刊　辺境』「橋川文三日記」第三次十号（終刊号）記録社発行・影書房発売、一九八九年
『昭和ナショナリズムの諸相』名古屋大学出版会、一九九四年
『日本浪曼派批判序説』講談社文芸文庫、一九九八年
『三島由紀夫論集成』深夜叢書社、一九九八年
『柳田国男論集成』作品社、二〇〇二年
小笠原善親編『橋川文三著作集総索引』茫洋堂、二〇一六年
（全体、または、複数に関連する参考文献）
『竹内好全集』全十七巻、別巻一、筑摩書房、一九八〇～一年
『鶴見俊輔座談』全十巻、晶文社、一九九六年
『丸山眞男集』全十六巻、別巻一、岩波書店、一九九五～七年
『丸山眞男座談』全九冊、岩波書店、一九九八～九年
『丸山眞男講義録』全七冊、東京大学出版会、一九九八～二〇〇一年
丸山眞男『自己内対話』みすず書房、一九九八年
『丸山眞男書簡集』全五冊、みすず書房、二〇〇三～四年
『丸山眞男回顧談』（上・下）、岩波書店、二〇〇六年
『丸山眞男話文集』全四冊、みすず書房、二〇〇八～九年、二〇一四年
『保田與重郎全集』全四十巻、別巻五、講談社、一九八五～九年
『定本　柳田國男集』全三十一巻、別巻五、筑摩書房、一九六二～七五年
『柳田國男対談集』筑摩書房、一九六四年
『季刊　柳田國男研究』一～八号、白鯨社、一九七三～五年
『柳田國男事典』勉誠出版、一九九八年
『吉本隆明全著作集』全十五巻、勁草書房、一九六八～七

五年、七八年
『吉本隆明全対談集』全十二巻、青土社、一九八七～九年
今村仁司『ベンヤミン「歴史哲学テーゼ」精読』岩波現代文庫、二〇〇〇年
粕谷一希『増訂版　戦後思潮―知識人たちの肖像』藤原書店、二〇〇八年
片山杜秀『近代日本の右翼思想』講談社選書メチエ、二〇〇七年
菅孝行『戦後思想の現在』第三文明社、一九七八年
久野収・鶴見俊輔『現代日本の思想』岩波新書、一九六六年
子安宣邦『日本近代思想批判』岩波現代文庫、二〇〇三年
桜井哲夫『思想としての60年代』ちくま学芸文庫、一九九三年
白井聡『永続敗戦論――戦後日本の核心』太田出版、二〇一三年
杉田俊介「橋川文三とその浪曼」『すばる』二〇一九年六月号～連載中、集英社
竹内好・川上徹太郎『近代の超克』冨山房百科文庫、一〇七九年
廣松渉『〈近代の超克〉論――昭和思想史の一断面』朝日出版社、一九八〇年
丸川哲史他共著『戦後思想の名著50』（岩崎稔、上野千鶴子、成田龍一編）平凡社、二〇〇六年
吉本隆明『追悼私記』ちくま文庫、二〇〇〇年

第一章

鮎川信夫『歴史におけるイロニー』筑摩書房、一九七一年
和泉あき『日本浪曼派批判』新生社、一九六八年
『磯田光一著作集』第一巻、小沢書店、一九九〇年
『伊東静雄詩集』岩波文庫、一九八九年
ヴァルター・ベンヤミン、浅井健二郎訳『ドイツ・ロマン主義における芸術批評の概念』ちくま学芸文庫、二〇〇一年
『江藤淳著作集』第5、講談社、一九六七年
大岡信『超現実と抒情』晶文社、一九六五年
大久保典夫『革命的ロマン主義者の群れ』島津書房、一九八〇年
桶谷秀昭『近代の奈落』国文社、一九六八年
桶谷秀昭『昭和精神史』文春文庫、一九九六年
桶谷秀昭『保田與重郎』講談社学術文庫、一九九六年
桶谷秀昭『浪漫的滑走―保田與重郎と近代日本』新潮社、一九九七年
カール・シュミット『政治的ロマン主義』（橋川文三訳）未来社、一九八二年
柄谷行人編『近代日本の批評―昭和篇「上」』福武書店、一九九〇年
川村二郎『限界の文学』河出書房新社、一九六九年

窪田般弥他共著『私の保田與重郎』新学社、二〇一〇年
栗原克丸『日本浪曼派・その周辺』高文研、一九八五年
澤村修治『悲傷の追想』ライトハウス開港社、二〇一二年
澤村修治『敗戦日本と浪曼派の態度』ライトハウス開港社、二〇一五年
杉浦明平『暗い夜の記念に』風媒社、一九九七年
谷崎昭男『花のなごり』新学社、一九九七年
鶴見俊輔『戦争が遺したもの』新曜社、二〇〇四年
仲正昌樹『カール・シュミット入門講義』作品社、二〇一三年
福田和也『保田與重郎と昭和の御代』文藝春秋、一九九六年
ヘルムート・プレスナー『ドイツロマン主義とナチズム』講談社学術文庫、一九九五年
前田英樹『保田與重郎を知る』新学社、二〇一〇年
前田雅之『保田與重郎――近代・古典・日本』勉誠出版、二〇一七年
松本健一『第二の維新』国文社、一九七九年
松本健一『挟撃される現代史――原理主義という思想軸』筑摩書房、一九八三年
吉見良三『空ニモ書カン――保田與重郎の生涯』淡交社、一九九八年
吉本隆明『芸術的抵抗と挫折』未来社、一九六三年
吉本隆明『増補版　模写と鏡』春秋社、一九六八年
吉本隆明『初期ノート増補版』試行出版部、一九七〇年
吉本隆明『日本近代の名作』毎日新聞社、二〇〇一年
渡辺和靖『保田與重郎研究』ぺりかん社、二〇〇四年
『渡辺京二評論集Ⅱ　新版小さきものの死』葦書房、二〇〇〇年

第二章

赤坂憲雄『一国民俗学を越えて』五柳書院、二〇〇二年
井出孫六『柳田国男を歩く』岩波書店、二〇〇二年
色川大吉『明治の文化』岩波書店、一九七〇年
岩本由輝『柳田國男を読み直す』世界思想社、一九九〇年
岩本由輝『柳田民俗学と天皇制』吉川弘文館、一九九二年
大塚英志『公民の民俗学』作品社、二〇〇七年
大藤時彦『柳田國男入門』筑摩書房、一九七三年
岡谷公二『柳田国男の青春』筑摩書房、一九九七年
岡谷公二『柳田國男の恋』平凡社、二〇一二年
加藤典洋『アメリカの影』講談社学術文庫、一九九五年
鹿野政直『近代日本の民間学』岩波新書、一九八三年
神島二郎『常民の政治学』伝統と現代社、一九七二年
神島二郎『磁場の政治学』岩波書店、一九八二年
柄谷行人『遊動論――柳田国男と山人』文春新書、二〇一四年
後藤総一郎監修・柳田国男研究会編著『柳田国男伝』三一

書房、一九八八年
清水多吉『柳田國男の継承者　福本和夫』ミネルヴァ書房、二〇一四年
『田山花袋宛　柳田国男書簡集』館林市、一九九一年
鶴見和子・市井三郎編『思想の冒険』筑摩書房、一九七四年
鶴見俊輔『限界芸術』講談社学術文庫、一九七六年
鶴見太郎『柳田国男とその弟子たち　民俗学を学ぶマルクス主義者』人文書院、一九九八年
鶴見太郎『柳田国男入門』角川選書、二〇〇八年
中島岳志『保守問答—対談・西部邁』講談社、二〇〇八年
中島岳志『保守のヒント』春風社、二〇一〇年
中島岳志『「リベラル保守」宣言』新潮社、二〇一三年
中村哲『柳田国男の思想』法政大学出版局、一九八五年
ハインリヒ・ハイネ『流刑の神々・精霊物語』(小沢俊夫訳　岩波文庫、一九八〇年
花田清輝『近代の超克』講談社文芸文庫、一九九三年
福田アジオ『柳田國男の民俗学』吉川弘文館、一九九二年
藤井隆至『柳田国男　経世済民の学』名古屋大学出版会、一九九五年
『文芸の本棚・柳田国男』河出書房新社、二〇一四年
松本健一『時代の刻印』現代書館、一九七七年
吉本隆明『共同幻想論』角川文庫、一九八二年
『吉本隆明全集撰』4　思想家、大和書房、一九八七年

第三章

浅羽通明『ナショナリズム・名著でたどる日本思想入門』ちくま新書、二〇〇四年
アイザイア・バーリン『バーリン選集4　理想の追求』岩波書店、一九九二年
アンソニー・ギデンス『国民国家と暴力』而立書房、一九九九年
飯田泰三『戦後精神の光芒——丸山眞男と藤田省三を読むために』みすず書房、二〇〇六年
磯田光一『戦後史の空間』新潮社、一九八三年
伊東祐吏『丸山眞男の敗北』講談社選書メチエ、二〇一六年
今井弘道『丸山眞男研究序説——「弁証法的な全体主義」から「八・一五革命説」へ』風行社、二〇〇四年
上野千鶴子『ナショナリズムとジェンダー』青土社、一九九八年
大澤真幸編『ナショナリズム論の名著50』平凡社、二〇〇二年
大澤真幸『ナショナリズムの由来』講談社、二〇〇七年
大澤真幸・姜尚中共編『ナショナリズム論・入門』有斐閣、二〇〇九年
大澤真幸『近代日本のナショナリズム』講談社選書メチエ、二〇一一年

小熊英二『〈民主〉と〈愛国〉戦後日本のナショナリズムと公共性』新曜社、二〇〇二年
桶谷秀昭『仮構の冥暗』冬樹社、一九六九年
粕谷一希『中央公論社と私』文藝春秋、一九九九年
片山杜秀『未完のファシズム──「持たざる国」日本の運命』新潮選書、二〇一二年
鹿野政直『近代日本思想案内』岩波文庫別冊、一九九九年
亀井俊介『新版　ナショナリズムの文学──明治精神の探求』講談社学術文庫、一九八八年
柄谷行人『終焉をめぐって』講談社学術文庫、一九九五年
苅部直『丸山眞男──リベラリストの肖像』岩波新書、二〇〇六年
姜尚中『思考のフロンティア　ナショナリズム』岩波書店、二〇〇一年
姜尚中・森巣博『ナショナリズムの克服』集英社新書、二〇〇二年
姜尚中『反ナショナリズム　帝国の妄想と国家の暴力に抗して』教育史料出版会、二〇〇三年
姜尚中『愛国の作法』朝日新書、二〇〇六年
久野収・鶴見俊輔・藤田省三『戦後日本の思想』講談社文庫、一九七六年
後藤総一郎『天皇神学の形成と批判』イザラ書房、一九七五年
子安宣邦『日本ナショナリズムの解読』白澤社、二〇〇七年
笹倉秀夫『丸山眞男の思想世界』みすず書房、二〇〇三年
ジョン・ダワー『敗北を抱きしめて』（上・下）岩波書店、二〇〇一年
鈴木貞美『日本の文化ナショナリズム』平凡社新書、二〇〇五年
先崎彰容『ナショナリズムの復権』ちくま新書、二〇一三年
竹内洋『大学という病　東大紛擾と教授群像』中央公論新社、二〇〇一年
竹内洋『丸山眞男の時代──大学・知識人・ジャーナリズム』中公新書、二〇〇五年
田口富久治『丸山眞男とマルクスのはざまで』日本経済評論社、二〇〇五年
谷川雁・吉本隆明・埴谷雄高他共著『民主主義の神話』現代思潮社、一九六六年
筒井清忠『昭和期日本の構造』講談社学術文庫、一九九六年
中島岳志『血盟団事件』文藝春秋、二〇一三年
中野雄『丸山眞男　音楽の対話』文春新書、一九九九年
中野敏男『大塚久雄と丸山眞男──動員、主体、責任』青土社、二〇〇一年
なだいなだ『民族という名の宗教』岩波新書、一九九二年
『ハーバート・ノーマン全集』全四巻、岩波書店、一九七七年

長谷川宏『丸山眞男をどう読むか』講談社現代新書、二〇〇一年
原武史『大正天皇』朝日文庫、二〇一五年
福田歓一『丸山眞男とその時代』岩波ブックレット、二〇〇〇年
藤田省三『天皇制国家の支配原理』未来社、一九六六年
ベネディクト・アンダーソン『想像の共同体』リブロポート、一九八七年
松本健一『孤島コンミューン論』現代評論社、一九七二年
松本健一『戦後世代の風景』第三文明社、一九八〇年
松本健一『隠岐島コミューン伝説』河出書房新社、一九九四年
松本健一『丸山眞男八・一五革命伝説』河出書房新社、二〇〇三年
間宮陽介『丸山眞男——近代日本における公と私』筑摩書房、一九九九年
水谷三公『丸山眞男——ある時代の肖像』ちくま新書、二〇〇四年
安丸良夫『日本ナショナリズムの前夜』朝日新聞社、一九七七年
安丸良夫『現代日本思想論』岩波書店、二〇〇四年
吉本隆明・武井昭夫『文学者の戦争責任』淡路書房、一九五六年
吉本隆明『擬制の終焉』現代思潮社、一九六二年
吉本隆明編著『現代日本思想大系4　ナショナリズム』筑摩書房、一九六四年
吉本隆明『自立の思想的拠点』徳間書店、一九六六年
渡辺京二『北一輝』朝日新聞社、一九七八年

第四章

磯田光一『昭和作家論集成』新潮社、一九八五年
『岡倉天心全集』全八巻、別巻一、平凡社、一九七九〜八一年
桶谷秀昭『土着と情況』国文社、一九六九年
鹿野政直『日本の近代思想』岩波新書、二〇〇二年
杵淵信雄『福沢諭吉と朝鮮——時事新報社説を中心に』彩流社、一九九七年
坂野潤治『近代日本とアジア——明治・思想の実像』ちくま学芸文庫、二〇一三年
情況編集部編『丸山真男を読む』情況出版、一九九七年
孫歌『竹内好という問い』岩波書店、二〇〇五年
高畠通敏編『討論・戦後日本の政治思想』三一書房、一九七七年
竹内好編『現代日本思想大系9　アジア主義』筑摩書房、一九六三年
竹内好・橋川文三編『近代日本と中国』（上・下）朝日選書、

一九七四年
月脚達彦『朝鮮開化思想とナショナリズム　近代朝鮮の形成』東京大学出版会、二〇〇九年
月脚達彦『福沢諭吉と朝鮮問題』東京大学出版会、二〇一四年
月脚達彦『福沢諭吉の朝鮮　日朝関係のなかの「脱亜」』講談社選書メチエ、二〇一五年
鶴見俊輔・加々美光行編『無根のナショナリズムを超えて・竹内好を再考する』日本評論社、二〇〇七年
鶴見俊輔『竹内好—ある方法の伝記』岩波現代文庫、二〇一〇年
鶴見俊輔『敗北力』編集グループSURE、二〇一六年
中島岳志『アジア主義—その先の近代へ』潮出版社、二〇一四年
中村愿『戦後日本と竹内好』山川出版社、二〇一九年
野村浩一『近代日本の中国認識——アジアへの航跡』研文出版、一九八一年
ハインツ・ゴルヴィツァー『黄禍論とは何か——その不安の正体』中公文庫、二〇一〇年
橋川文三編『岡倉天心　人と思想』平凡社、一九八二年
平山洋『福沢諭吉の真実』文春新書、二〇〇四年
平山洋『アジア独立論者　福沢諭吉』ミネルヴァ書房、二〇一二年
福澤諭吉『文明論之概略』岩波文庫、一九三一年
本多秋五『物語　戦後文学史』（上・中・下）同時代ライブラリー、一九九二年
松浦正孝編著『アジア主義は何を語るのか——記憶・権力・価値』ミネルヴァ書房、二〇一三年
松沢哲成『アジア主義とファシズム—天皇帝国論批判』れんが書房新社、一九七九年
松本健一『竹内好論』第三文明社、一九七五年
宮台真司『亜細亜主義の顛末に学べ—宮台真司の反グローバライゼーション・ガイダンス』実践社、二〇〇四年
安川寿之輔『増補改訂版　福沢諭吉と丸山眞男』高文研、二〇一六年
山室信一『思想課題としてのアジア—基軸・連鎖・投企』岩波書店、二〇〇一年
米谷匡史『アジア／日本』岩波書店、二〇〇六年

終章

家近良樹『西郷隆盛』ミネルヴァ書房、二〇一七年
猪飼隆明『西郷隆盛』岩波新書、一九九二年
井上清『西郷隆盛』（上・下）、中公新書、一九七〇年
猪瀬直樹『僕の青春放浪』文春文庫、一九九八年
内村鑑三『代表的日本人』岩波文庫、一九九五年
桶谷秀昭『凝視と彷徨』（上・下）冬樹社、一九七一年

熊野純彦『戦後思想の一段面――哲学者廣松渉の軌跡』ナカニシヤ出版、二〇〇四年
『玄洋社社史』明治文献、一九七六年
近藤渉『〈日本回帰〉論序説』ＪＣＡ出版、一九八三年
『西郷隆盛全集』全六巻、大和書房、一九七六～八〇年
進藤榮一・木村朗編『沖縄自立と東アジア共同体』花伝社発行・共栄書房発売、二〇一六年
清水多吉『武士道の誤解』日本経済新聞出版社、二〇一六年
先崎彰容『未完の西郷隆盛』新潮選書、二〇一七年
田中純『過去に触れる――歴史経験・写真・サスペンス』羽鳥書店、二〇一六年
田中惣五郎『西郷隆盛』吉川弘文館、一九八五年
塚本康彦『ロマン的断想』武蔵野書房、一九九一年
『東亜先覚志士記伝』原書房、一九六六年
遠山茂樹『明治維新』岩波現代文庫、二〇〇〇年
『日本の思想（第十九巻）吉田松陰集』筑摩書房、一九六九年
野口武彦『朝日評伝選7　徳川光圀』朝日新聞社、一九七六年
『新版　ベルグソン全集』全九巻、白水社、一九九三年
福井紳一『戦後日本史』講談社＋α文庫、二〇一五年
福井紳一『戦中史』角川書店、二〇一八年
『ベンヤミン・コレクション1「近代の意味」』浅井健二郎編訳、ちくま学芸文庫、一九九五年
三島由紀夫『文化防衛論』新潮社、一九六九年
『三島由紀夫全集』全三十五巻、補巻一、新潮社、一九七三～六年
毛利敏彦『明治六年政変』中公新書、一九七九年
山本義隆『知性の叛乱―東大解体まで』前衛社、一九六九年
山本義隆『私の１９６０年代』金曜日、二〇一五年
『渡辺京二評論集成Ⅰ　日本近代の逆説』葦書房、一九九九年
渡辺京二『維新の夢』ちくま学芸文庫、二〇一一年

なお、「橋川文三研究・文献案内」（宮嶋繁明編）については、二〇二〇年八月刊行予定の『隣人』33号を参照されたい。

初出一覧

『橋川文三　日本浪曼派の精神』（二〇一四年刊）の内容

第一章　対馬・広島での原風景——中学生から詩、短歌、エッセイを発表
対馬で生まれ、四歳で広島へ／叔母の蔵書を読破した小学生時代／名門・広島高等師範学校附属中学入学／校内誌に散文・短歌を発表／鷗外に衝撃、そして西欧へ

第二章　一高時代——日本ロマン派（保田與重郎）に惑溺
一高入学と寮生活／文芸部で活躍／日本ロマン派へ接近

第三章　大学時代——徴兵検査で丙種＝学徒出陣できず勤労動員へ
東大入学、学徒出陣は丙種で徴兵免除／白井健三郎との論争事件／学徒動員から敗戦へ

第四章　編集者時代——一家は離散、丸山眞男に親炙（＝師事）
「文化新聞」「文化タイムズ」を編集／雑誌「潮流」編集部から弘文堂へ／弟の入院と母の急逝、一家離散！／丸山眞男に親炙＝師表と仰ぐ

第五章　恋と革命——一人の女性への純愛とマルクス主義との格闘
恋＝三年に及ぶ一人の女性への純愛（＝人格的格闘）／革命＝日本共産党入党と離脱、マルクス主義との格闘／「つめたい思想」から「あたたかい思想」へ

第六章　回生への道程《みちのり》——療養生活、退院、結婚、学者の道へ
結核で入院・手術、四年に及ぶ療養生活／退院後再び編集者に、翻訳、執筆も開始／学者の道へ——明治大学講師就任／丸山夫妻の仲人で結婚、六〇年安保

苦難の前半生

〔著者略歴〕

宮嶋繁明（みやじま・しげあき）

一九五〇年、長野県生まれ。

明治大学政治経済学部卒業。学生時代、橋川文三に師事。現在、編集プロダクション代表。

著書『三島由紀夫と橋川文三』『新装版　三島由紀夫と橋川文三』『橋川文三　日本浪曼派の精神』（いずれも弦書房）。

主要論文「戦争の『きずあと』—遅れてきた父の戦記」（「隣人」一九号）、「橋川文三と歴史意識の問題—座談会『怒れる若者たち』再考」（「隣人」二〇・二一号）

橋川文三《はしかわぶんそう》　野戦攻城《やせんこうじょう》の思想《しそう》

二〇二〇年八月三〇日発行

著　者　宮嶋繁明《みやじましげあき》

発行者　小野静男

発行所　株式会社　弦書房

（〒810・0041）

福岡市中央区大名二—二—四三

ELK大名ビル三〇一

電　話　〇九二・七二六・九八八五

FAX　〇九二・七二六・九八八六

組版・製作　合同会社キヅキブックス

印刷・製本　シナノ書籍印刷株式会社

ISBN978-4-86329-211-6　C0095